La revolución sentimental

Edición exclusiva impresa bajo demanda por CreateSpace, Charleston SC.

© Beatriz Lecumberri, 2012
© Ediciones Puntocero, 2012
© alfadigital.es, 2016

RESERVADOS TODOS LOS DERECHOS.
Queda rigurosamente prohibida, sin autorización escrita de los titulares del Copyright, bajo las sanciones establecidas en las leyes, la reproducción parcial o total de esta obra por cualquier medio o procedimiento, incluidos la reprografía y el tratamiento informático.

.CERO

EDICIONES PUNTOCERO
Caracas | Montevideo | Buenos Aires | Bogotá | Santiago de Chile
e–mail: contacto@edicionespuntocero.com
www.edicionespuntocero.com

ISBN: 978-980-7312-17-2

Diseño de colección y diagramación
Ediciones Puntocero / Rocío Jaimes

Fotografía de portada
© Gregorio Marrero / Orinoquiaphoto

Corrección
Carlos González Nieto

Printed by CreateSpace, An Amazon.com Company

La revolución sentimental

Viaje periodístico por la Venezuela de Chávez

BEATRIZ LECUMBERRI

Contenido

Prólogo 13
Intoducción 17

Parte I
PATRIA
Amigos de siempre..23
Chavismo de corazón..33
Un país de desencantados 45
Las oportunidades perdidas 56
Dos millones de casas:
   atrapar un gato en un cuarto oscuro 67
Caracas, la malquerida 74
Conspiraciones en la Tierra de Gracia 80
Los que quieran patria..88
Esta revolución está armada 96
«La Fuerza Armada lleva a Chávez en el corazón».....102

Parte II
SOCIALISMO
Hecho en socialismo 117
«Exprópiese» 128
¿Ser rico es malo? 137

«Corre que llegó el aceite» 144
El interminable chorrito de petróleo 152
Socialismo, revolución y diplomacia 158
Un cuarto poder atrapado en la revolución 170
Libertad y expresión..178
Chávez, gran periodista de la revolución 193

Parte III
MUERTE
«Cada cadáver es una historia» 207
Vida, pasión y muerte 212
«Aquí ya no creemos en milagros»...........................216
Pobres matando pobres 221
Morir es fácil...229
Una policía invisible...236
Magia para exorcizar la violencia 247
Una jueza en el banquillo...255
Un barril de pólvora que el Estado
   espera que estalle 263
Un discurso que separa 269
Chávez ante su propia muerte 275
La muerte de Simón Bolívar....................................291

Parte IV
VENCEREMOS
Salvada de un cuarto oscuro 303
El humor y la revolución 313
Gente decente...325
«Dentro de 20 años quiero ser gobernador» 338
Los chaca-chaca..345
Todos contra Chávez 351
«Hasta que Chávez me despertó» 358
Los triunfos de la revolución 362
La reconciliación..373

¡Llanura venezolana! ¡Propicia para el esfuerzo como lo fue para la hazaña, tierra de horizontes abiertos donde una raza buena ama, sufre y espera!

Doña Bárbara
RÓMULO GALLEGOS

A Thomas, mis padres y Elena, por la confianza

Gracias a Cristina, Elena, Tatiana y Lola, mis primeras lectoras, que me animaron a escribir hasta la palabra FIN y ayudaron a mejorar este texto con su paciencia, críticas y correcciones.

Gracias a todos los venezolanos que me dejaron entrar en sus vidas y sintieron la confianza de describirme sus angustias, sus alegrías, sus proyectos y su forma de ver el país.

Gracias a mis compañeros de la Agencia France Presse en Caracas por haberme guiado y enseñado a conocer más y mejor Venezuela durante nuestras largas, a veces interminables, jornadas de trabajo.

Y gracias a mis amigos caraqueños, por enseñarme a mirar con cariño a Venezuela.

Prólogo

POR CRISTINA MARCANO

Beatriz Lecumberri tiene los ojos muy grandes y una mirada satelital que no pierde detalle. Llegó a Caracas en 2008, en medio de una tormenta inolvidable. Con la maleta repleta de preguntas, vacía de prejuicios y cargada de responsabilidades. A sus 33 años, se había embarcado en el desafío de dirigir la oficina de la agencia internacional de noticias France Presse (AFP) en el país más confuso de América Latina.

Nacida en Pamplona, España, su incurable curiosidad la llevó a cruzar fronteras desde los 23 años. Colombia, Brasil, Francia, Israel, los Territorios Palestinos, Irak, Líbano. Pero ninguna experiencia, por dura que haya sido, la dotó de la coraza necesaria para tratar asépticamente lo que vería, y viviría, en Venezuela.

Este libro es el resultado de su larga travesía periodística y emocional por un país que hizo suyo y del que afectivamente nunca ha partido, como si fuera una caraqueña más que añora «las mañanas más luminosas del mundo» y la reconfortante presencia del Ávila.

Esa *saudade* impregna las páginas de este retrato de un pueblo diverso al que tantos suelen ver en blanco y negro. En su fluida crónica, Lecumberri se detiene en todos los matices y en todas las gentes –con sus pequeños logros, esperanzas, desilusiones y tragedias cotidianas– para componer el entramado de una compleja sociedad que trasciende el protagonismo arrollador de un presidente.

Hugo Chávez gravita en estas líneas, como el fiel de una balanza descompuesta, sin llegar nunca a eclipsarlas.

En *La revolución sentimental*, la periodista, que hoy trabaja en la oficina principal de AFP, en París, se pasea por un abanico de personajes anónimos y conocidos, de todos los tintes políticos, y ahonda en episodios emblemáticos para componer un conjunto que da cuenta de lo arriesgado que resulta emitir juicios tajantes sobre Venezuela.

Lecumberri hace un guiño a la volatilidad de un país donde nada, excepto la muerte, resulta tan grave y definitivo como parece, al deconstruir una consigna oficial enterrada por la superstición para dar nombre a cada uno de los cuatro capítulos que componen su libro: Patria, Socialismo, Muerte y Venceremos.

Aquí cobran vida personajes entrañables como el anciano empeñado en reconstruir la iglesia del pueblo arrasado que fue su patria, la mujer humilde que vive apegada a una promesa de papel intercambiable por su voto, la maquilladora autodidacta que adecenta a los caídos que rechazan las funerarias, o el policía que gasta sus ahorros en un chaleco antibalas, para ahondar en la tragedia de un país petrolero incapaz de frenar la violencia o desarrollar un programa de vivienda eficiente.

Este peculiar diario de viaje combina tersamente diversos registros periodísticos. La entrevista de tono confesional con un ícono de heroicidad, traición, purga y venganza que vive olvidado en una celda militar. La plática llana y sincera con una comprometida dirigente comunal chavista que refleja la cotidianidad de un barrio popular. El análisis crítico de un exguerrillero que se jugó el pellejo en los sesenta y no ve hoy ni la R de revolución.

También, la reflexión de excolaboradores desencantados que lamentan la oportunidad perdida. Las argumentaciones entusiastas de funcionarios públicos convencidos del avance indetenible hacia la utopía revolucionaria. La crónica del mundo de la santería. Y más. Todo hilvanado con la habilidad de una periodista de suaves modales que establece una empatía inmediata con sus interlocutores.

Curtida por las contradicciones cotidianas de los venezolanos, Lecumberri logra articular los contrastes de la manera mas espontánea y así pasa con naturalidad de una excursión por la Gran Sabana, guiada por un militar disidente que decidió exiliarse entre los tepuyes, a un superpoblado 23 de Enero, donde el líder de una banda política radical le confiesa como si nada que ya ha matado a tiros a cinco personas.

Escrito con sensibilidad y agudeza, su libro nos muestra cómo cada quien llena palabras rimbombantes como «patria» o «socialismo», o punzantes, como «muerte», de sus propios contenidos, a menudo, bastantes más modestos de lo que se predica desde el poder. Y es esa diversidad lo que marca el tono de esta visión sobre la lucha cotidiana de los habitantes de una tierra paradójica donde se sobreponen la riqueza y la pobreza.

En estas líneas libres de estereotipos y simplezas, los pequeños relatos de grandes dramas colectivos humanizan y trascienden las estadísticas y el análisis político, que también están presentes como parte del entramado narrativo.

La propia experiencia de Beatriz, su relato personal, sirve para dar cuenta de la dinámica siempre perversa entre el Poder y la prensa, ese juego de intimidación-seducción con el que fue sorprendida a su llegada por un gobernante carismático que no logra disimular su incomodidad ante los periodistas insumisos.

Optimista por naturaleza, la autora se reserva para el final una visión esperanzadora sobre el futuro de un país donde una joven se anticipa a la amenaza de perder la vista memorizando con alegría una partitura de Beethoven; donde el humor desarma el tremendismo político; donde hay cada vez más gente ganada para el aprendizaje y la participación; donde la intolerancia política no termina de enquistarse en el alma colectiva y donde todos sueñan por igual con dormir en paz.

Estas páginas son un espejo donde nos descubriremos en la mirada del otro y con las cuales nos adentraremos en rincones de nuestra propia casa que nunca habíamos visto, que no queríamos ver o que, simplemente, atisbamos solo de vez en cuando y parcialmente. Aquí también hallaremos «lo esencial invisible a los ojos», como escribió Saint-Exupéry.

La mirada de aquel que viene de afuera muchas veces logra iluminar nuestras sombras. Por eso celebramos este libro de Beatriz Lecumberri. Porque la sensibilidad con que fue escrito nos lleva más allá de una realidad, por momentos, estridente y enceguecedora. Porque sus palabras nos ayudan a vernos mejor.

Introducción

Una inmensa fotografía de Hugo Chávez, vestido de rojo y con el dedo índice levantado, casi con un gesto amenazador, daba la bienvenida hace algunos años en el aeropuerto internacional Simón Bolívar de Caracas.

«Venezuela se liberó y lo hizo para siempre», estaba escrito bajo el gran retrato del jefe de Estado venezolano. Lo que parecía ser el anuncio de una buena noticia sonaba más bien a advertencia debido al gesto de Chávez y al tono del mensaje. ¿Es Venezuela hoy más libre que hace algunos años? ¿Se sienten los venezolanos más independientes que hace dos décadas?

Intentar encontrar respuestas y saciar una curiosidad muy personal fueron los orígenes de este libro, escrito entre 2008 y 2012 en un país diferente al actual. Hugo Chávez estaba vivo y gobernaba pletórico y sin sombra, los ingresos petroleros financiaban la revolución bolivariana además de numerosos proyectos en diversos países de América Latina. Era difícil en aquel momento imaginarse un chavismo sin Chávez y una Venezuela sin el comandante.

La revolución sentimental nace en ese contexto, con el objetivo de escuchar a los venezolanos que viven desde finales de 1998 al ritmo de un proceso político marcado por Chávez, protagonista sin sombra de este capítulo de la historia reciente venezolana.

La intención al escribir estas páginas fue ahondar más allá de la Venezuela que recibía al recién llegado, en la que todo parecía ser blanco o negro, socialista o imperialista y donde los ciudadanos se dividían en patriotas o traidores, chavistas y «escuálidos».

¿Con qué país soñaban los venezolanos? ¿De qué manera se traducían los logros y los desaciertos del chavismo en su vida diaria? ¿Hasta cuándo tolerarían la dolorosa división de la sociedad avivada por sus gobernantes? ¿Qué tipo de relación tejieron con Chávez?

Los protagonistas de estas páginas son personas de carne y hueso, algunas bien conocidas por los venezolanos, otras completamente anónimas pero no menos significativas. Son los rostros de los logros, aspiraciones, osadías y fracasos de esta revolución y juntos forman un mosaico personal de un momento muy concreto del país.

Intentar convencer al lector de que éste no es en absoluto un libro sobre Hugo Chávez sería mentir. Era imposible pasar un día en la Caracas descrita en estas páginas sin oír la voz del expresidente en la radio y televisión, comentar sus últimas decisiones o ver su imagen en una pared del centro de la ciudad. Su carismática figura, su particular manera de gobernar y transformar el país y su complicada personalidad laten detrás de muchos pasajes y testimonios.

Desde 1998 hasta su muerte en 2013, Chávez formó parte de la vida diaria de todos los venezolanos: de los que votaron por él y de los que no. Para cualquier extranjero que aterrizaba en el país, el comandante se convertía en una obsesión y en una especie de objeto de estudio. ¿Quién era realmente ese político incansable, idealista, carismático, radical y dolorosamente contradictorio que había hecho de la revolución bolivariana su destino, que podía pasar hasta ocho y nueve horas al día ante las cámaras de televisión, que contagiaba a centenares de miles de personas una esperanza y fervor desconocidos e inspiraba en otras un odio primitivo y visceral?

¿Era un demócrata o un tirano?, ¿un líder tropical irreverente o un político calculador y sagaz?, ¿un idealista convencido de encarnar la ilusión de un pueblo y protagonizar una misión que le transcendía o solo un hombre ávido de poder?

La muerte de Chávez, previsible pero al mismo tiempo sorprendente, torna aún más difícil responder a estas preguntas de forma lúcida. Quienes lo veneraban, lo necesitaban para su propia supervivencia, soñaban con derrotarlo en las urnas o simplemente lo odiaban necesitaron tiempo para digerir su desaparición y acostumbrarse a un nuevo país y a nuevos líderes. Bendecido por Chávez durante su agonía, Nicolás Maduro, entrevistado como ministro de Relaciones Exteriores en estas páginas, parece haber perdido rápidamente su aura de heredero, y la realidad, cruda y complicada, le ha estallado en las manos.

Una Venezuela empobrecida, violenta y con un futuro político incierto llena las páginas de la prensa y la revolución bolivariana; esta revolución sentimental parece más que nunca ligada irremediablemente al destino de su fallecido comandante. Pero en la calle, en las universidades, en decenas de empresas e instituciones la Venezuela plural, despierta y brava descrita en este libro sigue presente y viva y lucha con ahínco por el futuro del país.

Escuchemos a los venezolanos.

PARTE I
PATRIA

Amigos de siempre

La entrada a la cárcel es trabajosa. Las familias, al menos una decena, repiten los gestos de cada sábado con paciencia, casi mecánicamente, pero es evidente que el penoso ritual pone a prueba sus nervios y les produce una incómoda vergüenza.

Una joven militar impecablemente maquillada picotea repetidas veces con cara de fastidio la lasaña que comeremos en el almuerzo.

–Listo. Está bien –aprueba.

Carteras, aparatos electrónicos, papel de aluminio, ropa transparente y grandes escotes están prohibidos en la cárcel militar de Ramo Verde, en Los Teques, a las afueras de Caracas.

–¿Usted está segura de que es amiga de la familia? –dice un sargento, mientras examina con desconfianza cada página de mi pasaporte y mi visado de residente y pide con la mirada el visto bueno de su superior, que observa en silencio la entrada de los visitantes.

–Segura –respondo, sospechando que ni uno ni otro me creen pero en el fondo ninguno tiene ganas de complicarse la vida.

Varios minutos después, dos pisos más arriba, al fondo del pasillo a la izquierda, el general Raúl Isaías Baduel, vestido con jean y polo turquesa, espera a las puertas de una celda en la que suena un disco de cantos gregorianos. Está feliz de recibir visitas, de ver a dos de sus hijos mayores, que me han acompañado a la cárcel, y de comprobar que, pese al tiempo que pasa, se han acordado de que la lasaña de berenjenas es uno de sus platos favoritos.

—¿Quieres un café? Te lo puedo hacer hasta con espumita. Mira, me trajeron este aparato para montar la leche —pregunta, mostrando el artilugio, mientras me tiende varias hojas en blanco y un bolígrafo para que pueda anotar todo lo que me va a ir contando durante las próximas 5 horas. Será una entrevista a la antigua. Sin grabadora ni fotografías.

Apenas ha cambiado. Está algo más delgado y sin el uniforme parece menos alto y menos imponente, pero su apariencia física conserva toda la pulcritud militar que siempre tuvo y que impregna también la celda en la que está encerrado por corrupción.

—No soy un preso político. Soy un preso de Chávez —me recalca. Volverá a repetir la frase varias veces durante la entrevista.

* * *

Es julio de 2011 y hace más de dos años que Baduel está en la cárcel. Su nombre nunca ha formado parte de las listas de los llamados presos políticos o más bien presos por razones políticas del país. Para la Venezuela chavista, ha pasado de héroe a traidor. Para los críticos de la revolución bolivariana, que lo siguen observando con desconfianza, su condena a siete años y once meses de prisión es el castigo ejemplar, el precio que se debe pagar por haber pasado tantos años al lado de Chávez.

—Él quería verme encerrado, degradado y expulsado, en defecto de fusilarme. Estoy aquí porque tengo la convicción de que soy inocente y quise quedarme. Y la verdad es que me ofrecieron la posibilidad de huir y de mantenerme financieramente, pero me dije que no podía aceptarlo.

Para Chávez, el «Papa», como le llamó durante años de forma cariñosa, tampoco es como los demás. Amigos durante más de tres décadas, compañeros en la Academia Militar, unidos por un juramento clandestino, cómplices en la conspiración y hasta compadres, Baduel es alguien demasiado cercano que lo conoce muy bien. O al menos lo conocía muy bien.

–En este momento quieren evitar que exprese mis opiniones, se quiere quebrantar mi fortaleza y la de mi familia para que pidamos clemencia y se intenta socavar mi prestigio en la Fuerza Armada. Chávez dice que yo doy lástima y ya ha habido dos intentos claros para que mi madre, anciana, vaya a pedirle un indulto. Pero eso sería reconocer implícitamente un delito. Todo es una jugada política. Quiere hacer de mí un nuevo Arias Cárdenas[1] –me cuenta.

Baduel y Chávez han compartido mucha vida. Se conocieron en 1972, cuando eran dos jóvenes novatos en la Academia Militar y empezaron a «conspirar para construir una mejor democracia».

–Ahora creo que conocí más bien una impostura. Él no dejó ver muchos de sus sentimientos y de sus intenciones. Por ejemplo, todo ese discurso sobre el socialismo y el comunismo me hace pensar que durante años él tuvo una agenda oculta.

En 1982, Baduel, Chávez y dos compañeros de promoción de este, Felipe Acosta Carles y Jesús Urdaneta, parafrasearon el juramento del Monte Sacro de Simón Bolívar y en los restos del Samán de Güere, cerca de Maracay, un árbol bajo cuya sombra tomó un respiro el Libertador[2], clamaron que no darían tranquilidad a su alma ni reposo a su brazo hasta no ver rotas las cadenas que oprimían al pueblo venezolano. En la vida de Baduel y en la de Chávez esta promesa marcó un antes y un después.

---

[1] Exmilitar y compañero de armas de Hugo Chávez, al que apoyó en el golpe de Estado fallido de 1992. En 1998 respaldó a Chávez en su campaña para las presidenciales, pero dos años después se opuso al Gobierno y llegó incluso a ser candidato a la presidencia contra Chávez. En 2005, Arias Cárdenas dio marcha atrás y mostró de nuevo su apoyo al Gobierno, reconociendo que se había equivocado. El Presidente perdonó su traición y volvió a darle cargos de responsabilidad como embajador ante la ONU, viceministro para América Latina y el Caribe y en 2012 es candidato a gobernador del estado Zulia.

[2] Restos de un histórico árbol ubicado en la población del mismo nombre, cerca de la ciudad de Maracay, famoso porque, según se afirma, bajo su sombra descansó el Libertador en torno a 1813, cuando llevaba a cabo su Campaña Admirable, dentro de la guerra por la Independencia de Venezuela.

–Fue algo muy ritualista. Los militares somos así. Yo creí en el ideario que nos habíamos planteado. Pero Chávez ha echado en el olvido ese juramento, que no tenía nada que ver con un sistema socialista con regusto comunista. Al contrario, queríamos evitar los sesgos de la izquierda y de la derecha.

Estos jóvenes conspiradores quisieron perfilar un horizonte a largo plazo para Venezuela y promover «en el seno de las Fuerzas Armadas un civismo democrático, una institución al servicio del país». En 1983 nacía el Ejército Bolivariano Revolucionario-200.

–Aspirábamos a una democracia con división de poderes, un sistema donde las Fuerzas Armadas estuvieran al servicio de la nación –sigue recordando el general.

Baduel habla con voz de trueno. La cárcel no le ha quitado aplomo, pero parece haberle dado una gran dosis de humildad.

–La última vez que hablé cara a cara con Chávez, el 17 de julio de 2007, el día en que pronuncié mi discurso al dejar el Ministerio de Defensa, él me agarró del brazo ahí mismo, en la sala, y me dijo: «Ahora que tienes más tiempo te vas a ir a disfrutar de tus latifundios». «¿Qué latifundios?», le pregunté yo y él me respondió: «Ten cuidado con el Inti[3]». Ese día vi venir las represalias. Hubo gente que intentó hacerme recapacitar, pero lo mío no tenía vuelta atrás –me dice, negando con la cabeza.

Y no se equivocó. Meses después llegó la detención y la acusación: sustracción de fondos públicos, delito contra el decoro militar, abuso de autoridad. Finalmente el juicio y la condena.

Baduel conoce de memoria cada coma, cada argumento o irregularidad jurídica que pueda tener su proceso. Una «ópera bufa», insiste. Su condena de casi ocho años fue ratificada por el Tribunal Supremo de Justicia (TSJ) y la falta de nuevos recursos judiciales que le permitan reivindicar su inocencia amenaza, algunos días, con desesperarle.

–No se respetó ninguno de los procedimientos y los tribunales ni siquiera tenían competencia. Los recursos que presentamos

---

3   Instituto Nacional de Tierras.

fueron rechazados diciendo que eran infundados. Pero no hay cuerpo del delito. ¿Dónde está ese dinero que robé? Ni siquiera han logrado presentar una cifra lógica. Ahora, el Consejo de Guerra de Caracas me dice que me van a devolver bienes confiscados cuando nunca me han confiscado ninguno. Yo me pregunto, a esas personas que se prestaron para dar falso testimonio en el juicio, para hacer estas trastadas, ¿qué mal les hice yo? Me hago examen de conciencia e intento ver. Más que ánimo de venganza, me gustaría preguntar a Chávez por qué.

* * *

Las diferencias con «Hugo» habían comenzado muchos años atrás, tal vez desde el golpe frustrado de febrero de 1992 contra Carlos Andrés Pérez, que llevó al hoy Presidente dos años a la cárcel. Baduel no quiso participar en esa intentona, no fue asociado con ella y pudo seguir su carrera militar.

–Cuando conspirábamos, la opción militar nunca fue una prioridad. Ya en diciembre de 1991 yo me opuse al golpe que estaban planeando. Primero querían hacerlo el 31 de diciembre. Era una locura. No teníamos proyecto de país y solicité no participar en esa aventura. Nunca los delaté y eso hace de mí un cómplice, lo reconozco. A su salida de la prisión, Chávez hablaba de irse al monte otra vez. No entendía que la lucha debía ser política, pero cambió de posición cuando fue a Cuba. Años después, en julio de 2005, dijo que desde el 21 de diciembre de 1991 sabía quién era yo. Puede ser. Pero entre un principio y un millón de amigos yo siempre he pensado que hay que elegir el principio.

La voz firme del general parece quebrarse y los dos fijamos la vista en tres peces diminutos que dan vueltas en una pecera de plástico y le hacen compañía desde hace semanas. Su hija interrumpe la preparación del almuerzo y le mira con lástima. Su hermano, que ha escuchado a su padre casi con veneración desde el principio de nuestra conversación, comienza a caminar nervioso por la celda.

—Es duro esto, ¿sabes? Sufrimos muchos desprecios. De todas partes. Yo no sé cómo mi padre hace para ser así, para no odiar a nadie, para mantener la calma –me dice.

El general respira hondo y prosigue:

—Mis diferencias con Chávez se agudizaron desde 2005. Yo tenía el deber de conciencia de decirle las cosas que no estaban bien y me convertí en alguien muy molesto. Ya para entonces, Fidel dijo a Chávez que tenía que tener ojo conmigo porque yo no aceptaba su liderazgo.

A partir de aquella época, el clima se enrareció entre los dos compañeros de armas. Baduel se oponía a la consigna «Patria, socialismo o muerte» en actos militares, criticaba que Chávez se uniformara, que se vanagloriara de ser el «Comandante en Jefe». Por su parte, el Presidente sopesaba el aprecio y el recelo hacia el «Papá» y maduraba una salida.

—Creo que en él hay un resentimiento por ser finalmente un teniente-coronel retirado. Yo siempre le decía que su título de comandante en jefe era algo provisional.

El general habla mirando fijamente a los ojos. El tono es pausado salvo cuando se amontonan los recuerdos y tengo que pedirle que me dé tiempo a escribir. Sonríe y recupera el ritmo, mientras se toca una cicatriz en la mandíbula derecha. «Un tiro recibido en El Salvador hace años. Un pobre guerrillero que agonizaba y ya no sabía dónde estaba ni quién era», me explica.

Pero no nos desviemos, parece decir con un gesto de manos. «Recuerdo en 2006, en un mitin electoral. Míralo, está todo en YouTube. Chávez se dirigió a mí, sabiendo que yo me oponía, y me lanzó en público 'Patria, socialismo o muerte'. Yo no respondí. Se enfadó mucho. Me dijo que el apoyo al proceso revolucionario nacía espontáneamente del ejército. '¿Espontáneamente? No, estás equivocado y estás violando la Constitución', le dije yo».

Aquella noche, ya en casa, vi el video del que Baduel hablaba. Chávez, vestido de rojo y con gesto confiado en la victoria aplastante que después lograría en las elecciones presidenciales, clama ante una multitud enfervorizada: «Este es uno de los hombres que se convirtió en bastión de la victoria revolucionaria». El Presidente llama a Baduel «hermano de toda la vida» mientras el entonces ministro de Defensa no deja traslucir nada, no corea el «Patria, socialismo o muerte» y se libra en cuanto puede del abrazo del comandante, retirándose rápidamente del estrado. Meses después de aquella declaración pública, Chávez diría que Baduel era un «traidor lleno de odio» y consideraría su actitud una puñalada después de tantos años de amistad. Del juramento bolivariano del Samán de Güere al juramento a favor del imperio, diría el Presidente.

—¿Nadie más en su círculo más cercano se atrevía a decir «no» a Chávez?

—En regímenes con ropaje democrático como este, en esta dictadura posmoderna fascistoide, se llega a tal culto a la personalidad que no se atreven a decirte la verdad, te transforman la verdad. La gente tiene temor a decir cosas a Chávez y él no tolera que se le contradiga tampoco. Él solo piensa en perpetuarse en el poder.

El general me cuenta que los desencuentros se multiplicaron. El más sonoro y el que marcó la separación definitiva fue, sin duda, la oposición de Baduel al proyecto de reforma constitucional lanzado por Chávez en 2007 y que fue finalmente rechazado en un referéndum en aquel año. Solo cinco años antes, Chávez había sido víctima de un golpe de Estado fallido y Baduel lideró, desde Maracay y con una unidad de tanques, la acción militar que contribuyó a su retorno al poder.

—En abril de 2002 cumplí con mi deber y con la Constitución. No soy un héroe. En 2007 sentí de nuevo la obligación de conciencia de decir que las cosas no iban por buen camino. Chávez tiene el proyecto de ser presidente vitalicio de una Venezuela destruida y para ello quiere que el pueblo dependa totalmente de él, que todo sea gracias a Chávez. Darme cuenta de todo esto me convirtió en un traidor. La gente gritaba por ahí «Baduel traidor, te sale paredón». ¿Traidor a quién y a qué? Si soy traidor a una sola persona está bien, pero al menos no traicioné a millones de venezolanos.

***

La pregunta que me guardo desde hace un buen rato es por qué Baduel, si tenía tan claro cuál era su deber y sabía que las diferencias con el proyecto de Chávez eran insalvables, permaneció largos años a su lado. El general me mira con gesto casi paternal antes de responder.

—Me quedé tanto tiempo sencillamente porque creí que valía la pena seguir con él por el país. Supongo que tengo mis dosis de idealismo, de utopía.

El silencio se impone en la celda. Baduel desaparece varios segundos entre recuerdos que no quiere compartir con nadie.

Otra hija del general acaba de llegar y los tres han dejado de preparar el almuerzo y ordenar la celda para escuchar a su padre alrededor de la mesa donde hacemos la entrevista. En más de 30 años y tres matrimonios el general ha tenido 12 hijos que se van turnando para las visitas. El último de todos, Isaí, una niña de apenas 5 años, es ahijada de Chávez, a petición, «prácticamente una orden», del propio Presidente. Baduel recuerda con cierto pudor cómo el Presidente se impuso como padrino, organizó el bautizo en Fuerte Tiuna, llegó varias horas tarde y se quedó apenas quince minutos porque tenía que ir a Barinas a celebrar el cumpleaños de su padre. «Así es él», resume.

En la celda, espaciosa y con televisión, los libros de meditación e historia venezolana se mezclan con la biografía de Nelson Mandela, la Biblia, la Constitución o el Código Militar. Los dibujos de los nietos comparten pared con el banderín de los Tiburones de La Guaira y las imágenes de San Judas Tadeo o la Divina Pastora. Varios policías presos en Ramo Verde le han hecho un retrato, un general Baduel con boina roja, que ocupa también un lugar privilegiado y despierta una sonrisa en este preso poco ordinario.

Las terribles imágenes del reciente motín en la cárcel de El Rodeo, a las afueras de la capital, están aún frescas en la memoria de los caraqueños. El hacinamiento, la falta de higiene y la violencia de las imágenes de aquella reyerta no se encuentran en Ramo Verde, donde los presos, todos militares o policías, son, si cabe así llamarlo, reos privilegiados.

Llega la hora del almuerzo y el general bendice la mesa. Baduel es cristiano practicante y tiene un lado taoísta, un tono místico casi esotérico que se deja sentir en toda la conversación. Habla con el mismo respeto de Dios que del «Maligno» y cada mañana empieza el día rezando por Venezuela y por Chávez.

–La enfermedad de Chávez le ha hecho ver que es humano. Él estaba cayendo ya en herejías, en convertir a Cristo en un comunista, en decir que él mismo era el camino, la verdad y la vida. Yo me asombro. Cayó en la prepotencia de retar a Dios y Dios, que le permitió ser gobernante, le ha recordado lo que es la vida. Pero hay que orar por Chávez sin dejarnos torcer por razones humanas –dice, mirando directamente a su hijo mayor.

La relación amor-odio entre ambos militares, pese a que Baduel recalca varias veces que no odia a nadie, parece mantenerse hasta hoy.

–Chávez quiere que yo sea un proscrito. Hostigan a mi familia, presionan a las visitas. A los compañeros presos y a los custodios les dan dicho que no tengan consideración conmigo, que ni siquiera me saluden. Compañeros militares tienen miedo de venir a verme por las represalias. Pero esto es Venezuela. A veces salgo al patio y hay guardias que se atreven a cuadrarse militarmente ante mí. «¿Cómo va mi general? Acuérdese de mí cuando sea presidente», me dicen. «¿Presidente de qué, del condominio?», les respondo yo.

En nuestra conversación sale a menudo la situación de las Fuerzas Armadas, el malestar de muchos oficiales ante la falta de respeto a la jerarquía vertical, la politización de la institución o la presencia de militares cubanos en una especie de sistema paralelo controlado desde muy arriba. Baduel, que fue un militar respetado, es parco al hablar de los males que aquejan a la institución, pero asegura tener contactos dentro que le informan sobre todos ellos.

–Un hombre que debe tanto a la Fuerza Armada y que la haya pisoteado de esta manera. Más que depurar, que es lo que Chávez quería, ha montado esquemas para generar temor y dudas. Como no ha logrado penetrar en el seno de la institución, está decidido a desmantelarla, a profanar nuestra alma máter. Yo no salgo de mi asombro, siento un gran pesar al ver tanta doblez, tanta rastrera sumisión en algunos responsables militares.

Ahí tampoco habrá nombres. Decepcionado, abandonado y preso, el general sigue prefiriendo callar muchas cosas. Por miedo o pudor, por el honor militar que preside muchos de sus actos o en recuerdo de la fidelidad hacia quien fue compañero durante años. Quién sabe.

Incluso cuando hablamos de la valía militar de Chávez o sus dotes de paracaidista, de las que Chávez muchas veces se jacta, Baduel prefiere callar. «Me cuesta hablar de eso. Creo que no debo hacerlo», admite.

En sus días de cárcel, el general ha dedicado mucho tiempo a escribir largas cartas a los venezolanos sobre el futuro del país, la necesaria recuperación del aparato productivo o el restablecimiento de las instituciones. Todas ellas concluyen igual: «Que Yahveh Elohim de los Ejércitos bendiga y guarde por siempre a nuestra amada Venezuela».

—Hemos caído en un esquema mafioso, el futuro de Venezuela es difícil. El país se maneja, por decirte algo, como los «pranes»[4] manejan la cárcel y Chávez se ha convertido en el gran «pran». Aunque creo que todavía hay gente con una gran capacidad de sacar el país adelante. Venezuela está atrapada entre dos minorías y entre las dos hay un 60% de personas que cree en la democracia. Pero la gente cae en el desencanto, no va a votar o vota por eliminación, porque hay un desaliento. Con participación activa, si lleváramos la abstención al 10%, se puede perfectamente derrotar al chavismo.

Pero no por haberse alejado del mandatario el general se siente obligado a apoyar ciegamente a quienes aspiran a sacarlo de la presidencia.

---

4 Vocablo usado para referirse a los cabecillas de los presos. Procedería de las cárceles de Puerto Rico y tendría su origen en la palabra inglesa «pram», que significa cochecito de bebé.

–¿La oposición? –se queda pensando– No lo sé, la verdad, los veo muy divididos, pero habrá que ver.

Son las cinco de la tarde y un estruendoso timbrazo anuncia el fin de la visita. «Dios la bendiga y gracias», termina el general, poniéndose en pie y acompañándonos hasta el final del corredor. Abrazos y manos entrelazadas. Nadie está cómodo en la despedida y yo me siento más que nunca una intrusa en ese momento de intimidad familiar.

–Hasta la semana que viene, papá.

El propio Baduel cierra la puerta de rejas y, tras los barrotes, nos mira bajar la escalera con rostro apenado. Me llevé esa imagen del general. Solo y vulnerable tras las rejas de aquel portón. Más allá de su inocencia o culpabilidad, Baduel, se mire por donde se mire, parece una triste víctima de este proceso revolucionario.

–Vista la situación política del país, el lugar más seguro donde yo puedo estar es aquí, en la cárcel –me dijo antes de despedirnos.

Chavismo de corazón

En la vida de Carmen Rosa Aponte, Hugo Chávez es casi un accidente, una casualidad.

–Yo no me debo a ningún partido, sino a esta comunidad, que es mi casa. Desde hace años sueño con un barrio transformado y no me canso –me dice, casi a modo de bienvenida.

Carmen, Camencho, como la llaman sus amigos y vecinos, es uno de los pilares de La Bombilla, una barriada que corona el gigantesco arrabal caraqueño de Petare y concentra en sus serpenteantes callejuelas improvisadas todos los síntomas de la pobreza y la exclusión. En las calles todo el mundo la conoce: la mujer que barre la puerta de su casa, el policía, el borrachito de la esquina y el responsable del abasto de productos «hechos en socialismo» me indican en cuál de sus múltiples actividades anda la portavoz del consejo comunal del barrio.

Pero Camencho era ya popular mucho antes de que Chávez se convirtiera en presidente de Venezuela. Esta mujer de manos endurecidas y callosas, rostro desgastado y cabello revuelto que la hacen aparentar bastante más que sus 45 años, forma parte de los fundadores de La Bombilla, una tierra de nadie a la que llegó con su familia hace 42 años.

–Una vida, pues. Yo llegué aquí y en los primeros años recuerdo que había pura tierra. Nada más.

Con 25 años de trabajo comunitario a la espalda, que fue realizando sin prestar demasiada atención a los cambios políticos que iba sufriendo Venezuela, Camencho considera su vida un ejemplo de transformación y se dice una conquistada por la revolución bolivariana.

–Desde hace algunos años, a mí Chávez me ha hecho mejor persona. Yo era de la oposición, no voté por el Presidente y hasta recogí firmas contra él, fíjate. Pero este gobierno cambió la vida de La Bombilla y yo también fui poco a poco cambiando.

El nombre del lugar se debe a que nació a «oscuras para un futuro mejor» y el cableado tardó en llegar, recuerda Camencho, como una improvisada guía turística.

–Una de las monjitas que fundó el barrio dijo, cuando supo que iban a llegar los primeros cables: «Yo consigo la bombilla», y así se quedó.

Hoy en día, entre casas amontonadas las unas sobre las otras sin apenas servicios, violencia ciega y uso indiscriminado de armas y drogas, viven 25.000 vecinos, sometidos al miedo, la exclusión y los empleos precarios.

** *

Pero nadie aterriza allá arriba por casualidad. Llegar al barrio quiere decir subir y subir por Petare, poner a prueba el vehículo por angostas curvas y estrechos pasos inundados de motos, niños correteando y camionetas de reparto destartaladas hasta que la calle se termina frente a una montaña de kilos de basura pudriéndose al sol de una pequeña plaza rectangular. Hemos llegado al corazón de La Bombilla, donde están algunos comercios, la televisión comunitaria, el consejo comunal y una cancha deportiva. La mayoría, logros de la revolución. A cambio, el barrio ha respondido «presente» a Chávez desde hace años y el apoyo al Presidente sigue siendo muy fuerte.

Desde arriba, anestesiada por el cielo azul impecable de las mañanas caraqueñas y por una reconfortante distancia, la vista de Petare resulta armoniosa. Incluso bonita. Las infinitas casas de ladrillo anaranjado, hilvanadas con un caos de cables eléctricos y salpicadas por cientos de tenderetes de ropa tendida que seca al sol, antenas parabólicas y tanques para almacenar –cuando se puede– el agua, parecen amenazar la ciudad, cercana pero tan lejana en espíritu y totalmente ajena al avance implacable de la barriada.

Mi llegada no pasa desapercibida. Los visitantes son siempre observados con curiosidad y hasta un poco de recelo, sobre todo si tienen acento extranjero. Pero a plena luz del día, los peligros del barrio parecen estar escondidos y el lugar es apacible y hasta cordial.

–¿Para qué la busca? –me pregunta el regente de un abasto de alimentos, antes de indicarme, satisfecho con mi respuesta, dónde puedo localizar a Camencho. Finalmente la encuentro en la carnicería y, en los 200 metros escasos que caminamos hasta el consejo comunal donde nos sentamos a conversar, saluda a una buena decena de personas, las llama por el nombre, se preocupa por preguntarles por sus problemas o la familia.

La fila de espera también es larga ante las puertas del consejo comunal, una especie de asociación de vecinos donde se organiza el trabajo y se gestionan los problemas del barrio. La entrevista se ve a menudo interrumpida por las profesoras cubanas, los «chicos» de una misión social del gobierno, el regente del abasto que viene buscando las provisiones guardadas en el depósito, el vecino que se quedó sin luz o los encargados del censo de población que no encuentran a alguna persona.

Para todos tiene respuesta.

—Yo no percibo sueldo, mi trabajo es sobre todo voluntario. Con los años he ido aprendiendo qué es revolución y qué es socialismo –me explica–. La experiencia de cada día me forma. Los jueves tenemos formación ideológica, los martes los dedicamos a las misiones, los miércoles a la economía. Los sábados y los domingos los paso en el punto rojo, inscribiendo a nuestros patrulleros activos. El resto del tiempo estoy aquí, en el consejo comunal, viendo en qué podemos ayudar. Me dan las 12 despierta y a las 5 me levanto.

Camencho está lejos del misticismo de la revolución. Su vida diaria y los problemas de un lugar como La Bombilla no se prestan a discursos pomposos y obligan a aterrizar y resolver. Después de años militando activamente en el partido socialcristiano Copei, y tras haber hecho campaña contra Chávez, esta responsable comunitaria fue alejándose «naturalmente» de esta formación y vinculándose con proyectos «más beneficiosos para La Bombilla», arropados por el gobierno del estado Miranda, entonces dirigido por el oficialista Diosdado Cabello.

—Una de las primeras veces que vino Cabello aquí, alguna gente del barrio gritaba: «Fuera esa golpista». Pero yo no era golpista. Mi comunidad conocía mi trayectoria y votó por mí. Cabello, al oír esa gritadera, me preguntó qué pasaba. Le conté que los gritos eran contra mí porque no estaba con la revolución. Él me dijo: «¿Quién sabe si en 2006 usted vote por el Presidente?».

* * *

Hoy, Carmen, vistiendo aún una camiseta de apoyo a Jorge Amorim, el candidato oficialista que perdió en las legislativas de septiembre de 2010, un año antes de la entrevista, hace suyas muchas de las frases de Chávez. Habla con firmeza de «escuálidos», de «oposición apátrida», de «burguesitos» liderando las alcaldías opositoras, de «pueblo revolucionario» y de «complot» permanente contra la labor del comandante.

–El día en que conocí a Chávez lloré. Fue en el Teatro Teresa Carreño, en 2005, cuando entregó la aprobación de proyectos que presentamos para la comunidad. Chávez transmite algo de positivo. No sé qué es, pero tenerlo cerca y ver cómo te explica las cosas te quita el nerviosismo, te da la fuerza y el valor. Ese día empecé a leer textos revolucionarios, a escuchar al Presidente. Me fui preparando, pues. Y ahora entiendo que yo sufrí un engaño y siento una gran satisfacción por mi proceso –me cuenta–. Ese día, en el Teresa Carreño, Reina me decía: «Ahora ya eres una revolucionaria». Aprendí mucho con ella.

Reina Tovar era la persona a la que yo en principio buscaba aquella mañana en La Bombilla. La había conocido en el primer reportaje que hice al llegar a Caracas en 2008, cuando visité la entonces recién creada TV Petare, que transmite desde lo alto de aquel barrio, y esta mujer se convirtió en un reportaje aparte. A sus bien pasados los 50, Reina era la reina de La Bombilla, donde creció y formó una familia. Se definía como una revolucionaria de «añales», chavista «de verdad» y, por encima de todo, como una «luchadora social» que celebraba con verdadera fiesta cada conquista e iniciativa del barrio.

–TV Petare nos hace sentir importantes. ¿Quién se imaginó hace algunos años tener una televisión en un barrio como este? En el fondo es como tener un misil en las manos. La señal llegará a media Caracas y eso nos obliga a usarla bien –me explicaba el día que nos conocimos, emocionada con el programa de asistencia social que iba a estar a su cargo en esa televisión comunitaria.

Su casa en el sector 3 de La Bombilla siempre tenía la puerta abierta y estaba repleta de gente de lo más diversa. Las paredes eran un muro de libre expresión. Cualquier invitado estaba obligado a escribir un mensaje, revolucionario o simplemente de agradecimiento. Recién llegada a Caracas, yo también me encontré escribiendo, algo intimidada, un mensaje con un rotulador rojo en el salón de su casa.

En 2008, Reina se convirtió en reportera de calle para TV Petare, en 2009 la volví a encontrar haciendo campaña a favor de la enmienda constitucional que permitió la reelección ilimitada en Venezuela y en 2010 la vi votando en las legislativas, convencida de la victoria del Gobierno. En realidad era imposible ir a La Bombilla y no encontrársela. Pero cuando quise ir a buscarla antes de marcharme de Venezuela me encontré con su casa cerrada a cal y canto y con un puñado de vecinos que claramente no querían decirme qué había pasado con ella.

—Reina se fue. Su hija ganó mucho dinero en la lotería, como tres millones de bolívares fuertes, de los de ahora, y le entró miedo. En esos días habían secuestrado al chico de la carnicería y ella andaba como atemorizada. La buena suerte le trajo mala suerte, ya ves tú. Se fue con su hija. Sigue llamando pero aún no se atreve a subir hasta aquí porque hay jóvenes que solo piensan en eso: dinero y más dinero —me cuenta Camencho a media voz.

La revolución no ha conseguido traer seguridad a La Bombilla, donde se impondría una campaña seria de desarme y más presencia policial. La parada de autobús situada en la plaza central del barrio, frente al consejo comunal, es diariamente escenario de secuestros, robos y enfrentamientos.

—Teníamos un punto de la Guardia Nacional y se lo llevaron. Y las policías del estado Miranda y de Sucre no suben aquí de noche, no te creas. Aquí de noche nos quedamos a la deriva. Carlos Ocariz[5] dice que el índice de seguridad ha bajado. ¿Dónde? Nosotros en La Bombilla cuando hay una matazón no vemos policía.

Le resulta difícil encontrar un culpable para esta violencia. Sería sencillo responsabilizar a Ocariz o al gobernador del Estado Miranda, el opositor Henrique Capriles. Pero Camencho sabe que eso sería tan reprochable como atribuir a Chávez todo lo malo que ocurre en Venezuela.

—Lo que hace falta sobre todo es educación familiar. Después de que matan a un hijo es fácil decir que es culpa de este gobierno, pero ¿qué hice yo como mamá?

---

5 Alcalde opositor del municipio caraqueño de Sucre, que engloba Petare.

Como casi todos los «chavistas de corazón», Camencho prefiere hacer la diferencia entre Chávez y quienes lo rodean. Se cuentan por decenas de miles los venezolanos que mantienen una conexión emocional con el Presidente que perdura intacta y fuerte y es invulnerable a la violencia, a la inflación o a la corrupción. Y también al desgaste que provoca el paso de los años. La idea de que Chávez es un presidente bueno y honesto pero que no puede estar en todo, es engañado por sus colaboradores y está entregando su vida para el bienestar de los más humildes es una verdad incuestionable que se dejaba oír en numerosas barriadas de Caracas. Para Camencho esa era también su bandera.

–A lo mejor el ministro es bueno y tiene un poco de «escuálidos»[6] ahí que están saboteando el proceso y tenían que haber salido hace mucho tiempo. No todos los que están alrededor del Presidente están haciendo el trabajo como él quiere –subraya, golpeando la mesa con el dedo índice–. Chávez quiere que tengamos todo el poder nosotros, pero hay gente que recibe el poder de Chávez y lo retiene –lamenta.

* * *

Pese a la inseguridad que sigue azotando al barrio, es innegable que, desde 2006, La Bombilla ha ganado en calidad de vida. Se han recuperado instalaciones deportivas, una biblioteca, centros de atención de niños y una capilla, entre otros. Para Camencho, todo eso es gracias al Gobierno y a sus planes sociales; para otros habitantes, se debe más bien al trabajo de hormiguita del alcalde opositor, Carlos Ocariz.

Es verdad que todos los programas sociales instaurados por el ejecutivo están presentes en La Bombilla: la salud gratuita, la alfabetización de adultos y ancianos, la rehabilitación

---

[6] Término usado por el gobierno venezolano del presidente Hugo Chávez para referirse a la oposición.

de viviendas, los alimentos a precios subsidiados… El barrio es un verdadero teatro experimental de los logros de la revolución.

A eso se suma la televisora comunitaria, que comenzó a incubarse tras el golpe de Estado contra Chávez de abril de 2002, cuando se vio, según sus responsables, el «vacío de información» y el «cerco mediático que ejercía la televisión comercial».

–La televisión venezolana, históricamente, está dominada por la derecha e inundada de antivalores. El presentador de noticias es blanco y el ladrón es negro. No es la Venezuela que nosotros conocemos –me explicó en los primeros pasos de TV Petare Charles Méndez, antropólogo y uno de los fundadores del medio.

Las piedritas en el zapato de Camencho y de otros defensores de la revolución en La Bombilla son el alcalde Carlos Ocariz y el gobernador Henrique Capriles, con los que según ella no se puede sentar en torno a la misma mesa.

–Ocariz trabaja con los suyos. Él ha venido acá para caminar, pero de allá no pasa –dice señalando la entrada de la plaza–. Y una va a la alcaldía y ve directores de ojos verdes, papitos de mamá y papá de Baruta, de El Hatillo, con tremendos carros. No son gente de barrio. Mientras tanto, ¿quién destapa cloacas? El tipo del barrio. Ellos humillan a la gente. Les gusta hacerlo.

–¿Pero usted estaría dispuesta a trabajar con Ocariz?

Silencio.

–La verdad… no. Porque sería como una traición al proceso. Una gente que lo que ha hecho es criticar a nuestro presidente y decir que la inseguridad es culpa del Estado… ¿Y de ellos? Una de las policías mejor pagadas es la del municipio Sucre y se pasa el día matraqueando, robando a los comerciantes, nunca está arriba en los barrios. ¿Y dónde está el gobernador de Miranda? Ese jamás ha pisado La Bombilla.

Me muerdo la lengua para no decir a Camencho que la intolerancia predicada por Chávez sale finalmente muy cara a la gente de su barrio, rehén de esos odios políticos. Con el paso de los años y en una actitud muy militar, el Presidente ha fomentado una división en dos de la sociedad que invade todos los aspectos de la vida del venezolano, hasta su círculo familiar más cercano.

Ellos y nosotros.

Conmigo o contra mí.

Antes de vivir en Venezuela es difícil imaginar la crispación, el recelo y la agresividad que esa separación brutal crea en los ciudadanos.

Es imposible hacerse a la idea de que no se puede invitar a cenar a un grupo de personas a ciegas, es decir sin pararse a pensar antes si existe el riesgo de que en medio de la comida, cuando el nombre de Chávez salga irremediablemente a relucir, vayan a lanzarse los platos a la cabeza.

Dejando de lado las exageraciones, todos los venezolanos tienen guardadas historias de enemistades, discusiones feas en el trabajo, disgustos familiares o peleas entre amigos provocadas por la situación actual que vive el país. Los términos medios son cada día más raros, hasta peligrosos según Chávez, y gustan poco a adeptos y detractores de la revolución. La intransigencia hacia el otro se siente hoy de igual manera en el gobierno que en la oposición. Dos diputados, uno del Partido Socialista Unido de Venezuela (PSUV) y otro de la oposición, no pueden tomarse un café o un vino, mano a mano, en una tasca del centro de Caracas después de una encendida sesión en el Parlamento, una estampa que en otros países es fácil de ver. Hubo un tiempo en que en Venezuela también era una imagen normal, pero hoy es rarísima de encontrar, sobre todo en un lugar público. Hay una reputación que mantener.

Desde 2006, tras su sonora reelección, Chávez dio rienda suelta a su desprecio hacia sus adversarios políticos, como si ya no hubiera tregua posible. Cuando una cita electoral se aproxima, la máquina del rencor, los insultos y las acusaciones se acelera. Revolucionario que se precie debe mantener ese mismo tono, impropio en un país que históricamente ha repudiado el conflicto y vive en paz. Es también el discurso intransigente de Camencho, una buena persona y sin duda una excelente líder de su comunidad, que es incapaz de hablar de reconciliación y cree que la receta de la «máxima suma de felicidad posible», la gran promesa del Gobierno a los venezolanos, solo puede venir de la mano de Chávez.

–Mira la basura. Es martes. Desde el sábado no han pasado a recogerla –continúa respondiéndome–. Ocariz me preguntó una vez, la única vez que yo hablé con él, por qué no asistíamos a las reuniones de presupuesto participativo en la Alcaldía. «No nos invitan», le dije yo. Además, ¿por qué los tomaríamos en cuenta si ellos no nos toman en cuenta? Le dejé muy claro que él no mandaba en La Bombilla y que no iba a pasar por encima del poder popular. Ocariz reúne a su gente allá abajo, hace un evento y dice que ya ha rendido cuentas al pueblo. ¿A qué pueblo? El pueblo está aquí. ¿Quién lo ve allá abajo? –se pregunta.

Un estudio del Centro Gumilla publicado a finales de 2011 explica que la polarización impregna toda la vida pública y privada de Venezuela, y los consejos comunales, que se identifican como una iniciativa del actual presidente, no escapan a esta realidad. En esta encuesta, un 44% de los entrevistados calificó como bueno o excelente el funcionamiento del consejo comunal de su comunidad mientras que un 43% lo consideró malo y pésimo debido sobre todo a su ineficacia a la hora de resolver los problemas prácticos y a la falta de comunicación entre sus responsables y los habitantes del barrio. «Los que se identifican como antichavistas muestran una tendencia marcada a señalar deficiencias de los consejos comunales y los identificados como chavistas mostraron una tendencia a calificar positivamente y a participar en este tipo de organización».

* * *

Cuando llega la hora de hablar de Chávez, el rostro de Camencho se dulcifica. Por momentos hasta se emociona y fija la vista en la plaza central de La Bombilla, de donde llega el barullo de los automóviles, del reggaeton y de la agitación del mediodía. Y espera a recuperar la voz.

Su oficina está decorada con numerosas calcomanías de programas sociales del Gobierno y dos afiches del comandante:

uno con rostro sonriente y el gesto típico de un padre de familia que mira con placidez y benevolencia a sus hijos; el otro, dando un abrazo a varias personas.

–Chávez vino aquí tres veces: una en 2008 y dos en 2009. Tenemos esperanza en él. En verdad, somos la representación de él. Si nosotros no funcionamos, quien queda mal es el Presidente –me dice Camencho, cuando se da cuenta de que estoy contemplando las imágenes del mandatario.

–¿Y para usted qué es el chavismo?

–A mí es algo que me ha aportado conciencia y conocimiento –la voz vuelve a temblarle. Hace una pausa y ordena unos papeles meticulosamente–. Mira, madre, yo creo que la llegada de Chávez cambió la conciencia. Nos permitió aprender, conocer nuestras leyes, que no venga nadie a engatusarnos. Nosotros ya conocemos nuestros derechos. Antes trabajábamos en un cuadrito, en nuestra comunidad, ahora hemos aprendido a actuar en conjunto, abarcando a otras comunidades, ver cómo podemos ayudarnos entre nosotros. Antes aquí había decadencia, a la gente le daba igual todo. Ahora las personas han ido preparándose y avanzando más. No es que hayamos superado todo pero ahí vamos. Por ejemplo, antes a la gente le daba igual si venía el agua o no. Ahora aprendieron con el proceso revolucionario, saben cuáles son sus derechos y vienen a reclamar.

–Pero, ¿usted piensa que la mayoría del país está con Chávez?

–¡Pero claro, mi amor! Es mentira lo que dice la oposición. Si Chávez saliera derrotado todo se derrumbaría. Vendría la Cuarta República de nuevo, donde son ellos para ellos y más nada. ¿Qué recibiría la comunidad? –pregunta, repitiendo casi textualmente frases a menudo pronunciadas por Chávez–. Aquí lo que hacen falta son hechos. Si no, ¿con qué cara sale uno a la calle? Yo primero trabajo y luego toco la puerta para que la gente vote por Chávez y lo mantengamos en la lucha. Pero para poder buscar el voto tenemos que sembrar primero. Hay que salir todos los días, preguntar cómo esta la gente, interesarse por los enfermos, por los ancianos. Estar en contacto con la comunidad, pues. Es mentira que el Gobierno obligue a votar por el Presidente, pero sí es verdad que esta comunidad ha recibido beneficios que deberían traducirse en votos –me dice, sin tapujos.

Es julio de 2011 y el fantasma de la enfermedad de Chávez encoge el corazón de sus adeptos. El Presidente acaba de ser operado de un tumor en Cuba y su estado de salud es un misterio. En La Bombilla, sus fieles creen a pies juntillas en el único parte médico que se ha difundido en Venezuela: el Presidente confía en curarse y garantiza que ya está venciendo el cáncer.

–Mira, nosotros creemos que él se va a recuperar. No importa lo que digan los escuálidos ni lo que salga por internet. Por primera vez en Venezuela un presidente es tan admirado como Chávez. La gente está orando por él y para todos fue durísimo saber que estaba enfermo. El problema es que nosotros nos entregamos más al trabajo que a la salud. Mira, hasta yo pegué aquí un papelito para acordarme de que tenía cita médica. Eso le pasó al Presidente: Dio, dio y se le olvidó que él existía. Pero ese hombre va p'alante.

Según el estudio del Centro Gumilla realizado en los sectores populares entre marzo y abril de 2011, a nivel nacional, si algo caracteriza a la revolución bolivariana es que ha generado una impresionante revolución de expectativas.

La frustración de dichas expectativas puede generar irritación social y realineamiento político. Ya ocurrió una vez en 1989, en el Caracazo[7], cuando, con el fin de la Venezuela saudita, el pueblo mostró su descontento con un estallido social y hubo una migración electoral hacia otras fórmulas.

---

[7] Protesta social que estalló el 27 de febrero de 1989, provocada por varias medidas económicas del gobierno de Carlos Andrés Pérez para hacer frente a la crisis económica que afectaba al país, entre ellas el aumento del precio de la gasolina. Las manifestaciones dejaron un número indeterminado de muertos y provocaron saqueos y desórdenes públicos.

Un país de desencantados

Siempre me pareció que Venezuela sufría algo así como un déficit de amor. A diferencia de otros países de América Latina, donde se respira el patriotismo y el nacionalismo, en Venezuela muchos de sus habitantes se despiertan a menudo sin encontrar las razones para querer, defender o cuidar su país. Presumir de ser venezolano no se lleva.

A mi llegada a Caracas, además de qué opinaba sobre Chávez, la pregunta a la que más a menudo tuve que responder era por qué había venido a un país del que «todo el mundo» quería marcharse.

En los últimos 10 años se calcula que un millón de venezolanos, la inmensa mayoría profesionales con estudios universitarios, han salido del país. Encabezan la lista de razones la inseguridad y la escasez de posibilidades profesionales. Contrariamente a lo que se pueda pensar desde fuera de Venezuela, Chávez y su revolución no forman parte de los motivos principales de este dramático éxodo paulatino.

«¿Marcharme? ¿Quién? ¿Yo? Nunca. Aquí yo muero con las botas puestas, así sea el último. Si queda un venezolano oponiéndose a esta vaina, ese soy yo. No me voy de aquí me ofrezcan lo que me ofrezcan mientras esté esta situación, mientras esté esta exigencia». Américo Martín parece rejuvenecer 30 o 40 años al pronunciar, exaltado, esta frase.

La «vaina» es Hugo Chávez, a quien se opone desde 1998 «e incluso antes». Militante de izquierda desde siempre, líder estudiantil torturado por la dictadura de Marcos Pérez Jiménez en los 50 y guerrillero seducido por la revolución cubana, Fidel y el Che en los 60, Américo Martín forma parte de la izquierda desencantada con Chávez. Muchos, insiste, como si subrayarlo le consolara, tuvieron que sufrir «su proceso de desengaño». Él se libró de eso porque nunca creyó en el jefe de Estado.

—Chávez ha dicho varias veces que no es el presidente de todos los venezolanos sino de sus revolucionarios. Y es verdad. Es el presidente de ellos porque al resto nos excluye y nos elimina.

Ahora bien, vender eso como una revolución me parece ridículo, ¿no? Pero así ha ocurrido y nosotros, que vinimos de la izquierda y creemos en la tradición democrática, fuimos denostados porque nos apartamos del rumbo de Chávez.

Después de varias entrevistas telefónicas puntuales durante años y de cruzarnos en conferencias y reuniones, he quedado con Américo Martín para hablar «de verdad» en un café de un centro comercial de Caracas. Ha llegado apurado y disculpándose porque estaba en un encuentro con estudiantes. «No para», dice Nancy, su esposa.

En aquel momento, el gran reto era organizar las primarias de la Mesa de la Unidad Democrática (MUD), un calidoscopio de ideologías políticas que quiere ser la alternativa a Chávez y donde este ex guerrillero ha plantado por ahora su nueva trinchera.

El modelo soviético, los fracasos y éxitos del leninismo o los riesgos del partido único salen a relucir a menudo en la conversación. Américo Martín no duda en calificar el culto a Chávez, una amenaza ya denunciada a finales de los años 50 en la Unión Soviética, como la principal falla, el gran mal presente en el gobierno venezolano.

—Yo quisiera tener un país próspero, una economía competente, con los poderes funcionando, sin censura de prensa. Eso es lo que yo quisiera y no esta situación de ahora, donde todos estamos en libertad provisional, dependiendo de un capricho, de un arrebato de un hombre que no está en sus cabales. Lamento por ejemplo que Venezuela no esté a la altura de Brasil. Podría estarlo con la cantidad de técnicos y gerentes que este país tenía. ¿Sabes lo que es despedir a 20.000 profesionales de altísima calidad que son los responsables de que hoy Colombia esté produciendo petróleo? Ese personal se fue y ¿sabes cuánto costó formarlos?

Martín es un hombre culto, elegante, con porte de gran señor, algo mermado por un paso titubeante fruto de los pasados 70 años de edad, cabello canoso impecable y una mirada viva y limpia.

Su mujer tiene que recordarle que el café está frío y ni siquiera ha probado el dulce que pidió. Pero él parece estar concentrado en lo que quiere decir. Hablar de Chávez, de las oportunidades perdidas de su país le enciende y le desespera.

—Chávez llegó en un momento de un gran descontento. Emergió como un gran salvador, con un lenguaje inundado de palabras como justicia y pobres. Mira, un hombre con el prestigio que tuvo Chávez, con el caudal de dinero y con una masa de fanáticos dispuesta a acompañarlo debería ser un Perón por lo menos. Pero él desperdició todo y no le ha cumplido a nadie: promete y promete y nada. Los lazos emocionales que tiene con el pueblo no son eternos porque se basan en resultados y las expectativas populares se han derrumbado. Chávez es un manipulador estupendo, pero esto no puede seguir funcionando. Anda hoy a los barrios si quieres ver a la oposición. ¿De dónde crees que sale su gran caudal de votos? —me cuestiona.

Por momentos, Américo Martín muestra el abatimiento de una persona mayor y parece muy cansado de repetir las mismas cosas durante tantos años a gente tan diferente, pero de repente en su cara aparece el ímpetu propio del joven guerrillero.

—¿En qué se diferencia esta lucha de las demás? —repite mi pregunta mientras piensa—. ¿Cuántas batallas no dimos nosotros en el pasado? Por la defensa de los contratos colectivos, por el aumento del salario real, por la defensa de la autonomía de la universidad, de los servicios mínimos en los barrios… Muchísimas. Y no se comparan con la batalla que estamos librando ahora. Yo recuerdo cuando Rómulo Betancourt, recién tomado el poder, en el 59, aplazó por un año la discusión del contrato colectivo de los empleados públicos. Un año. ¡Qué protestas se armaron! Y ahora resulta que este gobierno pasa cuatro o cinco años, mata prácticamente los contratos colectivos y, sin embargo, los mismos que lucharon con nosotros en la izquierda en los años 60 avalan esta situación con su silencio y con su miedo.

—¿En quién está pensando?

—Algunos, mejor dicho muchos, se han ido desprendiendo, pero sigue habiendo un núcleo central, por ejemplo José Vicente

Rangel o Aristóbulo Istúriz[8]. Ellos pelearon por esas causas que te estoy diciendo. José Vicente y yo estábamos juntos en el mismo lado peleando por la libertad de expresión. ¿Quién fue el mejor defensor de los periódicos y periodistas? Él y míralo. ¿En nombre de qué puede esta gente decir que nos hemos apartado de la continua lucha de años y que debemos apoyar a Chávez a riesgo de ser calificados de apátridas, traidores o amigos del imperialismo?

Hace una pausa y come un pedazo de alfajor. Parece darse cuenta de que ha mostrado en exceso la amargura que le produce desde siempre oír cómo a Chávez se le califica de presidente de izquierda, de socialista, sobre todo fuera de Venezuela. Porque para él la izquierda es una historia completamente diferente. Américo Martín fue uno de los dirigentes del MIR (Movimiento de Izquierda Revolucionaria), nacido en 1960 como una escisión de los jóvenes del partido Acción Democrática. Autodenominados marxistas-leninistas, sus líderes apoyaron a Fidel Castro, la revolución y la lucha armada antes de comenzar a dudar de las bondades del enfrentamiento armado e iniciar una dolorosa autocrítica. Con el tiempo, el MIR se convirtió en un partido político, Martín fue incluso diputado y candidato presidencial por el partido en los años 70, hasta que fue progresivamente absorbido por el Movimiento Al Socialismo (MAS) y desapareció.

—Mira, yo no tengo partido, soy algo así como un consejero. Hago esto porque tengo convicciones. Yo soy de este país y aspiro a tener un gran país. Te lo digo de verdad.

* * *

Nuestra entrevista se produce en plena crisis en Libia, poco antes de la muerte de Muamar Gadafi. Para Américo Martín, Chávez,

---

[8] José Vicente Rangel es un político y periodista venezolano que fue un militante de izquierda muy activo en las décadas de lo 60 y 70. Con Chávez ha ocupado varios puestos en el gobierno y actualmente es uno de sus más cercanos consejeros. Aristóbulo Istúriz es el primer vicepresidente de la Asamblea Nacional (Parlamento) y uno de los líderes más conocidos del Partido Socialista Unido de Venezuela (PSUV). Antes de la llegada de Chávez al poder se destacó por ser un comprometido luchador social y político, sobre todo en el campo de la docencia.

a diferencia de aquel a quien llamó su «hermano» de Trípoli, no es ni un asesino ni un represor, más bien un «autócrata con vocación totalitaria» que vive inmerso en una terrible contradicción.

–En el caso de Chávez su vocación totalitaria se expande, pretende copar todos los espacios y crear un sistema absolutamente dominado por él hasta que es detenido por algo que le impide cerrar el círculo y declarar una dictadura. Él no razona con la implacabilidad de Fidel, y el tema de los derechos humanos le da un verdadero dolor de cabeza porque teme la reacción popular. Por ejemplo el caso de Globovisión. ¿Por qué no la cierra? Por miedo a la reacción –me dice.

La televisión privada Globovisión y sus directivos fueron objeto de numerosas sanciones administrativas y judiciales en los últimos años y el medio recibió de la boca de Chávez varias amenazas de cierre.

Martín hace hincapié en las protestas, a menudo invisibles, que se producen cada día en Venezuela. «500 mensuales», me recalca.

–No son protestas como las de los indignados en España pero son manifestaciones de trabajadores, maestros o damnificados y a mí me parece más efectivo así porque se relaciona con las necesidades del país y no con cosas abstractas. Pero Chávez ha asumido el soborno social: comprar votos. Y gracias a los inmensos recursos que tiene Venezuela y a su manejo discrecional, sin ningún control de ninguna parte, puede que esos sobornos le funcionen.

–Pero algo bueno tendrá que reconocer a Chávez…

–Sí, claro. Yo diría que él ha hecho una cosa importante: ha convertido en protagonista a la gente. Los políticos estaban acostumbrados, salvo los de izquierda pero eran inofensivos, a que la vida se resolvía con la clase media. Frente a los sectores desposeídos solo había política de asistencia social, pero el factor dinámico era la clase media. Hoy hay una creencia, un deseo de participación de la sociedad que obliga a todas las fuerzas políticas a tenerlos en cuenta. Ese es el gran aporte de Chávez. No sé si se lo propuso, pero ese es el resultado y yo no lo borraría. Pero pregúntame también qué no le perdonaría –me dice con tono serio sin darme tiempo a decir nada–: El enorme retroceso económico e ideológico que le ha dado al país. Él nos lleva a visiones primitivas, a la época de las monarquías absolutistas empeñadas en la concentración del poder. Además, su estilo de política rompe con una de las más hermosas tradiciones que se le atribuían a Venezuela: la posibilidad de llegar a dialogar con el adversario político era una cultura y él la ha roto por completo.

* * *

A diferencia de Martín, hubo muchos militantes de izquierda que sí creyeron que una puerta se abría con la victoria de Hugo Chávez en 1998 y consideraron durante años que su gobierno podría ser la vía para obtener ciertos logros que otros habían ignorado o dejado inacabados: democracia participativa, mayor control de los recursos petroleros, un verdadero plan de vivienda, una educación y salud mejoradas y para todos, atención de las barriadas maltrechas.

Varios profesionales brillantes de esta izquierda formaron incluso parte del gobierno y trabajaron activamente al lado del Presidente durante años hasta que sintieron que no podían continuar apoyando un proyecto que les recordaba cada día menos a lo que soñaban para Venezuela.

Al conversar con ellos, los sentía entre dos aguas, algunos completamente desorientados, sin rumbo y como si se les hubiera hundido el suelo que pisaban. Entre el chavismo y una oposición recalcitrante, hubo quienes apostaron por una tercera vía más acorde con sus principios, aunque hoy por hoy esa izquierda sin Chávez parece electoralmente inviable debido a una sociedad venezolana radicalmente partida en dos.

–Yo ya sufrí mi decepción hacia 2006 y 2007. Me gané una beca en 2008, me fui por un año y ahí pasé mi luto –me contaba Margarita López Maya, endulzando la confesión con una de sus risas francas, como si estuviera burlándose un poco de ella misma.

Era mediodía y por las ventanas de su despacho, su refugio en el que piensa, escribe, prepara clases y estudia, se cuela la luz del franco sol caraqueño y el verde de los árboles.

Conocí a Margarita al poco de llegar a Caracas y siempre fue una fuente lúcida, mesurada y bien informada a la que recurrir en medio de esa polarización infernal que impide que dos extremos lleguen a verse. Los dos libros que coordinó en torno a las ideas que suscitaba el socialismo del siglo XXI predicado por Chávez son referencia para cualquiera que informe sobre Venezuela.

Pero tras creer y haber defendido a Chávez durante años, esta historiadora y profesora fue separándose paulatinamente del Gobierno hasta que en 2007, cuando el Presidente presentó su proyecto de reforma constitucional que fue rechazado en referéndum, Margarita dijo «basta».

Después de un año de luto y exilio académico en Estados Unidos, volvió a Venezuela porque ella, al igual que Américo Martín, tampoco es de las que se van.

–Desde 2008, traté de ver elementos positivos y traté de esperar que del chavismo emergieran algunas alternativas, pero ya hace cuatro años de eso y lo que siento es que se sigue exacerbando el patrón del Presidente.

En 2010 la encontré en Sabana Grande repartiendo folletos a favor de su candidatura a diputada por el partido Patria Para Todos (PPT), escindido del chavismo. Margarita formaba parte de un grupo de académicos, artistas, políticos y formadores de opinión que decidieron ser candidatos a diputados con el sueño, que se reveló utópico, de acabar con un país partido en dos.

Para ellos, la solución no era con Chávez o contra Chávez sino que creían que podía haber una alternativa de izquierda que apostara por el pluralismo, la democracia participativa, un nuevo modelo económico alejado del rentismo petrolero y una verdadera profundización de la Constitución de 1999, entre otros.

Era una esperanza que se creía posible en un país marcado por los extremismos, en palabras de Henri Falcón, gobernador del estado Lara (noroeste), que abandonó el partido de Chávez desilusionado y frustrado para pasar también al PPT.

Finalmente las urnas mostraron que esta opción no era por ahora viable.

–No hay terceras vías. Esa iniciativa se disolvió y fue absorbida por la segunda vía. Y eso ha sido impulsado por el propio Chávez. Él crea esta polarización tan feroz y no deja espacios –me había dicho Américo Martín durante nuestra entrevista.

–Era imposible y sigue siendo imposible. No es que esa alternativa haya fracasado, porque yo creo que está en la cabeza de todos como una solución, pero electoralmente es inviable debido además a la nueva ley electoral que mató la proporcionalidad. Por ahora, el juego en Venezuela es a dos –corrobora Margarita López Maya.

* * *

Durante años, esta historiadora vivió intensamente el proyecto de Chávez. Fueron tiempos de frenesí, de ilusión y de esperanza hasta que sintió que el rumbo se torcía de forma irremediable en 2006, tras la victoria aplastante del mandatario en las presidenciales con un 63% de los votos. En aquel momento vio surgir con fuerza rasgos de un autoritarismo que mostraban que el Presidente se dirigía hacia un gobierno con una gran concentración de poder en la figura del jefe de Estado que nada tenía que ver con el proyecto votado en 1998 por los venezolanos ni con el país que ella misma había creído vislumbrar tras las palabras de Chávez.

López Maya advirtió públicamente de que la pluralidad estaba en peligro en Venezuela, y el propio mandatario, por televisión, lanzó un regaño público a la historiadora y le dijo que mejor cambiara sus lentes para ver mejor y darse cuenta de que en el país nunca había habido tanta democracia.

–Habíamos pasado años de movilización, de escribir, de producir programas de radio y TV. Yo apoyé a los sectores bolivarianos durante el golpe de Estado y durante el paro petrolero[9], pensando que cuando se saliera de eso el proyecto quedaría legitimado y empezaría a avanzar. Pero en ese momento el Presidente comenzó a cambiar el proyecto. Eso que él llamó «socialismo del siglo XXI» es solo un proyecto socialista fallido más. Y eso sigue ahí. Yo he sostenido desde esa época que esto no es democracia participativa. Es otro proyecto personalista y autoritario, donde todo depende de la presidencia de la República, hasta el destino de los sectores populares.

En 2007, en un artículo publicado en el foro progobierno Aporrea, Margarita mostró ya su profundo malestar y sus dudas:

–La realidad se muestra contradictoria; mientras los espacios de la participación social permanecen todavía con dinamismo y esperanza para los sectores más pobres, los espacios de la política se desvían hacia la intolerancia y el autoritarismo, la ineficiencia y la corrupción, al estilo del fracasado socialismo del siglo XX.

–Y después de este camino, ¿qué es para ti el chavismo hoy?

–Mmm... caramba. Es una respuesta difícil de dar pero te la voy a dar. Para mí se ha convertido en una especie de frustración y decadencia. Frustración porque lo seguí durante tantos años, con la expectativa de que entraba una nueva elite política a satisfacer unas demandas y aspiraciones, que luchas y debates de los años 80 en Venezuela habían producido y se concretaron en la Constitución de 1999. Puedo decirte que el primer y segundo año de Chávez parecieron que iban a ir hacia lo que se estaba dibujando en la sociedad venezolana desde hace más de dos décadas. ¿Decir hoy qué pasó? No lo sé, eso perdió el rumbo, se descompuso, no cristalizó y lo que ahora estamos viviendo es una gran decadencia. Es como si interrumpiéramos la crisis de los 80 y los 90 por unos cuantos años y cuando nos despertamos estamos en la misma crisis pero ahondada por el chavismo.

---

9 Golpe de Estado fallido contra Chávez de abril de 2002 al que siguió meses después un paro petrolero que paralizó al país y puso en jaque al Gobierno.

Margarita no sabe decir si fue Chávez quien cambió o si siempre tuvo en la cabeza el proyecto actual de país. Sin duda, el presidente venezolano se vio fortalecido tras el golpe de Estado fallido de 2002 y tras su reelección apoteósica en 2006. Eso le dotó de una legitimidad y de un tesón mayor para llevar adelante su programa político. «Ahí hay una responsabilidad compartida con toda la sociedad. Porque el error de las fuerzas de oposición de haber enfrentado de una manera violenta el proyecto que emergía y de haber optado por los caminos de la ilegalidad como el golpe de Estado contribuyó a que el Presidente y, sobre todo, su poder personal, salieran victoriosos».

Hoy, 13 años después de la elección de Chávez, Margarita asegura que el país ya ha entrado irremediablemente en una transición. La enfermedad del jefe de Estado, independientemente de su desenlace, ha mostrado las fisuras del régimen, la concentración de poder en sus manos, la sumisión reinante y una triste dependencia. Son los resultados del hiperliderazgo, palabra que se puso de moda en Venezuela en los últimos tiempos.

–No sé conceptualizar aún esta transición, es casi una intuición, pero así lo veo yo. El Presidente ha aniquilado las fuerzas creativas dentro del chavismo, sus liderazgos emergentes. La mayoría de ellos, frustrados, se han ido. Otros se han corrompido, otros son irreconocibles por los niveles de sumisión a la figura del Presidente. Ahora la balanza se orienta hacia las fuerzas de oposición, donde parece que sí está pasando algo.

–Yo sé que no puedo volver a votar por Chávez. Es un camino sin retorno. En este momento, el cambio de gobierno es necesario en Venezuela. Siento que el discurso polarizador comienza a agotarse incluso para el chavismo. Ni el Presidente consigue ya aceptación con ese tono tan radical.

Pero pese al posible agotamiento del discurso de Chávez, el apoyo al mandatario sigue siendo muy fuerte, envidiable para muchos jefes de Estado que llevan menos años en el poder y ven su popularidad evaporarse.

A la intensa conexión emocional de los sectores más humildes del país con el presidente venezolano, basada a menudo en la satisfacción de sus necesidades o en la esperanza de que se van a satisfacer, Margarita añade otro elemento importante: el habitante de un barrio pobre de Caracas siente un enorme rechazo al pasado y a los gobiernos represores.

El hecho de que Chávez no sea un gobernante de palacio, vaya a las calles, hable con un lenguaje que la gente entiende y sea capaz como nadie de inyectar esperanza lo torna fuerte y hasta aparentemente invulnerable, pese a la ineficacia del Gobierno.

Sin embargo, también en esas bases de incondicionales comienza a haber un creciente desencanto. El estudio realizado por el Centro Gumilla en los sectores populares de Venezuela, que acabó siendo una radiografía social, ideológica y política del país, muestra que las tres necesidades prioritarias para los venezolanos de los sectores populares son empleo (40,5%), seguridad (29,9%) y salud (22,6%). Le siguen vivienda, situación económica y escasez de alimentos. Solo un 5% de los encuestados considera que no tiene ninguna necesidad.

—Lo que para mí está claro es que si el gobierno de Chávez terminara mañana, su gran legado será esa prioridad en el combate y reducción de la pobreza y el haber puesto todo el aparato del Estado en esa dirección —insiste Margarita, mesurada pese a la distancia que ha tomado con el chavismo—. En este país era fundamental dar de comer a la gente. En la práctica él lo ha hecho pésimo, pero conceptualmente hay cosas muy valiosas. Por ejemplo, la Misión Barrio Adentro. El haber puesto ahí a esos médicos cubanos, 24 horas al día, prestando servicios gratuitos, es una idea maravillosa conceptualmente. Al igual que los modelos de alfabetización. Hay que masificar la educación como vende este gobierno, pero claro, debe ser educación de calidad y no ideológica. Las misiones sociales deberían ser parte de las instituciones del Estado y estar garantizadas por el presupuesto nacional, no únicamente por el Presidente. Todo deberá ser corregido un día para que siga funcionando porque hoy todo depende del Presidente para que todos votemos por él.

En las conclusiones del estudio del Centro Gumilla sobre las clases populares venezolanas se estima también que un 55,4% de los encuestados cree que la situación en Venezuela está progresando poco o nada, mientras que un 44,5% estima que avanza muchísimo o algo. Para que las cosas mejoren, ¿en quién depositan su confianza los venezolanos con menos recursos? Según este estudio, fundamentalmente en las universidades, la Iglesia católica y los estudiantes, mientras que la presidencia, la estatal petrolera PDVSA, motor de la economía nacional, y las Fuerzas Armadas merecen una confianza moderada y la oposición y la policía, muy baja.

Antes de despedirnos, Margarita López Maya recuerda que, hace 18 años, uno de sus profesores en Washington le dijo que no olvidara que Venezuela no era una república bananera sino un país petrolero. Ese chorrito de petróleo brotando permanentemente de la tierra marca el tono de la relación con Chávez de muchos países de América Latina y más allá de las fronteras de la región.

—Hay que reconocer que otro gran aporte de Chávez fue recuperar la industria petrolera como un bien nacional. Eso estaba en manos de la gerencia de PDVSA, que hacía lo que quería, era un Estado dentro del Estado. Pero bueno, ahora PDVSA es del Presidente y él firma lo que quiere. Chávez tiene intimidados a muchos países latinoamericanos gracias a negocios petroleros. Él llega al Caribe, saca la chequera y ya. Hay países que saben que aquí se viola la Carta Democrática pero prefieren mirar para otro lado y que los venezolanos tratemos de resolver esto solos.

Y vuelve a reír, con una cierta mirada de tristeza.

Las oportunidades perdidas

El desencanto se expresa de diferentes maneras en Venezuela, pero está ahí, omnipresente. Intolerancia, agresividad, pasotismo, rabia, depresión o ganas de marcharse para siempre. En la calle se respira cada día. Los mismos temas, la misma frustración. No hay dólares, no hay azúcar, todo está caro, se fue la luz, Chávez dice tal cosa, la oposición no entiende nada, el tráfico es infernal…

El país no consigue parecerse en nada al que unos y otros soñaron y, al final, siempre queda un regusto de melancolía. Sobre todo en personas que han invertido mucho tiempo y trabajo en intentar en vano cambiar las cosas.

En Caracas, trece años después de la llegada de Chávez al poder, la desigualdad sigue golpeándonos en la cara. No es posible mirar para otro lado para seguir viviendo tranquilamente. Los «ranchos», las precarias casuchas de las barriadas sin fin, crecen cada día un poco más y acorralan a la ciudad, abarrotada de gente y de vehículos.

Actualmente unos 14 millones de venezolanos, es decir uno de cada dos, no tienen casa propia, viven hacinados o en viviendas muy precarias en las que su propia vida corre un riesgo, según la Cámara Venezolana de la Construcción. El déficit de casas, que rondaría los dos millones, obsesiona al Gobierno, a la oposición y al mundo académico.

Transformar esos arrabales en hogares y a sus habitantes en verdaderos ciudadanos ha sido el proyecto de vida de Josefina Baldó. Pero en 2011 ella era otra desencantada más.

Esta arquitecta, urbanista y profesora había armado junto a su equipo un plan para las barriadas de Venezuela que pretendía «dar un vuelco» a la forma de tratar el problema de la vivienda en el país. La idea fue tomando forma mucho antes de la llegada del Presidente al poder, cuando quedó claro que el problema de los suburbios marginales no se resolvería con remiendos y arreglos de fachadas.

Al llegar Chávez, Baldó vio, como muchos venezolanos, una posibilidad real de concretar un proyecto de largos años y de dar dignidad a los suburbios más precarios, nidos de violencia, frustración, pobreza y exclusión. Pero finalmente, todo se hizo pedazos.

—Nuestro programa estaría ya por el duodécimo año si todo hubiera salido bien. Los barrios de Caracas estarían mucho mejor, con mejores servicios, no solo con un pedacito de tubo, una cloaca y unos cables. Esto era un proyecto integral. ¿Sabes qué es lo más duro?

Que las condiciones estaban dadas, que no era una utopía y Chávez podría haberlo logrado. Es una gran oportunidad perdida –me dice.

Oportunidad perdida. De nuevo.

Baldó es una mujer menuda y fina, que ronda los 60. El esmero y la pulcritud de su apariencia y la atención que ha prestado a los pequeños detalles de su atuendo pueden provocar un juicio errado sobre sus prioridades en la vida. Josefina Baldó no es una señora acomodada que odia a Chávez de forma visceral, tampoco sueña con pasar los fines de semana en Miami o en cualquier lugar lejos de Venezuela, y nunca participó en las manifestaciones que pedían hace algunos años la salida del Presidente en la plaza Altamira, en la zona bien de Caracas.

–Cuando es elegido el presidente Chávez, me llama para ser presidenta del Consejo Nacional de la Vivienda, el Conavi, que era como una especie de ministerio de vivienda. Sembramos muchas esperanzas con un gobierno que traía una propuesta de país transformadora, donde se iba a involucrar a los más pobres. Durante dos años pudimos actuar en plena libertad.

En 2001, antes de marcharse, Josefina Baldó consiguió lanzar un plan nacional de vivienda e impulsar una ley que se aprobó y fue años después desmantelada. La investigadora habla siempre usando el «nosotros». «Cuando digo nosotros, me refiero a un grupo de profesionales de la Universidad Central de Venezuela (UCV) que pasamos años realizando investigaciones, trabajo de campo y docencia sobre el tema», me explica.

No pierde la seriedad, tiene las cifras memorizadas desde hace años en la cabeza y habla con mesura, moviendo pausadamente unas manos delgadas y cuidadas.

Pese a su salida del Gobierno, Baldó siguió apoyándolo. «Me dije que en vivienda no había funcionado pero que el proceso político todavía podía salir adelante». No solo eso, en 2005 volvió al Gobierno, a trabajar de nuevo en un proyecto con el entonces ministro de Vivienda, Julio Montes.

En aquel momento, su plan para los barrios populares consiguió involucrar a tres millones de personas que residían en estos arrabales, generó un sistema de participación desde las bases y fomentó el crecimiento de líderes totalmente legitimados por la comunidad. «Todo esto fue generando molestia frente a otros modelos de organización que ya se habían instaurado. Es decir, desde el Gobierno se vendía la idea de que se quería poder para el pueblo, pero eso no era así en la práctica», me dice, con gesto de disgusto.

Su manejo transparente de los recursos públicos, que consistía en sacar las obras a concurso y no atribuir contratos a dedo, el modelo de participación amplia que se promovía, sumado al deseo de muchos de seguir controlando un sector como la vivienda, donde hay «mucha plata» circulando, bloqueó de nuevo el programa, que fue tajantemente cortado un año después de su nacimiento.

—Y en 2007 sí fue imposible seguir apoyando esto, cuando vino la reforma constitucional. Yo quise creer que el poder popular, pese a los defectos que le rodeaban, se podría ir desarrollando y a la larga conduciría al país a algo mejor. Pero finalmente rompimos y creamos De Frente por Venezuela, porque era irreconciliable seguir en algo en lo que uno no creía. En petróleo no lo apoyábamos, en salud no lo apoyábamos y finalmente vimos que la participación protagónica también era un decir y no una realidad. Fue muy duro. Era de las pocas esperanzas que se tenían.

* * *

De Frente por Venezuela es un pequeño movimiento que reúne a profesionales de distintas áreas bajo un mismo sueño: una Venezuela diferente, productiva y próspera que no surgirá mezclando simplemente un poco de chavismo con un poco de ideología de la oposición. Profesores, escritores, artistas, políticos y algunos expartidarios del Presidente, como Josefina Baldó o Margarita López Maya, saben que esta tercera vía es un camino imposible por ahora, pero insisten en que la única salida para Venezuela es terminar con la división en dos de la sociedad.

—El apoyo que tenemos es pequeño pero estamos firmes en la idea de que esta es la salida para el país y eso nos hace seguir por este camino. Yo no me resigno a que esta deba ser nuestra Venezuela, que deba seguir siendo un pequeño país. Pienso que se puede vivir mejor –me dice Baldó.

En 2010, ella también formó parte del calidoscopio de personalidades que fueron candidatas a diputados por el partido Patria Para Todos (PPT). Pero la «polarización» también jugó en su contra y no fue elegida.

—Mientras haya un chavismo extremo queriendo descalificar a los que son diferentes, cuando es medio país el que piensa distinto, y una oposición que solo piensa en sacar a Chávez, es imposible que esto camine. Por eso yo, a estas alturas, ya no hablo de gobiernos de izquierdas o de derechas, prefiero hablar de gobiernos transformadores. Yo estoy por la transformación hacia un país próspero.

Las palabras «transformador» y «poder popular» y las citaciones al artículo 184 de la Constitución, que habla de la descentralización y el traspaso de poderes a las comunidades, salen a menudo en la entrevista.

—El modelo de Chávez finalmente es similar a los anteriores y no fue lo que él ofreció en su momento. La gente puede sorprenderse al oírlo pero es así. Por ejemplo el petróleo, que es lo que más caracteriza a nuestro país, es más o menos lo mismo: se exporta, con una renta petrolera se traen bienes y sobrevivimos. El Presidente ha tenido la mayor renta petrolera de los gobiernos venezolanos y por ahora todo el cambio se reduce a mucho pleito con Estados Unidos reivindicando que queremos ser libres, pero el modelo es el mismo, igualito. Antes exportábamos más a Estados Unidos y ahora lo hacemos a China.

—¿Qué ha significado el chavismo entonces?

—Esta es la revolución de las expectativas. No se tiene casa sino la expectativa de tener una. En el pueblo se sembró la idea de que Chávez se iba a ocupar de ellos y es verdad que él puso a los más desfavorecidos en el centro de su discurso. Todo eso creó ilusión. Uno camina por los barrios y siente aún esa ilusión, aunque el Presidente finalmente no hiciera gran cosa. ¿Qué es el chavismo hoy? Es una mezcla de gente que finalmente es seguidora a ciegas del presidente Chávez. Están los que se aprovechan, los ineficientes, los que salvan sus puestos, los que están convencidos de que Chávez es como un Dios. Pero Chávez se rodea mal. Por ejemplo, en materia de vivienda, que es donde puedo hablar con propiedad, se siguen los antojos del Presidente, no hay gente capaz de resolver y todo se está cayendo a pedazos.

Han pasado años desde que el proyecto fuera desterrado por el Gobierno, pero el grupo de Baldó sigue recibiendo llamadas de las comunidades con las que trabajaron, dando ponencias que resumen su trayectoria, escribiendo y actualizándose. Sigue esperando, en el fondo.

—La gente, que es la que cuenta, está cada día más convencida de que esta es la salida, pero el Gobierno está cada día más cerrado.

—¿Usted estaría dispuesta a trabajar con cualquier gobierno, independientemente de su color político?

—Estamos en un momento en que la salud del Presidente ha provocado un desconcierto; no sabemos si el programa de la oposición será verdaderamente un cambio de modelo. Pero te digo que nosotros tenemos una mística en esta dedicación; para nosotros es un proyecto de vida. Y si uno cree en esto, en que los barrios deben mejorar, por supuesto estamos listos para trabajar con quien sea, porque es trabajar por el país. Que sea sobre todo un gobierno transformador, para servir a la gente necesitada.

—¿Nunca ha pensado en marcharse de Venezuela, después de tantas decepciones?

—Nunca. Yo pienso que en Venezuela hay muchísimas oportunidades. Tenemos la ventaja comparativa del chorrito de petróleo. Y a uno lo que le indigna es que haya esta pobreza gigantesca, que los cerros se desmoronen, teniendo esta inmensa riqueza. Quiero creer que, mientras haya petróleo, siempre habrá la oportunidad de hacer algo. Tengo esta esperanza.

* * *

En diciembre de 2009, conocí a Julián Díaz. Trabajaba solo cada día reconstruyendo la iglesia de Carmen de Uria, un pueblo de la costa del estado Vargas, en el norte del país, del que había sido fundador medio siglo antes.

En 1999, un terrible deslave dstruyó esta región y dejó según cifras extraoficiales unos 10.000 muertos. En menos de tres días llovió la cantidad equivalente a dos años hasta que la montaña reventó y se llevó por delante pueblos como Carmen de Uria. Fue el peor desastre de la historia reciente de Venezuela y sus marcas aún no se han borrado de las laderas de Vargas ni se ha logrado al día de hoy poner verdaderos medios para evitar otra catástrofe similar.

–El pueblo aún existe y la gente va a volver y, como sin iglesia no hay pueblo, aquí estoy yo reconstruyendo –me dijo Julián, un hombre de 72 años, de mirada humilde, cubierto de polvo y obsesionado por su tarea.

Le rodeaba el silencio de las ruinas y su única compañía era un gran Cristo crucificado manco. La imagen presidía la iglesia y fue prácticamente lo único que quedó en pie cuando todo se desmoronó.

Aquella noche del 15 de diciembre de 1999, después de días de mucha lluvia, la montaña se les vino encima, Julián perdió su casa, vio morir a familiares y dio por desaparecidos a muchos amigos. No se le ha olvidado nada porque las huellas de la tragedia, el rastro de la riada y las casas arrasadas a su paso siguen ahí, apenas engullidos por la selva.

Hoy, Carmen de Uria es un pueblo fantasma, situado a 50 km de Caracas. Decretado inhabitable, hay familias que siguieron viviendo discretamente entre las peligrosas ruinas y otras, que se fueron, han regresado con el paso de los años. Igual pasa en Los Corales, otra población cercana devastada, en donde hay personas viviendo entre los escombros de lujosas mansiones semidestruidas, abandonadas por sus propietarios tras la tragedia.

En el décimo aniversario del deslave, la iglesia de Carmen de Uria, aún sin puertas ni ventanas pero adecentada por Julián, pudo recibir a más de un centenar de personas. Para la ocasión, Julián sacó a los santos de las bolsas de plástico en las que los guardaba preciosamente y colgó el Cristo manco en el centro del altar.

Fue una ceremonia de recuerdo a las víctimas y de toque de atención a las autoridades sobre todo lo que queda por hacer. Porque cada vez que llueve y el río crece, todos los habitantes miran con impotencia la montaña.

–Se repitieron los errores que desencadenaron la tragedia. Vargas tenía que ser el laboratorio que enseñara a Venezuela cómo reconstruirse, pero no se logró. Y lo que le pasó a Vargas le está pasando al país, que se está destruyendo, cayendo a pedazos –me dice Carlos Genatios, otro desencantado del chavismo, que fue el encargado de planear la reconstrucción de Vargas y de trazar un plan que evitara una nueva tragedia al pie de la montaña que separa Caracas del mar Caribe.

–Se llamó a las universidades y se convocó a todos los expertos a debatir. Era una visión de vanguardia que el Gobierno no acompañaba porque no entiende, porque tiene unos criterios militaristas a la hora de organizar la administración pública.

Meses después de la tragedia se constituyó la Corporación Corpovargas, que se ocuparía de la ejecución y financiación de los proyectos, algo que según Genatios no se ha realizado como se planeó ni como se debería.

Este exministro de Ciencia y Tecnología de Chávez habla rápido, como si quisiera expresar de una vez todas las ideas que tiene en mente, pero su discurso no pierde el orden. En su despacho de Los Palos Grandes se respira agitación y en su agenda siempre sobran reuniones, proyectos y conferencias.

–Lo mío no fue un proceso de decepción sino de conocimiento, de ver cómo iba evolucionando el Gobierno y de cómo fui yo evolucionando y dándome cuenta de las cosa –me aclara de entrada.

Y «las cosas» para Carlos Genatios fueron muchas y las va devanando poco a poco, conforme la conversación se anima: la concentración de poder de Chávez, la falta de compromiso del Estado con el desarrollo de los venezolanos, la ineficacia del Gobierno, un margen de maniobra que se le reducía cada día más.

En 1999, con Chávez estrenándose como presidente, Genatios fue llamado por dos colaboradores cercanos del mandatario, Jorge Giordani y Héctor Navarro, «amigos desde hace años y de mi mayor aprecio», pidiéndole que se ocupara de la «comisión de enlace de vivienda en el Gobierno». Aceptó y fue adentrándose poco a poco en las entrañas del ejecutivo hasta que meses después fue nombrado ministro de Ciencia y Tecnología.

–Yo creí que Chávez representaba una oportunidad para avanzar y cambiar el país. Yo viví primero una etapa de entusiasmo y de darlo todo. Otra de caer en la cuenta de que no me entendían pero que se podía seguir trabajando, y otra de convencerme de que me tenía que ir. Pero irme sin nada que reprocharme. Ahora pienso que hice muchas cosas pero debí hacer más. Yo veía que cada vez se iba trancando más y cerrando más todo. Mis últimas palabras antes de dejar el cargo fueron: «Estaré aquí si es para construir».

Era febrero de 2002, Genatios había sido desde 1999 el primer ministro de Ciencia y Tecnología de Chávez y llevaba cuatro meses presentando su renuncia al Presidente.

–Hugo, me quiero ir; Hugo, me quiero ir, le decía yo.

Y se queda unos segundos callado, como sumido en esos recuerdos y calibrando cuáles quiere contarme.

–Yo conozco mucho a Chávez, pasé mucho tiempo al lado de él y te puedo decir que peleé con él, pero siempre aceptó mis críticas. De todas formas, yo sabía que el poder mío era finito: que él me iba a botar o yo me iba a ir, así que bueno… Recuerdo una vez que lo vi muy molesto y le pregunté: «¿Qué te pasa?». Me dijo: «Aquí hay solo dos personas que me hablan como tú. Los demás no se atreven y yo ando por ahí y la gente no me dice, no me cuenta». En fin, yo no hablo mal del Presidente porque humanamente le tengo respeto, creo que es un tipo honesto con su pensamiento y en su relación con el pueblo.

A sus 50 años bien cumplidos, Genatios es un hombre consciente de su valía y habla de sus logros sin falsas modestias. Con la misma soltura que elogia uno de sus artículos de prensa –«Léetelo. Después de esto me dije ya no voy a publicar más nada. Ahí está todo lo que quiero decir»– donde asume todo lo que no logró hacer durante su gestión o le quedó pendiente al marcharse del Gobierno. Ingeniero civil y filósofo, este exministro tiene maestrías, cursó máster en diversos países y ha escrito varios libros. Pero por encima de todo es un venezolano al que le duele inconsolablemente su país.

–Lo que le llama realmente a Chávez es el poder, no el desarrollo del pueblo venezolano. Y eso se ve claramente hoy en día. Con un presidente debilitado por su enfermedad, su discurso también se debilita y sin ese ropaje bonito vemos el esqueleto, el hueso de todo esto, que es el poder por el poder. Nos damos cuenta de que la acción del Estado está únicamente dirigida a mantener a Chávez ahí arriba, sin ningún control de la sociedad civil o los poderes públicos. ¿Hay ideales? Sí, pero están de paso, para desarrollar una máquina que le permita a Chávez permanecer en el Gobierno.

Y respira.

–Chávez es un amo, no es un padre –afirma midiendo sus palabras. La frase se repetirá varias veces en esta conversación, apoyada por textos de Freud y Hegel, recuerdos de su paso por el Gobierno y un diagnóstico brutal del proceso revolucionario.

Desde hace años, Genatios ha escrito mucho sobre la incapacidad de las clases populares venezolanas para desarrollarse y ser más libres y ha denunciado esa dominación, que ya padecían, pero que se ha visto favorecida por Chávez.

–El objetivo del Gobierno dice ser proporcionar la mayor suma de felicidad posible, pero sin libertad resulta imposible. Y, para Chávez, la libertad es él. Él cree que la Historia lo puso ahí para abrir camino a los pobres. Y los va a llevar al paraíso, a salir de la pobreza y a la libertad. Mejor dicho, a lo que él entiende por libertad. Desgraciadamente esa felicidad de Chávez es la felicidad alienada, es el pobrecito calladito la boca, viviendo como un enfermo mental en un sanatorio. Esos seres no son sujetos ni dueños de su libertad.

Al día de hoy, Genatios se dice aún sorprendido de ver cómo un hombre puede ponerse una camisa roja e ir a gritar consignas aprendidas de memoria a un acto progobierno para formar parte de algo, para quien está por encima de él le reconozca o para recibir algún beneficio.

—Chávez es un amo muy fuerte y sin contrapoder. Él no permite que haya líderes que crezcan a su lado. Por ejemplo, él gana en las pequeñas ciudades, donde el país se ve por televisión siempre y cuando haya luz. Ahí hay un 85% de chavistas, de gente que vive del Gobierno porque no puede vivir de otra manera. En el fondo, Chávez debe creerse Dios. Y nosotros estamos atrapados en este delirio de un hombre con poder. Es nuestra realidad –lamenta.

Para él, Chávez estaría limitado por su visión de la realidad y su comprensión del ser humano e insistiría en creer que la independencia de la patria consiste en expulsar a los estadounidenses del país y quitarles el control del petróleo, aunque finalmente sean su primer comprador de crudo y quienes mejor le pagan.

Genatios considera que la independencia verdadera vendrá impulsada por una sociedad más justa, educada, sana y próspera. Y no le falta razón, pero las reglas que rigen la economía venezolana limitan su crecimiento y los programas sociales instaurados por el Gobierno, todos ellos loables aunque hayan sido muchas veces palancas electorales, están dirigidos en su mayoría por gente, muy fiel al Presidente, pero poco capacitada para la tarea concreta que se le encomienda.

Genatios suspira y parafrasea al Libertador, Simón Bolívar: «Venezuela celebra sus 200 años de independencia, pero qué lejos está aún de su libertad».

**Dos millones de casas:
atrapar un gato en un cuarto oscuro**

Para definir el problema de la vivienda en Venezuela, Genatios cita a un profesor suyo: «Es como querer agarrar a un gato en un cuarto oscuro, sobre todo si el gato no existe. Es decir, no es un problema en sí sino la consecuencia de otros problemas, comenzando por la división económica y la falta de desarrollo».

En diciembre de 2010, unas 130.000 personas se quedaron sin hogar por culpa de unas lluvias torrenciales que mostraron al país y al Gobierno que los venezolanos estaban viviendo más precariamente de lo que muchos imaginaban. Meses después, Chávez lanzó la Gran Misión Vivienda Venezuela, un ambicioso programa social que tiene como objetivo construir dos millones de viviendas en siete años. Es decir, en aquel momento el jefe de Estado daba casi por hecho un tercer mandato de seis años a partir de octubre de 2012.

Más de tres millones de familias venezolanas, que representan casi 11 millones de personas en un país con unos 29 millones de habitantes, se inscribieron en las listas para recibir una casa. La respuesta al programa fue récord.

Todas estas familias guardan celosamente un papel que da fe de ello, pero sobre todo tienen en su memoria una promesa de Chávez. Para la oposición, este programa social es por encima de todo una treta electoral, un chantaje político y la manera de amarrar decenas de miles de votos en un momento en que la conexión sentimental de Chávez con los venezolanos que votaban por él deja ver peligrosas fisuras.

He imaginado a Chávez en la soledad de las noches de Miraflores, en conversaciones con su cada vez menor círculo de personas de confianza, ideando la forma de conseguir más votos, planeando qué idea magistral lanzar para garantizarse cientos de miles de sufragios más, pero sin estar seguro de poder llevar a buen puerto el nuevo proyecto y las esperanzas de miles de venezolanos.

También me lo he querido imaginar dando vueltas en círculo en su despacho, preocupado de verdad por la necesidad de vivienda digna del pueblo venezolano, al que quiere sacar de la pobreza e inculcarle las bondades de la revolución bolivariana. El Presidente estaría angustiado porque las metas no se cumplen y él se ve obligado una vez más a recorrer las calles y a salir al encuentro de la gente a defender su proyecto, mientras se dice a sí mismo que está cansado, que no puede controlar todo y se siente finalmente solo.

No sé cual será la realidad de las noches de Miraflores. Probablemente, un término medio entre estas dos historias imaginadas.

En 2011, y según cifras del propio Chávez, el Gobierno había entregado más de 140.000 viviendas y planea dar las llaves de otras 200.000 casas en 2012.

La cifra de viviendas entregadas fue rebatida por políticos de oposición como el diputado Julio Borges, de Primero Justicia, que se preguntó cómo era posible que hubieran entregado más de 140.000 viviendas en 2011 y siguiera habiendo 100.000 damnificados de las lluvias de un año antes, hacinados de cualquier manera y esperando un techo.

«Insto a la irresponsable oposición a contar una a una las viviendas entregadas. Primero habría que recordar lo que hacían ellos cuando gobernaban», ha respondido Chávez a sus adversarios.

Las cifras oficiales también son puestas en duda por la Cámara Venezolana de la Construcción, que estima que para construir 200.000 viviendas en un año, el Gobierno debería destinar al menos un 3% del PIB anual a este fin y contar con la ayuda financiera del sector privado.

Sin embargo, en el presupuesto venezolano de 2012, se destinarán a vivienda 2.649 millones de bolívares (616 millones de dólares), es decir un 0,9% del total, que suma casi 298.000 millones de bolívares (69.302 millones de dólares). A título de comparación, un ministerio como el de Defensa cuenta con unos 20.000 millones de bolívares (4.600 millones de dólares).

No obstante, fuentes gubernamentales aseguraron que las dotaciones de vivienda serán mayores que las detalladas en el presupuesto y provendrán de otras fuentes de financiación, de otros organismos públicos y de bancos o acuerdos de cooperación.

***

Entre los que esperan que el gobierno de Chávez les entregue una casa no todo es blanco o negro, como intenta reducirse muchas veces la vida en Venezuela. Esas personas no son una masa de pobres ignorantes que confían ciegamente en un presidente populista ni personas que no iban a votar por Chávez y esta promesa les hace cambiar de inclinación política, ni tampoco ciudadanos sin conciencia de patria que solo se preocupan por su bienestar.

María (ha decidido llamarse así en la entrevista) guarda con cuidado «el papelito» en una caja de metal, una especie de cofre de los tesoros, que esconde bajo un viejo armario, prácticamente el único mueble de una habitación con techo de plástico, madera y hojalata por el que se cuela el sol y que es la pieza principal de su casa, una chabola de Mariche, al este de Caracas.

—Ese papel es la prueba de que Chávez se comprometió a darme una casa —me dice esta madre soltera de 30 años, piel oscura, sin apenas estudios, pobre «desde siempre» y desgastada por la vida—. Yo me siento olvidada por todos, por chavistas y no chavistas. Por ejemplo, aquí, nosotros mismos tuvimos que cavar una tubería para conducir los desechos al monte y no vivir como animales —me explica, apoyada en la puerta de su casa, donde ha escrito, en rojo y encima de la hojalata pintada de azul, «Se vende».

María vive con su familia desde hace 10 años en esta zona que fue invadida por más de un centenar de personas, que ahora ya se multiplicaron por tres. En este precario arrabal bautizado «7 de Enero», por ser el día en que sus primeros habitantes llegaron, no hay agua corriente, escuelas, médicos ni ningún tipo de ocio y hasta la electricidad se roba del poste más cercano. Las casuchas, con un número pintado a mano en las precarias puertas, se alinean en cuatro filas dejando que por medio discurra un pasillo de tierra. Cuando llueve, todo se inunda, y cuando no llueve aun es peor porque se quedan sin agua y deben ir a comprarla o esperar a que llegue un camión cisterna del municipio Sucre.

Fue acompañando a uno de esos camiones cisterna en plena sequía en Venezuela en 2010 cuando conocí esta barriada.

Si María tiene suerte y trabaja limpiando casas en zonas más acomodadas de Caracas, tiene que salir de casa a las 4 o 5 de la madrugada, hacer un periplo por varias camionetas hasta llegar al metro. Puede pasar 5 horas limpiando y otras cinco en el transporte público para llegar a casa de noche, agotada con 100 bolívares, ni siquiera 25 dólares, en el bolsillo.

–Estoy con el Gobierno y con la oposición. Estoy con quien me trae el agua, con quien me pueda sacar de aquí. Chávez no ha venido nunca pero ha prometido casas para la gente como yo y votaré por él por eso, para darle la oportunidad de que cumpla lo que dijo y para que el Gobierno no me castigue al saber que voté por otro.

–¿Por qué lo sabrían?

–¿Por qué? Porque ellos tienen listas, mami, ellos saben todo eso. Todo eso y más.

Inclinando la cabeza, con los labios, en un gesto que solo he visto en Venezuela, me señala un lugar detrás de ella, sin decir una palabra. Un cartel pintado a mano dice: «100% territorio chavista».

*　*　*

Pablo (he decidido yo llamarle así) se puso una camisa roja y gritó «Viva Chávez» hasta quedarse afónico el día en que supo que el Gobierno le iba a dar una casa nueva y tuvo que participar en un acto en que se les comunicaba a él y a otros la buena noticia. Engañado por una constructora que no respetó las normas de seguridad de la construcción y los puso a vivir en una zona de riesgo, él y sus vecinos llevaban años luchando en los tribunales, hasta que el Gobierno tomó cartas en el asunto, los sacó a todos de allá y les dio casas nuevas y grandes en una urbanización recién construida, otorgó créditos más que beneficiosos para pagar una deuda simbólica y multó a la constructora.

–La casa es bella, grande, los materiales de calidad. Ya firmamos. Es nuestra –se felicitaba aún incrédulo días después.

Pablo, que trabaja con corresponsales extranjeros, ya había votado por Chávez antes. «Porque creo que con él no me faltará el trabajo ya que siempre habrá periodistas viniendo a Venezuela». Pero en 2012 tendrá una razón más para hacerlo. La promesa, en este caso cumplida. Son los ejemplos perfectos de hechos que, como diría Camencho, la líder de La Bombilla, traen votos.

* * *

El incidente ocurrió en marzo de 2011 a la altura de Blandín, en la carretera vieja entre Caracas y La Guaira.

Rosalba Villamizar aguardó horas y por fin vio aparecer el jeep de Chávez. Como líder de un pequeño consejo comunal de Blandín, tuvo el privilegio de acercarse al vehículo del Presidente, que hacía un recorrido inspeccionando esta zona, considerada de riesgo y objeto de una evacuación. El Presidente se dirigía a los vecinos con altavoz.

Al tenerlo cerca, probablemente se le vino la rabia, las ganas de hablar y contarle lo que estaba pasando, sintió que Chávez la escucharía y estalló:

–Mire, señor Presidente. A ti te engañaron. Aquí había gente que vivía y la sacaron por la fuerza. Ochenta familias se quedaron sin hogar, fueron sacadas vulgarmente por Jacqueline Faría. Necesitaban tener una vivienda digna como dice la Constitución. Lo que hacen es engañarnos, Presidente, y nosotros estamos cansados de tanto engaño –clama, en un tono desgarrado, casi vulgar, escupiendo las palabras pero llena de disgusto.

Chávez, visiblemente molesto y consciente de que el momento es visto por televisión, pide una explicación a Faría, jefa del gobierno del Distrito Capital, que niega se haya desalojado a familias y asegura que todo el mundo está siendo atendido.

Rosalba se desespera:

–Presidente, tome en cuenta esto –le dice, explicándole que Faría estaría haciendo negocio con la entrega a discreción de un bloque de apartamentos.

—¿Tu me quieres oír? El diálogo es que tú hables y yo hablo. Tú haces una denuncia y tienes que tener cuidado. Dices que Jacqueline Faría está negociando esos apartamentos. Pero si yo te digo que es narcotraficante, ¿también lo vas a repetir? No puedes ser tan irresponsable siendo una líder.

—Yo se lo voy a demostrar —grita ya desesperada Rosalba, olvidando que aquel es Chávez, su presidente querido.

—Ten cuidado con lo que dices, porque pierdes credibilidad —le responde Chávez, enojado.

—Yo soy revolucionaria 100% —atina a decir finalmente la señora.

—El revolucionario tiene que ser responsable y tú estas diciendo pendejadas.

La transmisión de Venezolana de Televisión, canal del Estado, se corta misteriosamente ahí. Al ser un acto al que solo pudo asistir la prensa oficial no hubo otros periodistas que pudieran escuchar cómo terminó esta discusión que no fue reflejada en ningún cable de los medios del Estado.

* * *

Según las cifras de Genatios, el gobierno venezolano ha construido unas 300.000 casas desde la llegada de Chávez al poder y hasta el lanzamiento de esta gran misión Vivienda Venezuela en 2011. La demanda de viviendas es de unas 100.000 al año, por tanto dejaron de construirse casi un millón en algo más de 12 años.

—Eso ha obligado a la gente de los barrios a construir su propia casa. Una parejita joven marca con una cuerdita un terreno perdido y empieza a poner ladrillos, uno encima de otro. El chico no tiene ni idea de construir, no sabe hacer una cloaca, no sabe dónde está la escuela más cercana, pero se empeña en construir un techo para su novia. Y el ranchito va creciendo y le pone un segundo piso. ¿Te has fijado que los ranchos en Venezuela siempre tienen las cabillas mirando al cielo? Siempre se piensa en que irán ampliándose hacia arriba.

En esta cruda realidad, hablar de construir dos millones de viviendas es para Genatios una promesa absurda que le desesperó desde el principio. La necesaria noción de ciudad, la obligación de dar servicios, infraestructura y calidad de vida en definitiva en esas urbanizaciones que se entregan no importan, según él.

—Mira, si tú te pones como objetivo gastar todos los beneficios de la faja petrolífera del Orinoco y poblar con viviendas los llanos venezolanos en siete años, entonces sí es posible construir dos millones de casas. Ahora bien, ¿es posible construir dos millones de viviendas generando el tejido social y económico necesario para activar la vida de los 10 millones de personas vinculadas a estas viviendas? No, no es posible. Por decreto no se puede generar todo eso. Pero lo que le importa al Gobierno es dar un techo, mejor dicho, dar un papel para que se crea que habrá un techo.

—¿No hay soluciones entonces?

—Sí las hay. El programa más importante es algo que concilie la fuerza del Gobierno y la necesidad del pobre: un rancho pero con todo. El Ejecutivo no puede construir de golpe la mitad de las viviendas de este país. Es decir, lo mejor es que el tipo que construye su ranchito no esté solo porque, si no, reproduce su miseria y su aislamiento. Que exista la posibilidad de crecer, que haya escuela, carretera, cloaca o cancha de béisbol y que se envíen ingenieros a apoyar, a decirle lo que puede hacer o no. Que el desarrollo del pobre esté acompañado por los mejores profesionales porque para la pobreza necesitas los mejores profesionales y los más talentosos, ya que es el cáncer de esta sociedad.

Para completar este escenario perfecto Genatios me habla de la necesidad de involucrar a las empresas venezolanas en estos programas de vivienda y de emplear la renta petrolera en infraestructura. Todo ello activaría la cadena productiva nacional y crearía empleo en lugar de que los dólares venezolanos acaben en Irán, Bielorrusia, China o Brasil, países con los que Caracas ha firmado acuerdos de cooperación para la construcción de casas. Lo que Chávez llama «hermandad», para Genatios es una entrega de la soberanía.

—Chávez no está usando el dinero para hacer avanzar el país. De esta forma, en el mejor de los casos la gente tendrá una casa, pero se irá porque no encontrará trabajo en su país.

Caracas, la malquerida

El ruido de los sapitos nocturnos.

El silbido, constante, transmite una especie de sosiego y se escucha solo cuando los ruidos desaparecen. Cuando la televisión puede por fin apagarse, cuando el teléfono deja de sonar, cuando los vehículos dejan de amontonarse en las calles de Caracas.

En el capítulo de los buenos recuerdos, el barullo de esas ranitas minúsculas es el que quiero guardar de las noches de la capital venezolana.

Caracas, apodada «La Sucursal del Cielo» en algún momento, parece ser hoy la campeona de ese déficit de cariño que sufre Venezuela. La capital del país no suele generar un flechazo inmediato en el recién llegado, más bien al contrario. La idea romántica de América Latina se puede venir abajo de un plumazo, ya en el camino entre el aeropuerto de Maiquetía y el centro de la ciudad, sobre todo si se tiene la desgracia de quedarse de entrada atrapado en un gran atasco.

El apego y el cariño son más bien progresivos y laboriosos. A Caracas hay que darle tiempo, como a un novio al que se le aprende a querer al ir descubriendo las cualidades que le hacen especial.

En el mejor de los casos, la ciudad se instalará en uno y sus tesoros irán apareciendo, pero habrá quienes únicamente se acostumbren a vivir en ella sin ponerle ni sal ni pimienta a su estadía y otros que la detesten profundamente hasta el día en que finalmente se puedan marchar.

¿Te gusta Caracas? Es la segunda pregunta obligada cuando se llega a Venezuela. La primera es qué se piensa sobre Chávez. Porque en Venezuela separar al mundo entero en chavistas y antichavistas, sin términos medios, es una afición nacional.

Mi descripción de qué me gustaba de Caracas provocaba un gesto divertido de incredulidad entre aquellos venezolanos que habían decidido quedarse o más bien se resignaban a quedarse, y un discreto y ufano gesto de orgullo entre quienes, pese a todo, siguen convencidos de vivir en una ciudad que tiene todo para ser maravillosa. Aunque esté lejos de serlo todavía.

Caracas, en el día a día, puede convertirse en una tétrica postal en blanco y negro: el tráfico infernal, la violencia sin tregua, el ruido, la pérdida de poder adquisitivo, el abandono y la dejadez de las calles y la obsesión por una política que invade todos los espacios de la vida componen un panorama desolador que pesa más que cualquier tesoro de la ciudad.

Si a ello se suma un escaso esfuerzo público de años para revertir la tendencia, rescatar lo bonito de Caracas, que lo tiene, y convertir a la ciudad en un lugar más atractivo para venezolanos y extranjeros, el resultado es que la capital venezolana no existe en las guías de turismo más allá que como lugar obligado de escala para llegar a los verdaderos tesoros de Venezuela.

Un mochilero errando por las calles, una familia extranjera haciéndose fotos en el centro de la ciudad o un bus turístico que recorra los puntos de interés son estampas hoy por hoy improbables.

Pero Caracas, además de una ciudad dura, es también los paseos por el Ávila y su verde intenso que explota en los ojos, el barullo matinal de bandas de loros de colores, los mangos que siembran las calles en abril y las mañanas más luminosas del mundo.

En el capítulo de buenos recuerdos están también mis escapadas al centro de la ciudad: el Concejo Municipal y sus cuadros de Armando Reverón; los discursos encendidos de los chavistas del alma de la «esquina caliente» de la Plaza Bolívar saboreando un chocolate helado «hecho en socialismo» y fabricado en un café recién abierto por el Gobierno; las idas y venidas por el bulevar de Sabana Grande y sus tiendas infinitas; el jardín de la casa Veroes, cita de los jubilados del centro de la ciudad; la Candelaria y sus tascas, el parque Los Caobos, los artesanos y vendedores de Bellas Artes o la gran librería cercana a la plaza de Las Delicias, de donde uno sale con las manos ennegrecidas de rebuscar entre toneladas de polvo hasta encontrar un libro único o un mapa antiguo.

–¿Y cómo es la ciudad? ¿Tan terrible como dicen? –me preguntó una vez una azafata en un avión, llegando a París. Ella llevaba varios años trabajando en ese recorrido y confesaba que, por respetar las consignas de seguridad, nunca había salido de un hotel cercano al aeropuerto.

***

Desde siempre Cheo Carvajal reivindica su condición de caraqueño enamorado de su ciudad y de peatón por decisión propia. Me ha dado cita en uno de esos lugares con encanto que esconde Caracas, el minúsculo Caffé Piú en Colinas de Bello Monte, un local con solera en el que el café o las empanadas deliciosas se degustan mirando a la calle o intentando adivinar el origen de las decenas de objetos antiguos, fotos viejas y recuerdos que se amontonan en los rincones del establecimiento.

En los últimos años, Cheo Carvajal ha multiplicado las iniciativas para convertir Caracas en un lugar más humano y más visible. Es uno de los autores de la sección «Caracas a pie» publicada en el diario *El Nacional*, participa en varios organismos de ciudadanos que promocionan el uso de la bicicleta, piden la recuperación del espacio público y denuncian la tiranía ejercida por los vehículos particulares frente a los viandantes. Su último reto fue implicarse en la elaboración del plan estratégico para Caracas, elaborado por la Alcaldía Metropolitana, dirigida por Antonio Ledezma, opositor a Chávez.

–En los últimos tres años ha habido cambios importantes. Creo que por un lado la gente pelea más por la ciudad que quiere y por otro ha habido gestos importantes de las autoridades –considera.

El plan estratégico Caracas 2020 traza seis campos de acción para mejorar la calidad de vida de los habitantes de la ciudad:

transporte, seguridad, medio ambiente, producción y emprendimiento, gobernabilidad y construcción de la ciudadanía. Fue elaborado por los municipios que integran la capital, organismos privados y públicos, ONGs, líderes comunitarios, profesores y expertos en diferentes áreas. Sin embargo, las divisiones políticas entre responsables municipales adeptos al Gobierno y sus detractores impiden hasta hoy que todas las autoridades públicas de Caracas se sienten a trabajar juntas por el bien de la ciudad.

—Mientras no haya un trabajo conjunto no se podrá transformar Caracas completa, sino por fragmentitos, no se podrá atender ese clamor de la gente más en serio. Todos estamos apuntando al mismo camino pero el problema es que se hace de manera aislada. Cada municipio desarrolla su estrategia sin vincularse con los otros, sin que haya coordinación. La Alcaldía Metropolitana lo intenta, pero por ejemplo el municipio Libertador, el más importante de Caracas, no ha querido participar en estas reuniones de coordinación por razones políticas[10] –me cuenta Cheo.

Pero, pese a esa descoordinación, Caracas ha comenzado a recibir mimos desde hace algunos años. El comercial y bullicioso bulevar de Sabana Grande luce completamente rehecho, la parte histórica de la ciudad fue adecentada y edificios antiguos se rehabilitaron para la celebración del Bicentenario de la Independencia en 2011 y nuevos parques han aparecido en toda la ciudad. «Se ha ido ganando espacio público. Falta mucho por hacer pero esto es ya un signo», admite este experto caminante de las calles.

—¿Qué pasó con Caracas para que la ciudad haya degenerado tanto? Son varias cosas. Nosotros compramos ese modelo de vida norteamericano de ciudades que son prácticamente gigantescos suburbios donde todo el mundo tiene su carro. Solo que al final nuestra ciudad no es como aquellas y los carros no caben en las vías. Si a eso sumas una gasolina baratísima y

---

[10] Uno de los cinco municipios que componen Caracas, cuyo alcalde en 2012 es Jorge Rodríguez, muy cercano a Chávez.

la entrega del transporte público a entes privados, tienes una fotografía del desastre que supone la falta de movilidad actual, avivada por la inseguridad, que es otro tema.

Cheo lleva años pensando que solo a pie se pueden descubrir los tesoros que Caracas reserva al ciudadano que se aventura por sus calles desconocidas: desde una vista única del Ávila hasta una sabrosa empanada.

—A mí me encanta caminar por la parroquia Altagracia, una zona que discurre por encima de la avenida Urdaneta, hacia el centro de la ciudad. Tiene edificios hermosos, aunque está muy golpeada y se necesita trabajar para rehabilitarla. Allí vas sintiendo la geografía de la ciudad, ves las quebradas, contaminadas pero las sientes, y luego bajas cuatro cuadras y estás en la avenida Urdaneta, que es algo de mucha intensidad. Me gusta pasear por Chacao, por el casco colonial de Petare, por Catia, de donde yo soy. Hay muchos lugares que me encantan y que a cualquiera le gustarían, pero hay que abandonar el miedo más allá de las estadísticas y comenzar a reconocer esos espacios. Recuperar la vitalidad de una ciudad no se logra diciendo que es solo peligrosa. Caracas tiene posibilidades y hay que arriesgarse un poco para conquistar eso. Mientras más gente esté en la calle, más segura es –dice Cheo, casi en un monólogo ensimismado.

Pero pareciera que los caraqueños nacieron ya conduciendo y moviéndose sobre cuatro ruedas. Ver gente que se desplaza caminando es raro en la capital. La ciudad se contempla casi siempre desde el atasco y a través de las ventanillas del vehículo, normalmente de cristales oscuros, en un intento de dar miedo a quienes nos dan miedo. Esta forma de moverse sobre cuatro ruedas cambia la idea de «cerca» y «lejos» en los caraqueños. Lo que para un extranjero es una distancia fácilmente cubierta a pie, para un caraqueño podría convertirse en una peregrinación insoportable, que no provocaba ningún placer y era más bien origen de tremendos sudores y dolores de pies. «Ustedes los europeos y ese gusto por caminar», me reprocharon muchas veces.

—Tú no vives en una ciudad para quedarte en tu rinconcito. La sensación de poder moverse en medio de esta diversidad que es Caracas da al individuo libertad y fuerza. Ese es el lado maravilloso y es el sentido de vivir en la ciudad –opina Cheo.

En pocos días, se celebrará una acción en bicicleta por las calles de Caracas con el fin de demostrar que puede convertirse en un medio de transporte barato, rápido y seguro. Diversos colectivos urbanos ya han organizado desde 2009 tertulias en cafés emblemáticos, recorridos a pie, jornadas culturales en la calle o *parking days*, días en que varios estacionamientos se transforman en un parque. Para Cheo, la lucha es también de cada día: dejar un papelito en el parabrisas del carro que invade la acera, pegar adhesivos a favor de los peatones y ciclistas o encararse con el conductor que casi arrolla a los peatones.

—Yo me la paso peleando y defendiendo mi espacio, pero por ejemplo me topo con una camioneta con los vidrios ahumados, en la que no puedes ver nada de lo que hay adentro y yo me pregunto: ¿hay gente aquí o no? Es como una nave espacial que cayó ahí con la que tú no manejas el mismo idioma ni los mismos intereses.

—¿Qué hace para ti única a Caracas?
—Me fascina por su diversidad. Aquí se puede pasar de una zona intensa a una zona suave, de una calle donde no pasa mucho a una donde pasa demasiado, de una calle con edificios viejos, parte de nuestro patrimonio que aún persiste, a cosas muy modernas con una arquitectura muy valiosa. La geografía es un valor importante, tener algo como el Ávila es maravilloso. Tanto como el río Guaire, pero tenemos que recuperarlo para que deje de ser nido de olores y de peligro. ¡Ah, bueno!, y se me olvidó decirte algo que me encanta de mi ciudad: la gente, esa sensación agradable de que el caraqueño tiene su propio «tumbao».

Ese «tumbao» que Cheo describe, esa gracia particular, el ritmo venezolano de vida, la amabilidad natural, el desparpajo desbordante, la mente abierta y la generosidad en el día a día que laten bajo una capa, a veces dura, de melancolía y de desgaste por la política, las dificultades económicas o el tráfico, es lo que más se echa de menos cuando uno hace las maletas. Pero a muchos les hace falta irse para darse cuenta de qué les atraía tanto finalmente de esa ciudad caótica. De qué nos atraía tanto. En mi caso, creo que solo ahora podría responder bien a la pregunta «¿qué te gusta de Caracas?».

Conspiraciones en la Tierra de Gracia

En 1498, Cristóbal Colón, en su tercer viaje, llego a las costas de Macuro, en el actual estado venezolano de Sucre. Fue la primera vez que pisó el continente americano aunque él pensó que había llegado a una isla y la llamó «Tierra de Gracia», extasiado por su esplendor y belleza.

Hoy día, Venezuela, un país mal comunicado, poco acostumbrado a recibir turistas, a menudo descuidado pero siempre virgen y auténtico, sigue dejando al recién llegado con la boca abierta.

En mi estancia en Caracas tuve pocas visitas. En realidad, casi ninguna. Venezuela no despertaba ni curiosidad. Pese a las fotos que mostraba, las descripciones detalladas de lugares maravillosos o la relativización del problema de la inseguridad («cuidándonos un poco verás que no nos pasa nada»), no logré convencer a casi nadie. Solo a un pequeño grupo de incondicionales.

Por viajes de trabajo o en raras escapadas fui encontrando rincones únicos de un país a menudo desconocido. Me siento afortunada. En los recuerdos se me amontonan playas de agua turquesa y arena blanca, estrechos caminos inundados de humedad y a punto de desaparecer bajo el peso de la selva interminable, las estrellas infinitas desde un chinchorro, cielos totalmente puros sin rastro de nubes o cascadas que cortan la respiración. Ahora, lejos del verde y azul cegadores que acompañan durante cualquier paseo por Venezuela, lamento no haber sabido encontrar el tiempo para descubrir más país y conocerlo mejor.

«Cuando muera, quiero que me incineren y arrojen las cenizas en el Roraima. Estoy enamorado de este lugar». Gabriel

Gómez habla en voz alta, sin separar la vista de la inmensa pared de este tepuy, que ha aparecido ante nosotros poco a poco mientras el cielo se despejaba hasta mostrarse desnuda, nítida, entera y golpeada por el sol de la tarde.

Es jueves pero hemos perdido la noción del tiempo. Llevamos cuatro días en la Gran Sabana, uno de los viajes imprescindibles de Venezuela. Desde hace media hora miramos la inmensa mole de piedra de una altura de 2.800 metros casi sin hablar, degustando tranquilamente el cuba-libre preparado por Gabriel como cada tarde, en una especie de ritual, una vez elegido un mirador en el que la vista nos deja sin aliento.

Solo los mosquitos, los llamados puri-puri, que nos muerden sin piedad las piernas, los brazos y las orejas pese a los múltiples repelentes caseros e industriales que nos hemos puesto encima, consiguen romper el ensimismamiento que produce el paisaje del Roraima, el tepuy más misterioso de la Gran Sabana.

A la derecha y a la izquierda, otras mesetas menores prácticamente se alinean. Cualquier lugareño puede recitar sus nombres de memoria.

Más allá de nuestra vista, en los confines de la Gran Sabana, el tepuy más grande, el Auyantepuy o montaña del infierno, reina junto al Roraima en esta región casi onírica. De su cima, más de 700 km2 de meseta interrumpida por cráteres, lagos y selva, brota el Salto Ángel, la cascada de agua más alta del mundo, con casi un kilómetro de altura y una de las postales más bonitas de Venezuela. Los indígenas lo llaman «Kerepakupaimerú», que significa la caída de agua hasta el sitio más profundo. Después de un periplo de 12 horas en avioneta, en 'curiara', una canoa de madera con motor, y finalmente a pie, y tras una noche de intensa lluvia en un precario refugio, acostados en hamacas, el amanecer te regala la impresionante caída de agua resplandeciente bajo el sol de la mañana que golpea la montaña y una sonrisa mezclada con ojeras, atontamiento y alegría se dibuja en el rostro del visitante, porque la expedición ha valido realmente la pena. Pero aquel fue otro viaje.

Frente al Roraima, pienso que los pemones tienen razón y los tepuyes, las formaciones más antiguas del planeta, bien pudieran ser esos grandes árboles de la vida talados por los dioses, furiosos con los mortales. Este, concretamente, en cuya cima se encuentran flores carnívoras o ranitas negras prehistóricas únicas en el mundo, inspiró a sir Arthur Conan Doyle para crear a principios del siglo XX *El mundo perdido*, una novela en la que el profesor Challenger dirige una expedición en busca de dinosaurios.

Un siglo después, el mundo perdido sigue ahí. El paisaje no se parece a nada, a veces hasta podría ser un decorado de película de ciencia ficción e incluso los nombres elegidos, algunos traducción de la denominación indígena, parecen venir de lugares mágicos más propios de cuentos de hadas: el Paso de las Lágrimas, la Puerta del Cielo, el Árbol de la Vida…

Todo en la Gran Sabana transporta muy lejos. Sobre todo el silencio.

Gabriel nos lo advirtió: «El silencio hace daño, sobre todo cuando se viene de Caracas, que está llena de ruido». Y es increíble todo lo que se puede escuchar cuando no se oye nada.

«Mi primera mujer me la robó Chávez». El lugar se presta también a confidencias que sorprenden, como si los secretos fueran a quedarse en medio de los tepuyes, las cascadas y esa inmensidad verde que te estalla en los ojos.

Gabriel, al igual que varias decenas de miembros de la Guardia Nacional, pasó a retiro forzado meses después del golpe de Estado fallido contra Chávez de abril de 2002. Las razones de esta expulsión no son difíciles de adivinar cuando se le oye hablar del jefe de Estado. Deprimido, sin trabajo y sin dinero, se escapó con sus perros un mes y medio a la Gran Sabana y sucumbió a su encanto, pero su mujer se cansó de esperarle. Desde entonces se gana la vida en esta región del sureste de Venezuela.

Es un hombre discreto y silencioso que evita hablar de él y que guarda toda la apariencia, disciplina y formas de un militar. Pero, con el paso de los días, Chávez será el invitado inesperado de este viaje y nos acompañará en muchas conversaciones en el camino a Santa Elena de Uairén, en la frontera con Brasil.

—No le perdono todo lo que me quitó. Suena duro decirlo, pero creo que habría sido mejor que Chávez hubiera muerto en 2002. Aunque fuera un mártir ya no podría hacer ningún mal a Venezuela –me decía camino a una de las cascadas escondidas que conoce de memoria. Rara vez Gabriel pronuncia el nombre de Chávez. Se refiere a él como «el hombre», «él», «ese loco».

El viaje había comenzado en el aeropuerto de Puerto Ordaz. Éramos cuatro contando a Gabriel y sin perder tiempo nos lanzamos a la carretera, dejando atrás pueblos cada vez más pequeños, la señal de los teléfonos móviles, el trabajo, las prisas y las carreteras asfaltadas.

Numerosas ciudades fundadas en torno al negocio del oro y los diamantes se iban sucediendo mecánicamente, antes de llegar a El Dorado, que trae a la cabeza imágenes de un lugar lleno de riqueza, encanto y magia y finalmente solo tiene de bonito el nombre. Ninguna relación con el lugar soñado por miles de extranjeros que vinieron a Venezuela en los últimos siglos a hacer fortuna. El pueblo era caótico, sucio y peligroso. Junto a los locales casi vacíos y polvorientos donde se compran y venden piedras preciosas y por los que parece siempre merodear gente poco recomendable, habían abierto centros estéticos mucho más frecuentados que ofrecían tratamientos de belleza demasiado sofisticados para un lugar tan lejano de todo. Pero estamos en Venezuela.

Las fotografías de Hugo Chávez se repetían en la parte trasera de varios coches. Otros llevaban calcomanías de «No volverán», mensaje destinado a los detractores del Gobierno, que Gabriel miraba con desprecio.

Alcabala tras alcabala, el carné de la Guardia Nacional Bolivariana de Gabriel –falso o verdadero, no quise preguntar– nos iba abriendo el paso, a veces sin necesidad de mediar palabra. En una de ellas, cuando la última gasolinera estaba ya a varias decenas de kilómetros detrás de nosotros, los dos jóvenes militares arrojaron una mirada golosa a nuestros dos bidones repletos de gasolina, antes de enterrar cualquier idea poco honesta y recuperar su gesto serio al ver la identificación de nuestro guía. De repente, todo el barullo y el ajetreo quedan atrás y uno se encuentra en medio de la nada. Una placa de madera y un monumento a los soldados que construyeron hace 30 años esa carretera, la llamada Troncal 10, marcan la entrada a la Gran Sabana. La parada obligada para disfrutar de la ausencia de ruido. Serán seis días perdidos en esa inmensidad.

–Nosotros estamos esperando el momento en que él muera, porque está muy enfermo, o deje el poder y lo lleven preso para poder regresar. A mí me gustaría volver al trabajo –me cuenta Gabriel al pie del magnífico salto Karuay, al que nos ha llevado temprano en la mañana después de recorrer unos 20 km por un camino imposible. Cuando habla de «nosotros», dice referirse a los compañeros militares que fueron retirados con él en 2002.

Me muerdo la lengua para no preguntarle más detalles sobre ese «nosotros» y sobre las «conspiraciones» tejidas contra Chávez hace algunos años. Quiero dejarle hablar más para decidir si creerle. La Gran Sabana es su refugio provisional, a la espera de que las cosas cambien en el país. Su odio por Chávez brota de forma casi irracional. Como el de miles de venezolanos. Desde que empezaron nuestras conversaciones sobre el Presidente y el Gobierno es imposible hacerle ver una cualidad o un comportamiento acertado de parte del líder de la revolución. En aquellos momentos en que el alcance del cáncer que sufre Chávez era una incógnita y las especulaciones se multiplicaban, una posible muerte provoca en Gabriel un gesto de alivio e indiferencia.

–Tú en el fondo eres chavista –me dice entre carcajadas al ver mi gesto contrariado–. Mira, Chávez es un falso, un ladrón, un ciego que no quiere ver los robos de su familia ni los problemas del país. Solo se preocupa por él.

Gabriel me habla con especial amargura de la frontera con Colombia, donde trabajó seis años luchando contra la guerrilla.

Herido, fue cargado dos días por sus compañeros hasta que el helicóptero los vino a buscar.

—Vi morir a mi compañero. Estábamos en un tiroteo, bajé la cabeza, él estaba detrás, oí un ruido y me encontré impregnado de su masa encefálica. Fue horrible. Teníamos un código entre nosotros: si alguien moría, llevábamos con nosotros su cadáver para que pudiera ser enterrado por su familia. Y así lo hicimos.

El ruido atronador del agua de la cascada impide que el silencio se haga demasiado incómodo. Es septiembre, ya temporada baja y casi no hay turistas. El salto lleva mucha agua y corta la respiración al acercarse.

Franceses, holandeses, británicos, españoles, japoneses o estadounidenses llegan cada año a este mundo perdido del que poco se oye hablar por las razones más diversas: los billetes de avión a Caracas estaban en oferta; vieron la película *Up* de los estudios Pixar, inspirada en el paisaje de este parque nacional; son montañeros y querían subir el Roraima; habían oído hablar del Salto Ángel en una revista de viajes insólitos o Venezuela era simplemente una etapa más de un circuito organizado por Sudamérica.

—Seis años en la frontera, ¿te das cuenta? —retoma Gabriel—. Para ver ahora cómo en Guasdalito la Guardia Nacional come en la misma mesa que la guerrilla, con todo lo que nos hicieron a nosotros.

—¿Pero tú estás seguro de eso?

—Yo sigo teniendo gente ahí que me cuenta lo que pasa. En el Gobierno, en la Fuerza Armada... Mira, yo vi a guardias nacionales muertos que les habían cortado el pene y se lo habían metido en la boca. Encontramos militares con las tripas fuera y vivos aún. ¿Y este hombre qué hace? Nada.

—¿Pero de todo lo que pasa en el país va a tener la culpa?

—De casi todo.

Solo el paisaje parece quitarle la rabia. El imponente Sororopantepuy, que recuerda al perfil de un indio acostado, nos acompaña en el camino de vuelta hasta Kavanayén, una aldea pemona crecida en torno a una misión de frailes capuchinos que llegaron hace casi un siglo. Gabriel vuelve a ser un hombre campechano y tranquilo mientras comemos el que fue nuestro menú oficial del viaje: pollo con arroz.

Kavanayén parece haberse detenido en el tiempo de no ser por varias antenas parabólicas que contrastan con las calles de tierra anaranjada. La paz es total. El sol de las cuatro de la tarde golpea la fachada de la iglesia y su campanario y torna todo ocre. La misión fue construida con piedra marrón, extraída de aquella tierra. Frente a ella, una plaza enorme sirve de lugar de encuentro del pueblo y para que un grupo de niños pemones corretee intentando llamar la atención del recién llegado. Huele a verde y a ropa limpia tendida en la casa de al lado.

El padre José Manuel nació en España pero lleva 53 años en Venezuela, la mayoría en zonas selváticas. Tiene ya hasta los pies de pemón. Recibe a Gabriel como si fuera un viejo amigo.

—¿Me has traído lo mío? —le pregunta.

—En este viaje no, pero en el siguiente se lo traigo sin falta, padre —le responde Gabriel.

La camioneta está llena de encargos y regalos guardados cuidadosamente que vamos repartiendo conforme avanzamos en el viaje. Ropa que recoge para los dueños de las posadas, libros y útiles escolares para una maestra, material de carpintería para un amigo obrero… Se sonroja cuando le decimos que parece una ONG ambulante.

La misión de Kavanayén tiene hoy en día objetivos mucho más prosaicos que la antigua evangelización: una educación técnica en agricultura para impulsar los cultivos locales y hacer que los lugareños sean cada día más autosuficientes y no se queden esperando únicamente las dádivas del gobierno. El sacerdote está atrasado para sus oraciones y nos deja solos en aquella iglesia sencilla, a la que hasta los perros tienen acceso. En sus paredes destaca una placa en honor de Cesáreo de Armellada, el padre indio, un misionero capuchino que pasó su vida en la promoción de la cultura y la lengua de los pemones, la etnia local.

A la salida, en cinco minutos, el cielo se viene encima y explota con furia. Dan ganas de correr bajo las gotas gigantes de lluvia y disfrutar de la tormenta. Los pequeños riachuelos que cruzamos por la mañana al salir de nuestro campamento ahora son poderosos torrentes que bloquean el paso y obligan a buscar otro camino para el vehículo. Pero el sol, como si nada, brilla con fuerza cinco minutos después y la tierra se seca rápidamente. Eso también es Venezuela.

—Vaya palo de agua —comentamos.

—«Lata». Lo que acabamos de ver es una tremenda lata de agua —corrige Gabriel.

Esa tarde, el cuba-libre del día será viendo atardecer. Hemos comprado el hielo en una siniestra estación científica perdida en medio de la nada donde un tenebroso guardián con estrabismo parecía ser, junto a un perro cojo y pulgoso, la única presencia de vida. Prácticamente abandonado, el lugar exhibe dos viejas maquetas de la Gran Sabana con el nombre de los tepuyes y cuatro plantas secas y llenas de polvo. Un triste pequeño museo para una de las zonas más bellas del mundo.

Brindamos frente a una llanura sin fin salpicada de montículos, tepuyes y ríos que nos hace sentirnos cada vez más pequeños. Giro 360 grados y grabo en mi cabeza esa panorámica completa.

Y el tema vuelve:

—Yo creo que Chávez no aguanta más de este año. Mira cómo está el país —lanza Gabriel, con aire convencido.

—¿Tú crees que hay militares que todavía piensan que la solución es un golpe?

—Menos que antes, pero yo sí creo que haya gente planeando cosas, ¿sabes? Hay mucho malestar allá dentro.

Y cambia de tema, visiblemente incómodo.

—¿Tú has oído que Chávez recibió un disparo en el pie porque un alto mando militar lo sorprendió en la cama con su esposa? —me lanza, comenzando a describir, no sé si en serio o en broma, pero «de buena fuente», otros detalles jugosos de la vida privada del jefe de Estado: sus prácticas de santería, el lujo en el que vive su familia que provoca la ira del mandatario y otras leyendas que rodean el palacio de Miraflores y que le producen un visible asco.

Siempre me sorprendieron las mil y una historias que corren en las calles de Venezuela sobre la vida de Chávez. La imaginación, alimentada muchas veces por el propio mandatario, no tiene límites. Pareciera una especie de terapia colectiva.

Y después del desahogo, nada mejor para calmar los ánimos que un buen baño de energía.

Estamos frente al Aponwao, uno de los saltos de agua más impresionantes de la Gran Sabana. Llegamos tan cerca como pudimos de la caída de agua, pero a 10 metros ya la fuerza nos impide ponernos de pie, nos arroja contra las piedras y nos empapa de arriba abajo.

–¡Ahora grita, da un grito! –me dice Gabriel.

Gritamos con fuerza con los brazos en alto, intentando mantener el equilibrio y los ojos abiertos frente a ese impresionante torrente de agua que llevaba por delante todo lo que encontraba a su paso. Fue, como dirían los venezolanos, «espectacular».

–Yo he cambiado mucho. Soy alguien mucho más tranquilo pero soy un militar y la adrenalina me hace falta. Esto es solo provisional –me dirá Gabriel a modo de despedida en el aeropuerto de Puerto Ordaz, señalando su camioneta, convertida en una gigante mancha marrón de polvo y barro traídos del mundo perdido.

Los que quieran patria

En el origen está Simón Bolívar. Un Libertador transformado, o adulterado, según los expertos, y traído al siglo XXI por Hugo Chávez. Un héroe de la patria reencarnado, según el Presidente, en todos los defensores de la revolución bolivariana.

Es imposible vivir en Venezuela y no leer y hacerse preguntas sobre la figura compleja de este líder de la independencia prácticamente resucitado. Un héroe sobre el que los europeos sabemos a menudo poco y ese poco está además muy estereotipado.

De la noche a la mañana, me encuentro a Bolívar, siempre digno, en uniforme, algo despeinado −solo lo justo− con su cara menuda, su gesto impasible y sus grandes ojos negros en cualquier lugar: en el aeropuerto, en las paredes de las calles, en los billetes con los que pago, en las sedes de organismos oficiales, en las casas de los amigos, en programas de televisión, en decenas de libros y en prácticamente todos los discursos de Chávez.

Por si fuera poco, desde 2008, Bolívar es también un satélite geoestacionario lanzado por Venezuela al espacio.

El héroe de la independencia, el padre de la patria, que era hasta entonces una figura histórica algo borrosa y de segunda fila en mis recuerdos, comienza a ser parte de mi vida diaria y un objeto de gran curiosidad.

«Bolívar era de aquel siglo, del XIX, era del XX y, sobre todo, Bolívar es de nuestro siglo, de este siglo XXI», ha clamado Chávez.

Un Bolívar omnipresente.

Día tras día, escucho cómo el Presidente defiende su noción de patria y de país en nombre del Libertador, una figura sagrada en Venezuela que en el pasado ya fue utilizada por todos los jefes de Estado con el fin de presentarse como sus herederos o de crear un sentimiento de unión nacional, pero nunca con la intención de dividir.

−Bolívar nos reunía, era factor de aglutinación. Este nuevo sacerdote, Chávez, lanzó la idea de que hay buenos y malos venezolanos. Los buenos son los bolivarianos. Entonces, Bolívar pasa a dividir. Y el Presidente es quien decide qué es ser un buen bolivariano. Lo grave es que Bolívar es un arma difícil de combatir porque los venezolanos no podemos renegar del ídolo para renegar así de Chávez −me explicaba Elías Pino Iturrieta, ex director de la Academia Nacional de la Historia y actual director del Instituto de Investigaciones Históricas de la Universidad Católica Andrés Bello (UCAB).

Hoy en Venezuela quienes se oponen a Chávez se convierten por arte de magia en enemigos de Bolívar y por tanto en malos venezolanos y malos hijos de la patria. El Presidente ha capturado de alguna forma la figura y el pensamiento de Bolívar.

Para el líder de la revolución incluso una elección se reduce finalmente a un enfrentamiento entre patriotas y antipatriotas. La batalla en las urnas se resumiría en la frase tan usada por el mandatario: «Los que quieran patria vengan conmigo».

«Creo que todos representan –dijo Chávez refiriéndose a los precandidatos de oposición a finales de 2011–, como decía Nietzsche, el nihilismo, la nada. Nosotros somos la patria. Ese es el contraste. Cualquiera de ellos nos va a permitir acentuar el contraste entre la nada y el futuro y el desarrollo de la patria».

Todos los gobiernos desde el siglo XIX escribieron la historia a su manera, me recordaba Elías Pino, y todos sin excepción convirtieron a Bolívar en su muleta: José Antonio Páez, uno de los líderes de la independencia y tres veces presidente en el siglo XIX; Antonio Guzmán Blanco, al mando del país en varias ocasiones de 1870 a 1888; o Juan Vicente Gómez, jefe de Estado de 1908 a 1935, son los más claros ejemplos de esta reconstrucción de la historia de Venezuela.

–El culto a Bolívar es un hecho consumado entre nosotros –zanja la historiadora Inés Quintero.

A mis ojos profanos, Bolívar parecía ser una especie de santo utilizado a gusto del consumidor y al que se le puede atribuir casi todo, muy a su pesar. El propio líder de la independencia lo decía en una de sus cartas: «Si algunas personas interpretan mi pensar y apoyan en él sus errores me es bien sensible pero inevitable: con mi nombre se quiere hacer en Colombia el bien y el mal. Muchos lo invocan como el texto de sus disparates[11]».

Bolívar ha sido usado tanto por la derecha como por la izquierda. Para la primera es fundamento del autoritarismo, para la izquierda, pilar del espíritu revolucionario. Y no pasa nada.

«Cada vez que conviene a los fines de la oratoria de ocasión, o al propósito muy de actualidad, se inventa y se destaca una nueva

---

11 Carta a Leocadio Guzmán en 1829.

facultad del Libertador la cual, sin opacar por ello las muchas otras ya proclamadas, ocupa momentáneamente el primer plano. El procedimiento es sencillo. Basta rastrear en la extensa obra de Bolívar una frase que venga bien a la empresa o proyectar sobre la actualidad alguna de sus actitudes u opiniones. Lo demás lo pone el fervor bolivariano», dice el brillante historiador venezolano Germán Carrera Damas en su libro *El culto a Bolívar*.

* * *

La vida de Bolívar y su legado fueron una especie de obsesión en los años vividos en Venezuela. Hubo momentos en que mi única lectura era sobre ese tema. Me imaginé que sabiendo más sobre el Libertador comprendería mejor a Chávez y podría escribir más certeramente sobre el país.

¿Quién era realmente Simón Bolívar? Un político práctico, un héroe, un militar despiadado que traicionó a sus amigos, el padre de la patria, un populista autoritario, un visionario audaz, un autodidacta, un republicano que admira la monarquía, un libertador que tiene miedo de la libertad, un precursor del socialismo… Como persona recién seducida por la vida del libertador y sus contradicciones, pareciera que Bolívar consiguió ser todo eso al mismo tiempo, incluso sin ser consciente, y la Historia se encargó de hacer de él una figura única.

Por encima de todo, el prócer venezolano parece transmitir hasta hoy un halo de nobleza, de complejidad, de romanticismo y de audacia.

John Lynch, en su biografía *Simon Bolívar: A Life*, lo describe como un hombre que cuando «perdió su fuerza física y su poder de liderazgo siguió siendo una figura excepcional dentro de una galería de mediocres». Sin duda esa grandeza, de la que él era consciente y otros también, lo saca del montón y lo rescata para siempre del anonimato.

Pero el Simón Bolívar que Chávez presenta a los venezolanos desde hace años tiene también otro rostro.

Es un Libertador mulato, nacido en una región de esclavitud, relacionado desde niño con los intereses de las clases populares, antiimperialista y revolucionario casi de forma congénita.

Es también un Bolívar milagroso, que incluso después de muerto atiende los problemas de la gente. Chávez fabrica un Libertador muy cercano a los venezolanos, lo baja del pedestal y lo pone en la tasca o en el estadio de béisbol. Lo saca de su tiempo y de las razones que le llevaron a actuar de una determinada manera y lo convierte en un socialista del siglo XXI.

—Él se une a la estrategia de Guzmán Blanco de presentarse como heredero de Bolívar: lo que Bolívar no terminó yo lo voy a terminar. Pero no solo es él el heredero de Bolívar, sino todos. Bolívar ahora somos todos —dice Pino.

Todo país necesita símbolos e ídolos que le recuerden simplemente de dónde viene. Son figuras a menudo incomprendidas e incomprensibles a las que solo pedimos que estén ahí, impávidas, sin molestar demasiado, sin provocar que nadie se haga preguntas ni las juzgue siglos después. Como un cuadro antiguo que forma desde siempre parte de una casa pero ya casi no se ve, por tanto nadie se plantea si gusta, si habría que cambiarlo de sitio o quitarlo de delante de la vista.

Pero desde 1999, Chávez abrió la caja de los recuerdos de los venezolanos, rebuscó, decidió que no todos eran los que debían ser y comenzó una intervención en la conciencia histórica con fines meramente políticos, me dice Elías Pino tras encenderse el segundo cigarrillo de nuestra entrevista.

Una muestra fue el decreto del 13 de abril de 2010, por el que Hugo Chávez, considerando que el pensamiento de Bolívar y Francisco de Miranda representa la «base ideológica de la revolución bolivariana», decretó el traspaso de todos sus archivos de la Academia Nacional de la Historia al Archivo General de la Nación. El fin, textualmente, es lograr «la mayor eficacia política y calidad revolucionaria en la construcción del socialismo y la refundación de la nación venezolana».

«Fue como un duelo, porque era un archivo casi perfecto. Esperemos que lo estén cuidando bien. El sentimiento que quedó fue de frustración porque quedaba claro que hacer el trabajo normal de un historiador cada vez iba a ser más difícil en Venezuela, pero no hubo sorpresa porque para este presidente y para esta tal revolución ha sido muy importante la modificación de la memoria», insiste Pino.

El historiador habla con una parsimonia y una ironía que parecen esconder una rabia impotente. Por las ventanas de su despacho se cuela el trajín de la vida universitaria, las risas de los estudiantes, el revuelo de la entrada y salida de clase.

Al mismo tiempo, Chávez puso en tela de juicio muchos símbolos de la patria, tal vez buscando en el pasado sustento y ancla para el presente, su presente. El mandatario consideró que el indómito caballo blanco del escudo de Venezuela, que representa el brío y la pureza de la independencia, debía trotar hacia la izquierda de quien observa. Las estrellas de la bandera debían ser ocho y no siete, según el decreto de Bolívar de 1817 en el que sumó la provincia de Guayana a las siete que habían suscrito el acta de la declaración de independencia. Supongo que todas estas decisiones deben dar una satisfactoria y reconfortante sensación de poder adquirido.

«Chávez nos puso a discutir los símbolos de la patria, que no se tocan ni se descifran. Pero él provoca una disputa que no tiene sentido y no existe en ninguna parte, es decir, provoca la división. Nadie en Francia ahora se va a poner a discutir si Juana de Arco era buena o mala», protesta Pino.

* * *

En 1999, al aprobarse la Constitución, Venezuela también pasó a llamarse República Bolivariana de Venezuela. A partir de entonces, casi todo en Venezuela es bolivariano. La lista es interminable y una no termina de acostumbrarse a ese apellido que parece dotar a todo de un aura de importancia, de patriotismo y de chavismo, muchas veces sin querer decir nada. Hay unas

Fuerzas Armadas bolivarianas, unos periodistas bolivarianos, una universidad bolivariana, círculos políticos bolivarianos, movimientos de trabajadores bolivarianos y hasta cultivos bolivarianos.

—Si esta república se llama bolivariana y finalmente el Libertador ya no es una figura usada por las elites sino que se ancla en el pueblo, me parece una consecuencia natural y lógica que muchas de las acciones de este proyecto nacional de izquierda lleven el adjetivo bolivariano —me dijo hace un tiempo el hoy ministro de Cultura, Pedro Calzadilla, en una entrevista.

Pino fue de los que protestó sonoramente cuando el nombre del país fue modificado. Escribió sin pelos en la lengua su forma de ver las cosas y Chávez le llamó «analfabeto» en televisión.

—Es un disparate y una amputación de la conciencia nacional reducir la historia de Venezuela a un solo periodo que no pasa de 20 años, entre 1810 y 1830, cuando le ganamos la guerra a España, y a un solo personaje que es Bolívar. Todo lo que pasó antes, esencial para la formación de nuestra sensibilidad, y todo lo que pasó después, la edificación de la República, Chávez lo ignora oficialmente. Somos un país sin extremidades. Las perdimos. No tenemos sino un solo tronco y cabeza que es Bolívar —lanza, enfadado.

Así, el término «bolivariano», que antaño provocaba un orgullo y un consenso entre los venezolanos, es hoy una denominación cargada de sospechas.

Conozco personas que aún guardan celosamente su cédula de identidad caducada donde se lee únicamente «República de Venezuela» y no República Bolivariana de Venezuela. Tan usado, politizado y trastornado está el apelativo que en el golpe de Estado de abril de 2002, cuando Chávez quedó apartado del poder durante dos días, entre todas las decisiones que podían tomarse, la primera del gobierno de transición presidido por el empresario Pedro Carmona fue quitar el nombre de bolivariana a la República de Venezuela. Simbólico.

Pero ¿qué es realmente ser bolivariano hoy? La pregunta llena libros y páginas en internet. Chávez, a lo largo de sus

13 años en la presidencia, ha dado múltiples definiciones: ser bolivariano es ser socialista y anticapitalista y defensor de la igualdad, la libertad y la integración latinoamericana, entre otros. Patriotas, chavistas y bolivarianos se convirtieron en sinónimos. Por ende, son apátridas quienes no han entendido que la revolución bolivariana es el camino. Y con ellos, dice Chávez, «no hay entendimiento posible».

Frente a esta asociación de ideas, peligrosa para los historiadores, mentirosa y simplista para los adversarios políticos de Chávez, la sociedad venezolana parece estar hasta cierto punto anestesiada. Como si, para la gran mayoría, su pasado y su destino no fueran tan importantes como el presente inmediato.

Pino se remite a los textos del propio Bolívar para encontrar una explicación: el pueblo es un párvulo que necesita un guía fuerte que le enseñe el camino.

—Aquí hay un problema que tiene que ver con nuestra levadura como sociedad. Achacarle todo a Chávez no nos conduce a nada. Somos inmaduros. Mira, por ejemplo, el otro día estoy en la panadería y una señora muy elegante, porque aquí se ponen muy elegantes para las manifestaciones, dice a otra: «¿Y tu mamá no viene?». «No, porque el agua le dio mucha gripe», le responde la otra. Y yo me meto en la conversación y les digo que no ha llovido. Me explican que habían llevado un camión de agua bendita y bañaban a los manifestantes para que fueran protegidos por Dios y la Virgen de Coromoto. Ahí nos jodimos. Tú vas a una manifestación porque está en juego tu casa y tu educación y finalmente la ineptitud está presente en esta parte milagrera y tonta de que el agua bendita te va a librar de Chávez.

La dependencia del petróleo y de un Estado paternalista parece haber hecho a los venezolanos ciudadanos a medias. Según Pino, les ha impedido ser verdaderamente republicanos, completar su emancipación y por supuesto lograr sentirse libres. «En el fondo Chávez no inventa nada», me dice tristemente el historiador. La idea de concluir esa independencia de la patria parece ser la tarea de la revolución bolivariana. Poner el broche final a la gesta del Libertador.

Esta revolución está armada

«Bienvenidos a la Piedrita en paz, si vienes en guerra te combatiremos. Patria o muerte». El cartel inmenso pintado en letras rojas no deja lugar a dudas: hemos llegado. Es un día sin sol de noviembre de 2008 y la parte alta de la barriada caraqueña del 23 de Enero está cubierta por una fina capa de neblina que da un aspecto miserable a sus calles sucias, cubiertas de tierra y de basura.

Por teléfono, la voz de Valentín Santana me había parecido triste, tenue, sin emoción.

–Te veré mucho antes de que tú me veas –se había despedido misteriosamente, respondiendo a mi pregunta de cómo íbamos a encontrarnos para la entrevista.

Nada más pasar el panel de bienvenida, cuatro hombres armados cortan el paso del vehículo mientras varias cámaras de vigilancia graban nuestra llegada a esta «zona guerrillera», como anuncia otro gran cartel.

Seguimos el camino a pie hasta encontrar a Valentín Santana en el interior de una precaria casa de paredes desvestidas bien rodeada por varios miembros del grupo encapuchados.

No le importa que grabe, quiere mostrar su rostro.

–Yo estoy aquí asumiendo mi responsabilidad cueste lo que cueste. No me estoy encapuchando, te estoy dando la cara. Para la prensa burguesa soy un asesino, un mercenario, un ponebombas. Soy las cosas malas que me quieran atribuir, pero para mi comunidad soy alguien que colabora y la gente me busca todos los días para resolver cuestiones. Eso es lo que yo soy. Tú quedas libre para poner lo que quieras de esta entrevista. De ti depende si dices la verdad.

Santana fundó La Piedrita en los años 80 con el fin primero de rescatar al barrio de la droga y de la delincuencia. En 2008, este movimiento de hombres armados controlaba todo lo que pasa en el vecindario de casi 3.000 personas donde la policía ni se asoma. «Aquí manda La Piedrita y el Gobierno obedece», está escrito en otra de las paredes. Además de poner orden dentro, los miembros de este grupo son bien conocidos por los caraqueños por haber sido responsables de ataques con bombas lacrimógenas a varios organismos, personalidades y medios de comunicación que critican al Gobierno.

–Nosotros somos revolucionarios de corazón. Yo creo que he sido revolucionario desde que estaba en la barriga de mi mamá. Siempre hice trabajo comunitario pero veía que aquí el hampa estaba fortalecida y decidí hacer algo. Hablé con ellos, ellos aceptaron el diálogo, algunos se Mudaron para otro lugar y otros se incorporaron al trabajo comunitario. Hoy tenemos el control total de todo esto: aquí no hay drogas, no hay violencia. No hay un asesinato desde hace 15 o 16 años.

La cifra, cuando menos, sorprende. Le hago repetir desde cuándo. «15 o 16 años», recalca.

Es evidentemente imposible de corroborar a ciencia cierta. A Santana no le gusta la cara de incredulidad que he debido de poner.

–Aquí todo está vigilado por circuito cerrado y hay alarmas. Y la policía no entra porque no hace falta. Al mismo tiempo, todo lo que dice el comandante, todas las misiones o los consejos comunales están presentes también. No pasamos por encima de la revolución bolivariana ni lo pretendemos –continúa.

Valentín Santana me parece tan melancólico en persona como por teléfono. Es un hombre que se acerca a los 50, con hablar pausado y mirada a menudo perdida. Tiene más cara de profesor de escuela que de líder de un grupo armado. Pero este ex militar nacido en este bastión de la izquierda venezolana se dice revolucionario antes de que Chávez soñara con la presidencia y está dispuesto a defender a su comandante «hasta las últimas consecuencias».

–¿Y las armas para qué son?

–Lo que pasa es que el imperio ha venido amenazando al comandante y nosotros no nos podemos quedar con los brazos cruzados porque eso sería igual a que nos tumben la revolución y eso no lo vamos a permitir. Nosotros como grupo estamos dispuestos a morir por esta revolución si es necesario. Eso escríbelo sin quitarle ni ponerle. Nos dicen violentos porque cuando la derecha quiere avanzar, nosotros como parte del proceso revolucionario le damos su respuesta, pues. Y eso lo vamos a hacer hasta las últimas consecuencias. No tenemos miedo de morir, somos guevaristas de corazón, estamos con el pensamiento de Bolívar. Son muchos años buscando que esta patria cambiara y vino nuestro comandante.

En la calle, bajo un inmenso retrato de Ernesto «Che» Guevara, está aparcado un camión militar nuevo con la mención «Comité de Defensa de la Revolución Bolivariana La Piedrita» grabada en un lateral. A pocos metros, se alinean varios aparatos de musculación destinados al entrenamiento militar de los activistas, que montan guardia, cubiertos con impermeables militares verdes.

Varias mujeres con bolsas de mercado pasan a su lado sin inmutarse y les saludan con un gesto de cabeza. Su presencia forma ya parte de la vida cotidiana de los vecinos.

La orden dada por Santana es que no se puede fotografiar con el rostro descubierto a ningún miembro del grupo. La mayoría son chicos del barrio, jóvenes de entre 20 y 30 años. Santana dice tener a sus órdenes a unos 60 hombres dispuestos a defender la revolución con las armas.

—Nosotros tenemos un ejercito organizado pero ahora el pueblo también está armado. No vayas a creer que nada más es la Fuerza Armada. Este pueblo aprendió, quiere la revolución bolivariana y va a salir cuando haya que defenderla por la vía de las armas —me explica.

—¿Y quién paga sus armas, sus vehículos? ¿Están de alguna manera financiados por el Gobierno?

—Eso es mentira —me dice violentamente—. Nosotros hacemos colectas. La comunidad nos apoya en todo eso.

Y no da más detalles.

Nuestra entrevista se produce a pocos días de las elecciones regionales, en las que el chavismo conservó la mayoría de alcaldías y gobernaciones pero perdió las ciudades y estados más poblados e industrializados, comenzando por Caracas y

Maracaibo, las dos principales urbes del país, y las regiones de Miranda y Zulia, las más pobladas.

El 23 de Enero pertenece al municipio Libertador, que siguió en poder del oficialismo, de la mano del alcalde Jorge Rodríguez.

—Creemos en los candidatos de la revolución. Si la derecha desconoce el triunfo de los compañeros tendremos que actuar de otra manera porque ellos ya decidieron que el camino es la violencia. Si ellos vienen aquí, nosotros tenemos armas y los vamos a enfrentar militarmente. No se trata solo del proyecto de Chávez; este es el proyecto de todo un pueblo. La revolución nació para quedarse. Como revolucionarios, tenemos la obligación de hacer que esto siga caminando.

Durante esta conversación, meses antes de que la enmienda constitucional sobre la reelección ilimitada fuera aprobada en febrero de 2009, Santana ya la mencionó, argumentando que Chávez era por ahora imprescindible y debía gobernar como mínimo «hasta 2030» para fortalecer el proceso.

—Si la revolución se estanca, echaríamos para atrás 20 años y eso sería una guerra civil —me dijo. Pero la frase no es suya, es de Chávez. Textual. Está claro que Santana pasa tiempo escuchando al Presidente.

En aquel momento, nadie imagina que tres años después el presidente venezolano anunciaría que sufría un cáncer, lo cual movería los cimientos del Gobierno, edificado sobre una sola persona, y reactivaría de forma angustiosa la cuestión de los liderazgos de repuesto.

Santana tampoco sabe que en dos meses será prófugo de la justicia, acusado de homicidio y lesiones personales por varios ataques cometidos y asumidos por La Piedrita.

Y mucho menos piensa que, dentro de pocos días, el propio Chávez asestará en televisión un humillante y doloroso golpe a este grupo del 23 de Enero acusándoles de desviarse de la revolución.

Durante nuestra conversación, Santana reconoce estar detrás de los ataques perpetrados contra la televisión privada

Globovisión y el diario *El Nuevo País*, por obstaculizar el proceso revolucionario.

–Fuimos nosotros. Lo asumimos. Ellos todos los días vienen atacando la revolución, le faltan al respeto a nuestro presidente. Sabemos que la revolución tiene algunos errores, pero toda revolución se tiene que ir limpiando poco a poco y esta lo está haciendo. Nosotros decidimos darles una respuesta y nuestra manera de castigarlos fue ponerlos a llorar. Les lanzamos unas lacrimógenas pero no hubo muertos. Ahora bien, si ellos avanzan con violencia nosotros estamos dispuestos a darles más duro. No serán lacrimógenos, será de otra manera. No queremos que las cosas sean así pero si ellos lo buscan no nos queda otro remedio –dice lacónicamente.

El primero de esos «errores» de la revolución es para Santana no haber encarcelado a todos los que estuvieron involucrados en el fallido golpe de Estado contra Chávez de abril de 2002.

–Eso fue un fallo de Chávez. Debe de ser que el Presidente es muy humano, demasiado humano, pero él tenía que haber metido a toditos presos al volver a Miraflores.

Su teléfono lo interrumpe. El tono de su móvil es «Ojalá», la emblemática canción de Silvio Rodríguez. Uno de sus subalternos responde.

Santana insistirá varias veces en que La Piedrita no pertenece al Partido Socialista Unido de Venezuela (PSUV), ni tampoco tiene contacto directo con Chávez. El grupo se alimenta de sus discursos prácticamente diarios por televisión y de ellos deduce la línea marcada por el comandante.

En 2006 un hijo del fundador de La Piedrita fue asesinado a tiros en el 23 de Enero. La imagen y el nombre de Diego Santana están en varias paredes del vecindario. Santana solo pierde su tono frío y plano cuando habla de su muerte.

–Lo mató la derecha para sacarme del juego a mí. Yo soy un líder aquí y he dado mucho golpe a la derecha y al narcotráfico. Decidieron quitarme a mi hijo. Le dieron 14 tiros. Era un niño, no tenía nada que ver con lo que yo hago y no voy a perdonar. ¿Qué le queda a uno? A mí, mi vida me la cambiaron.

—¿Sabe quién está detrás de su muerte?
—Sí, claro.
—¿Y se ha vengado?
—Ya he matado a tiros a cinco. Y todo aquel que esté involucrado en la muerte de mi hijo va a morir en las manos mías. Eso también lo puedes decir. Yo no tengo miedo a morir, compañera. Los que me buscaron para ser revolucionario me enseñaron a ser una persona con las bolas puestas y yo las tengo. Políticamente e ideológicamente estoy claro. En la guerra hay códigos. Ellos no respetaron los códigos y yo no voy a respetarlos. No me dejaron otro camino. No tengo ahora contemplaciones, se jodieron. Ojo por ojo. Así de sencillo. Es así.

Tanto muerto me parece demasiado para una zona en la que según el fundador de La Piedrita no ha habido asesinatos en los últimos 15 años. Pero no le digo nada.

Valentín Santana desapareció pocas semanas después de esta entrevista, cuando se dictó una orden de detención en su contra. La Piedrita volvió a mostrar que su nombre le iba como anillo al dedo porque parecía ser una pequeña y molesta piedra en el zapato del Gobierno que empezaba a incordiar gravemente.

«No podemos permitir que haya grupos por allí retando a todo el mundo, diciendo que van a matar a alguien. No, ¡eso es un crimen! No podemos aceptar que La Piedrita se convierta en un Estado, en un grupo de terroristas que andan amenazando de muerte», clamó Chávez por televisión.

El grupo respondió con un comunicado duro en el que subrayaba que «ningún tribunal tenía la fuerza moral de juzgar a un revolucionario».

Sin embargo, no se puede decir que la justicia hiciera gala de celeridad en este caso y rápidamente se dio a Santana por huido. Algunos dijeron que se fue a Cuba, protegido por adeptos del chavismo. Otros, que nunca salió de su barrio.

Justamente el 23 de enero de 2012, fecha en que Venezuela recuerda el fin de la dictadura de Marcos Pérez Jiménez, Santana reapareció en una iglesia del barrio para lanzar, ante miembros del Gobierno y sacerdotes, un discurso radical y resentido. El líder de La Piedrita, perseguido por la justicia, reivindicó su lealtad sin fisuras a Chávez y lamentó, refiriéndose a su propia persona, que se monten expedientes contra revolucionarios de verdad, antes de terminar su intervención con un rotundo «Patria o muerte, venceremos». Nadie lo detuvo en ese momento y su reaparición tampoco despertó un revuelo considerable.

Días después, unas imágenes de unos niños del 23 de Enero con armas en la mano sí dieron la vuelta al país y Venezuela volvió a acordarse de La Piedrita. Chávez arremetió de nuevo contra el grupo por televisión, insinuando que podrían estar manipulados por la oposición venezolana, ya que «casualmente», siempre aparecen cuando hay elecciones a la vista.

Me quedé pensando hasta con un ramalazo de tristeza en Valentín Santana. En el sentimiento de traición que debió de sentir aquel día, al escuchar las palabras de Chávez, casi religiosamente, como el buen revolucionario que decía ser.

«La Fuerza Armada lleva a Chávez en el corazón»

Durante años, Chávez ha advertido a potenciales enemigos internos y externos de que su revolución está armada y ha garantizado que el pueblo, su pueblo, se siente dispuesto a darlo todo por el proceso político en curso.

En los momentos más álgidos de sus relaciones diplomáticas con Estados Unidos o Colombia, el jefe de Estado pidió a los ciudadanos estar listos para un potencial combate y avisó a cualquier invasor potencial de que, en caso de un ataque, el pueblo saldría a las calles.

«Estoy obligado a llamar a todos los venezolanos a prepararse para el combate, para defender la tierra santa de Venezuela. Yo saldría al frente y detrás de mí vendrá un pueblo a defender esta patria. No estoy llamando a ninguna guerra. El que está alentando a una guerra es el imperio yanqui». Era noviembre de 2009 y Chávez denunciaba el uso que Estados Unidos haría de varias bases militares colombianas.

La defensa del país, de la revolución y de su propia persona, no necesariamente en ese orden, han provocado que el presidente venezolano se lance a una renovación del armamento apoyándose en nuevos aliados como Rusia o China, a la creación de un nuevo elemento en las Fuerzas Armadas, la milicia bolivariana, y a una reestructuración interna en el estamento militar para garantizar su fidelidad al proyecto revolucionario.

Es innegable que las tres decisiones juntas, en cualquier país del mundo, pueden formar un peligroso cóctel, dependiendo del ánimo y de las prioridades de quien tenga la batuta.

«Chávez ha diseñado una estrategia de seguridad que lo hace ser el promotor y el beneficiario directo de esa seguridad. La estructura está hecha para protegerse él y el sistema político que lo sustenta», dice el general Francisco Usón, excolaborador de Chávez que fue condenado a cinco años de cárcel por sus declaraciones en un programa de televisión[12].

¿Cuál es el fin de las compras de armas de Venezuela en los últimos años? ¿Quién controla hoy la milicia? ¿Quién la forma, quién la compone? ¿Dónde están sus armas? ¿Hay que tenerle miedo? ¿Qué fidelidad real a Chávez existe en las Fuerzas Armadas actualmente? ¿Se deben a un Estado y aceptarán cualquier resultado electoral o están casados realmente con el proyecto de Chávez? ¿Hay una importante presencia cubana en las Fuerzas Armadas venezolanas que amenaza su soberanía?

La cuestión provoca un sinfín de interrogantes difíciles de responder. El tema es apasionante por tratarse el propio Chávez de un militar y actuar la mayoría de las veces como tal, pero el gran riesgo es caer en manipulaciones facilonas, en la especulación o en la siembra irresponsable de un miedo basado en nada.

---

[12] En el libro *El enigma militar*. Fausto Masó y Fernando Egaña, Editorial Libros Marcados.

Desde 2005, Venezuela compró tanques, aviones Sukhoi-30, helicópteros, misiles y fusiles en Rusia, radares y aviones de reconocimiento en China y sistemas de vigilancia en Bielorrusia.

Rocío San Miguel, responsable de la Organización no gubernamental Control Ciudadano, dedicada al estudio de la cuestión militar y a la transparencia en materia de defensa, calcula que de 2005 a 2011 el gobierno del presidente Chávez se gastó 15.000 millones de dólares en armamento, de una forma «opaca» y sin ningún tipo de rendición de cuentas.

Las compras de armas de Venezuela no son en ningún caso más importantes que las de otros Estados latinoamericanos, pero despiertan un recelo exagerado dentro y fuera del país. En sí mismas o debido a las alianzas que han incentivado. El gobierno de Chávez es el cuarto comprador de armas en América del Sur por detrás de Brasil, Colombia y Chile, a quienes casi nadie hace observaciones sobre el origen de las armas o su utilización.

Los responsables militares venezolanos veían estas compras con naturalidad, como una exigencia de la Constitución. En una entrevista en 2008, el general Jesús González González estimaba que se necesitarían mínimo unos cuatro años a ese ritmo para que Venezuela supliera sus necesidades de renovación de armamento.

—Si el intercambio fuera con Washington, si sus portaaviones aterrizaran aquí, nadie se haría tantas preguntas —me dijo en aquel momento. Probablemente no le faltaba razón—. Una de las estrategias de Estados Unidos ha sido debilitarnos militarmente. Eso nos obligó, sobre la base de una demanda de defensa que tenemos, a buscar quién nos supliría. Tocamos varias puertas, pero nos decían que Estados Unidos no lo permitía porque los aviones que queríamos comprar tenían componentes norteamericanos. Tocando de puerta en puerta llegamos a Rusia y China, que no pusieron ningún obstáculo.

En esa época, el general González dirigía el Comando Estratégico Operacional (CEO), organismo que planifica y conduce operaciones militares destinadas a la defensa integral de Venezuela: desde acciones en la frontera hasta garantizar la seguridad en unas elecciones.

González González me contará amargamente que desde que Venezuela comenzó a comprar armas a Rusia, se corrió el rumor de que terminarían en manos de la guerrilla colombiana de las FARC. «Hace poco encontraron un escondite de la guerrilla con fusiles venezolanos, pero es que nosotros llevamos años siendo víctimas de la guerrilla. Han matado a nuestros soldados y se han llevado las armas, entonces no es nada raro que aparezca en manos de las FARC un fusil nuestro».

* * *

En cifras, del presupuesto venezolano de 2009, se dedicaron a Defensa 8.900 millones de bolívares (4.139 millones de dólares al cambio de la época, 2,15 bolívares por un dólar), un 5,3% del total. En 2012, el presupuesto total del Ministerio de Defensa representa 21.299 millones de bolívares (5.114 millones de dólares al cambio actual de 4,3 bolívares por un dólar), alrededor del 7% del total. A título de comparación, en el presupuesto para 2012 se dedicarán a Salud, uno de los puntos fuertes del gobierno de Chávez, un total de 19.500 millones de bolívares (4.534 millones de dólares).

–Nuestra Fuerza Armada, por Constitución, es netamente defensiva. Estamos mejorando la capacidad tecnológica de los equipos, de quienes los operan, reorganizando la institución y cambiando nuestros conceptos doctrinarios de empleo de la fuerza, pero siempre a la defensiva. Queremos hacernos fuertes, muy fuertes, pero con una dirección eminentemente disuasiva: que cualquier país del mundo que mire para Venezuela aprecie que tenemos suficiente fortaleza para enfrentar a quien quiera venir para acá pero bajo ninguna circunstancia que tenemos fortaleza para ir más allá de nuestras fronteras. Eso no está pensado –me garantizará González González.

–Pero, ¿por qué comprar armas si no se tienen enemigos?

—Tenemos la necesidad de comprarlas. A los colombianos se las regalan. ¿Sabes cuántos helicópteros Black Hawk tienen? Unos 250, gracias al Plan Colombia. Nuestro enemigo hoy es cualquiera que quiera poner un pie aquí. Y yo no dudo de que los norteamericanos quieran venir a buscar el petróleo que no les estamos dando desde hace 10 años. Con Obama o sin Obama, los intereses de Estados Unidos son siempre los mismos: dominar el mundo. Tenemos que estar preparados. Hay un adagio viejo que dice «Si quieres la paz prepárate para la guerra». Si quieres tener todo en orden, sé suficientemente disuasivo para que quien quiera venir se lo piense no una sino 10 veces.

Más que las palabras de un militar profesional, me parecía estar escuchando las de un líder del partido de Chávez. O incluso las del propio Chávez. Inteligente, sin histrionismos, con conocimiento y bien estructurado, el discurso del general era también tremendamente militante. Sin fisuras.

En su despacho había una impresionante colección de imágenes de Simón Bolívar y antes de despedirnos me regalará un retrato de Chávez, pintado en acuarela, enmarcado y envuelto cuidadosamente.

—Si no estuviera ahí el presidente Chávez las cosas no serían así. Petróleos de Venezuela ya estaría privatizada. El mundo está cambiando, América Latina está cambiando, no es solo Chávez. Es el mundo. Ellos nunca estarán del lado de nosotros. No son dueños de esto, somos nosotros —recalcó.

«Ellos» son, claro está, Estados Unidos.

Por aquellos días, varios militares, retirados y en activo, habían sido detenidos por planear supuestamente un magnicidio. Varias conversaciones telefónicas sirvieron como prueba de sus intenciones.

Estos arrestos no ponían en entredicho para González González la aceptación que Chávez tenía entre los militares.

—Te pudo decir con propiedad, porque parte de mi estrategia de trabajo es acercarme a las personas y visito muchas guarniciones, que no no he apreciado una actitud adversa al Presidente o juicios que pudieran hacer pensar que la persona está disgustada con el Presidente. Más bien las opiniones son muy halagadoras, elogian el esfuerzo de Hugo Chávez –me contaba.

* * *

Las Fuerzas Armadas venezolanas son, en palabras de Chávez, antiimperialistas, revolucionarias y socialistas. Además, por ley, son denominadas «bolivarianas».

«La Fuerza Armada es chavista. ¿No lo entienden todavía? Tendrían que acabar con la Fuerza Armada venezolana porque la fuerza armada tiene a Chávez en el corazón, en la raíz, y Chávez tiene a la Fuerza Armada en el corazón, en el alma», clamó el Presidente a inicios de 2012.

Echando la vista atrás, Rocío San Miguel considera que los militares vieron con la llegada de Chávez al poder la posibilidad de que uno de sus pares ayudara a solventar problemas en la institución. Al poco tiempo, Chávez ya involucró a las Fuerzas Armadas en el desarrollo del país.

–Algo que suena muy bien pero que llevó a la politización y al partidismo –aclara.

Luego llegó el golpe de Estado fallido de 2002, que hace pensar a Chávez, una persona que se siente permanentemente amenazada, que debe ir hacia un proceso de «depuración».

–El Presidente impone lemas que obligan a tomar partido, se adopta la consigna «Patria, socialismo o muerte», se aplican reglas que impiden acceder a los cuarteles a ciertos oficiales, aun siendo activos. Y a partir de 2005 se introduce ya el concepto de milicia nacional bolivariana, que es la militarización de la sociedad, la creación de un patrón que permite colocar armas de la república en manos de la sociedad civil –me explica San Miguel.

Desde 1999, las Fuerzas Armadas, compuestas por un total de 136.000 personas, se han dividido entre los políticos, identificados ideológicamente con Chávez, y los institucionales, que siguen únicamente el mandato de la Constitución.

Esta situación ha provocado el retiro voluntario de muchos oficiales y la jubilación forzosa de otros.

—En los últimos años, vivimos una militarización de la sociedad, una politización y una desprofesionalización de las Fuerzas Armadas, que pueden convertirse con el tiempo en un brazo armado de la revolución –afirma.

En 2010, el general Antonio Rivero, ex director de Protección Civil y oficial de prestigio, pidió su retiro por la «intromisión de militares cubanos» en la institución castrense y denunció «la depuración por razones ideológicas» que se estaba viviendo en las Fuerzas Armadas.

—No se me puede negar que la consigna «Patria socialista o muerte» se opone a la Constitución y obedece al partido (de Chávez). Nadie me puede negar que el uso del uniforme militar por parte del Presidente y las milicias, en su forma actual, son contrarios a la Constitución —me dice en una entrevista.

Rivero subraya que habla por él y se muestra cauto a la hora de revelar detalles. Nunca se han dado datos concretos en Venezuela sobre la presencia de militares cubanos en las Fuerzas Armadas locales. Todo lo que rodea la alianza estratégica con Cuba está impregnado de un gran secretismo y provoca un gran recelo entre los detractores de Chávez.

El Presidente ha admitido que Cuba presta ayuda a las Fuerzas Armadas venezolanas pero no ha pasado de ahí. No se sabe cuánto personal militar y de seguridad cubano hay hoy en día en Venezuela. Ese sigilo, sin duda buscado, da pie a todo tipo de especulaciones, montajes y exageraciones.

En Venezuela, unos juegan a dar miedo y otros sienten más miedo de la cuenta.

Rivero me recalca que la presencia de militares cubanos va «más allá de lo permitido» y pone en peligro la soberanía de Venezuela porque un país extranjero no debía tener acceso a este tipo de informaciones cruciales.

Para el general Usón, la presencia de funcionarios cubanos provoca «muchos disgustos» entre los militares venezolanos, pero no se ha encontrado por ahora una forma de exigir su expulsión del país. «Al parecer ocupan cargos paralelos de control, supervisión y de comisaría política», considera en su libro.

Las consignas impuestas, el intrusismo y los ascensos poco ortodoxos de figuras afines al Gobierno, el miedo a pronunciarse abiertamente en el seno de la institución, el temor a ser apartado, jubilado u objeto de juicio son el día a día del mundo militar, dicen quienes lo conocen desde dentro.

En el fondo, la cuestión es si la lealtad se debe a Chávez o a la patria. Y el problema es que para algunos responsables militares, colectivos progobierno y venezolanos de a pie los dos conceptos son ya sinónimos.

Hoy, la moral militar estaría mermada y la fidelidad al jefe de Estado registraría fisuras. Pero el malestar sigue escondido. Me digo que los militares son finalmente un pequeño espejo del país.

—Están los incondicionales dispuestos a transgredir la ley, que son un 10%, hay otro 10% adicional que son el séquito, gente que con una buena oferta cambia sin pudor de opción y permanece cómoda. Y luego el resto, que sobrevive en la institución, por fidelidad a lo que un día fue y porque es un trabajo que les da un salario —resume Rocío San Miguel.

Pero habría muchos militares, incluso chavistas, que no estarían de acuerdo hoy en día con muchas decisiones de Chávez. «¿Es posible que ocurra un golpe militar? Yo creo que no», zanja San Miguel.

En este momento, me decían entendidos en la materia, no hay en las Fuerzas Armadas un Chávez como lo hubo en el año 1992[13].

En una conversación, Domingo Irwin, historiador y experto en seguridad y defensa, me habla de estas tensiones internas por la politización en curso. Una frase se me queda marcada: «¿Cuál es la profundidad y extensión de estas tensiones en

---

[13] En febrero de 1992, Chávez y otros compañeros militares protagonizaron un intento de golpe de Estado contra el presidente Carlos Andrés Pérez.

la Fuerza Armada? Como en las llamadas cajas negras de los aviones, solo después que colapsan y se tiene acceso a los datos que contienen se puede saber por qué pasó, y técnicamente, qué ocurrió realmente».

* * *

En marzo de 2011, Chávez, haciendo uso de unas prerrogativas especiales para legislar concedidas por el Parlamento, promulgó una nueva reforma de la ley de las Fuerzas Armadas, que daba más peso y cuerpo a la milicia.

Fue la cuarta reforma de la ley en cinco años y, para expertos y ex ministros de Defensa, significó un nuevo mazazo a la institución, un avance en su desprofesionalización y en su politización.

–Creo que los militares son el único sector que ha tenido cuatro reformas de leyes en cinco años. Son objeto de un ajuste paulatino y poco escandaloso pero imparable. Esto, a mi modo de ver, refleja las resistencias internas que existen en su seno. La Fuerza Armada es un dolor de cabeza para Chávez. Debería deshacerse de la mitad del ejército para depurarlo y sabe que no lo puede hacer –apunta San Miguel.

La milicia, que no aparece reflejada en la Constitución de 1999, es una de las mayores incógnitas de la estructura militar trazada por Chávez. El propio Presidente, de quien dependen directamente, las define como el «pueblo en armas» y actualmente estarían formadas por 125.000 miembros, totalmente voluntarios.

Los milicianos, señalados por los detractores del Gobierno como una guardia pretoriana, son hombres y mujeres como el resto, de todas las edades y formaciones académicas, que reciben adiestramiento militar para «la defensa integral» de la patria.

«Si acecharan los vientos de guerra y peligrara nuestra libertad, todo el pueblo de Venezuela los fusiles tendrá que empuñar», dice el himno de la milicia bolivariana.

Los desfiles en las fechas patrias y algunos actos junto al jefe de Estado son prácticamente los únicos momentos en que se puede ver en acción a estos ciudadanos convertidos en militares, ya que el acceso a sus entrenamientos para los periodistas siempre fue mínimo y fue reduciéndose hasta prácticamente desaparecer.

Solo la palabra «milicia» provoca miedo. Miles de civiles preparados para la guerra no son para menos. Pero cuando a la idea se le pone rostro, no parece ser algo tan amenazador. Los milicianos no son superhéroes ni unidades de elite del ejército, tampoco una banda de bárbaros desalmados que guardan un revólver debajo de la almohada.

En los actos públicos, a muchos jóvenes, extremadamente jóvenes, el uniforme parecía quedarles grande en todos los aspectos; las jóvenes milicianas, maquilladas y con manicura recién hecha, daban la impresión de haberse preparado para un desfile pero no precisamente militar; las señoras mayores sujetando un arma parecían estar ahí para provocar esa fotografía provocadora que traspasará las fronteras de Venezuela y hará que otros países engorden aun más sus estereotipos sobre Chávez y su país. Salvando las enormes diferencias, no pude evitar recordar a las ancianas palestinas que cargan fusiles y lanzacohetes en las manifestaciones de los diferentes grupos armados de Gaza y Cisjordania y posan para los fotógrafos. Son en su mayoría madres o viudas de fallecidos en el conflicto que sienten que tienen poco que perder. Afortunadamente, la desesperación no es hoy por hoy un sentimiento a la orden del día en Venezuela.

Aquí, la vida tiene una agradecida levedad que lo cambia todo.

La milicia fue considerada hasta esta reforma de 2011 un componente más de las Fuerzas Armadas, junto al ejército de aire, tierra y mar, y la Guardia Nacional.

–En realidad siguen formando parte de ella porque manejan armas de guerra de la República y llevan el uniforme de la Fuerza Armada, pero esta ambigüedad le permite a Chávez por ejemplo tener a los milicianos adscritos a su partido –puntualiza San Miguel.

Los artículos 328 y 330 de la Constitución venezolana estipulan que los miembros de las Fuerzas Armadas votan pero no pueden ejercer una militancia política.

La milicia «es una forma más de destruir el profesionalismo de nuestros militares. Chávez considera que este profesionalismo compromete su poder político y su objetivo es seguir debilitando a las Fuerzas Armadas para controlarlas lo más posible», me explica el exministro de Defensa de Carlos Andrés Pérez, Fernando Ochoa Antich.

En enero de 2012, llega una nueva pincelada en el cuadro de los cambios militares que San Miguel describe. El general Henry Rangel Silva es nombrado ministro de Defensa, justo varios meses después de que mencionara que un potencial triunfo de la oposición venezolana provocaría una reacción contraria en los militares y el pueblo: «Habría una reacción general Fuerza Armada y pueblo, pueblo y Fuerza Armada para que no se les quite algo. Aquí la lealtad es a un proyecto de vida y eso es lo que no entienden ellos. La oposición y los medios llevan esto como lealtades a medias y la Fuerza Armada no tiene lealtad a medias, sino lealtad completa a un pueblo, un proyecto de vida y un comandante en jefe».

Tras estas polémicas declaraciones, Rangel Silva fue ascendido a general en jefe, el mayor grado que puede tener un militar en Venezuela. No cabía señal más clara de respaldo de parte del Presidente. El general aseguró que sus frases fueron malformadas, sacadas de contexto y usadas con mala intención.

Meses después, este hombre dirige el Comando Estratégico Operacional (CEO) y el Ministerio de Defensa, es decir, concentra, por debajo de Chávez, todos los poderes administrativos y operacionales de las Fuerzas Armadas venezolanas.

A primera vista, el general Rangel Silva no sorprende por su carisma ni su aplomo, muestra una cierta timidez, titubea hablando en público e hila sus frases con dificultad. Pero a Chávez no le importa porque Rangel Silva, más allá de su capacidad profesional, es fiel, algo que el jefe de Estado valora por encima de todo.

El actual ministro de Defensa ya acompañó al hoy presidente en el golpe de Estado frustrado contra Carlos Andrés Pérez, en febrero de 1992, y ha estado a su lado desde entonces, en cargos más o menos visibles. Su nombre está en una lista negra de Estados Unidos por su supuesta colaboración con las actividades de tráfico de droga de la guerrilla colombiana de las FARC. Pero todo sin pruebas, recalca Chávez.

Con su ascenso fulgurante, el Presidente parece enviar un mensaje claro a los militares: quien es leal a la revolución avanza en su carrera.

A pocos meses de las elecciones presidenciales, las lealtades y las prioridades que impregnan los cuarteles venezolanos adquieren una importancia especial. Los pronunciamientos políticos de los militares son, como deben ser, escasos y nadie, ni siquiera Chávez, puede estar seguro de cuál es el sentir íntimo que reina en la mayoría de estos 135.000 soldados.

–La Fuerza Armada no está casada con Chávez. Lo que es cierto es que actualmente los mandos leales al Presidente tienen el poder de fuego –asegura San Miguel.

Las declaraciones de Rangel Silva sobre la actitud de las Fuerzas Armadas en caso de una victoria de la oposición también resuenan aún entre los detractores del Presidente. ¿Es posible que los militares sean tan chavistas como Chávez asegura y no acepten una derrota del Presidente?

Ramón Guillermo Aveledo, coordinador del bloque opositor Mesa de la Unidad Democrática (MUD), cree que de ninguna manera.

–Nosotros tenemos claro que esos generales que han hablado en términos políticos y no militares no representan a las Fuerzas Armadas. Los militares no piensan así, piensan en la estabilidad del país por encima de todo –me dice con aire convencido.

–Yo me tomo muy en serio las palabras de Rangel Silva sobre un triunfo de la oposición y de otros que señalaron cosas semejantes. Hay un grupo de incondicionales, que son personas que claramente están transgrediendo la ley y avisan de la posibilidad de una rebelión militar en caso de que no gane Chávez. Pero creo que el peor de los escenarios sería que, ganara quien ganara, el margen fuera estrecho y hubiera dudas. Todos nos preguntamos cuál será el papel del ejército ahí. Ojalá que quien gane lo haga sin ambigüedad. El que sea. Porque eso reduciría la posibilidad de crisis en el país –apunta San Miguel.

Otra gran pregunta que me queda abierta es cuál será el próximo paso para las Fuerzas Armadas venezolanas si Chávez es reelegido para un tercer mandato y, aupado por su victoria, da un nuevo acelerón a la revolución bolivariana.

–Asistiremos a un cambio de paradigma en la Fuerza Armada. Creo que abiertamente se intentaría una reforma constitucional de los frenos que le imponen al Presidente los artículos 328 y 330, que prohíben a los miembros de la Fuerza Armada apoyar una tendencia política. Creo que se escogería la opción cubana, en la que los militares están al servicio de la revolución y no al servicio del Estado –responde Rocío San Miguel.

Desde París, llamé a la responsable de Control Ciudadano para actualizar unos datos. Antes de terminar nuestra conversación me contó que estaba sufriendo muchas amenazas últimamente.

–Llamaron al intercomunicador cuando sabían que yo no estaba en casa para decirle a mi hija, de 13 años, «te vamos a matar, coño de tu madre». Diez horas antes me habían avisado por Twitter de que me venía una sorpresita –me dijo.

En enero de 2012, la Comisión Interamericana de Derechos Humanos ordenó al gobierno venezolano que brindara medidas de protección a Rocío San Miguel. La sentencia tardó semanas en aplicarse. Además de las amenazas directas, su cuenta de correo electrónico y Twitter fueron pirateadas, intentaron entrar en su cuenta bancaria y se suplantó su identidad para responder a varios correos electrónicos.

–Y nada se ha investigado. Me he dado cuenta de que cuando parten discursos de odio contra mí en el canal de televisión del Estado comienzan la ferocidad, los ataques por teléfono y las amenazas. Y yo soy solo una ciudadana frente al enorme poder del Estado y no es fácil, la verdad –me dijo antes de despedirnos.

PARTE II
SOCIALISMO

Hecho en socialismo

Rubén Darío Barboza se limita a esperar. Por las noches, cualquier ruido que no reconoce le hace brincar de la cama sobresaltado y mirar sigilosamente por la ventana. Piensa que le ha tocado el turno, que llega el ejército, que mañana habrá perdido su finca. No es paranoia ni tampoco una pesadilla. Se siente acorralado.

Desde hace un mes, todos sus vecinos han dicho adiós a sus tierras. En un mapa, su propiedad sería hoy un misterioso punto aislado, rodeado de haciendas confiscadas por militares y ocupadas por campesinos llegados de otras regiones de Venezuela que reclaman su derecho a instalarse y poseerlas.

Pero los días pasan y no ocurre nada. El drama de otros continúa, se agrava y Rubén Darío Barboza sigue siendo un angustiado testigo de la desgracia ajena que, finalmente, se convierte también en la suya propia.

Es enero de 2011 y en esta región del sur del lago de Maracaibo, al oeste de Venezuela, no se habla de otra cosa. Semanas antes, el gobierno del presidente Hugo Chávez decretó la ocupación de 47 haciendas de un total de 20.000 hectáreas, por considerarlas en parte improductivas y acusó a sus propietarios de esclavizar a los trabajadores. El propio ministro de Agricultura y Tierras de la época, Juan Carlos Loyo, dirigió la toma de las haciendas, revólver en la cintura, con una imagen del Che en su camiseta y escoltado por varias decenas de militares.

Desde entonces, esta zona, próspero corazón ganadero y agrícola de Venezuela, que produce un 52% de los alimentos del país, se paralizó.

—Mira —dice Barboza, parando su vehículo en medio de un camino de tierra. Un cartel oxidado donde apenas se lee «La Fortaleza» da entrada a su propiedad—. Iba a quitar la placa, pero pensé que en 2012, cuando Hugo Chávez pierda, la mandaré a pintar —me dice, envalentonado.

Su padre tuvo 14 hijos y las fecundas 169 hectáreas de tierra de La Fortaleza fueron su herencia. En ellas produce leche, carne, plátanos, guayaba, parchita, yuca y auyama. «Cuando mi padre llegó, esto era selva. La tierra puede ser del Estado porque nos descuidamos con la documentación, pero lo que existe sobre esta tierra es mío».

Su finca, como la mayoría de las confiscadas, está a las afueras de Santa Bárbara, donde nos habíamos dado cita ese jueves por la mañana. En las calles de esta pequeña ciudad de agricultores y ganaderos se respira poco movimiento desde hace semanas. Y no es debido a ese calor pringoso que se abate sobre todo desde temprano.

El ir y venir de vehículos militares hace que un grupo de jubilados, sentados a la sombra del soportal de una casa, levanten la vista sin disimular su pesadumbre. No les gusta ese trajín ni tampoco que su pueblo ocupe desde hace días la primera página de la prensa local. Pero las manifestaciones de protesta o de apoyo al Gobierno y las disputas entre vecinos son casi diarias y esta localidad del estado Zulia, al igual que toda Venezuela, también se ha partido en dos.

En el camino hasta su hacienda, atravesando hileras de samanes que se expanden hasta casi invadir la carretera, Barboza me ha ido devanando con la parsimonia de un hombre de campo las desgracias de sus vecinos: «Esta hacienda la expropiaron y el dueño murió de un infarto días después. Esta la ocuparon y mira la plaga que ya ha invadido el platanal. Nadie se ocupa de ella. Los dueños se fueron. En esta hay militares pero los propietarios siguen dentro y no se quieren ir».

En su caso, Barboza ni siquiera sabe qué ha hecho para evitar el desastre hasta ahora. Y desconocer la razón aún lo angustia más. «Mi papá falleció hace cinco años y gracias a Dios, porque si hubiera visto esto se habría muerto de dolor. Es lamentable, decepcionante, yo tampoco quisiera estar viviéndolo», me cuenta, señalándome un vehículo militar que se ve a la entrada de la finca de uno de sus vecinos.

Su cabeza no para de dar vueltas. No sabe si es casualidad, mala organización del Gobierno o si alguno de los proyectos innovadores que lleva a cabo en su finca ha despertado el interés en el Ministerio de Agricultura y se ha decidido no quitarle la tierra para que siga adelante.

Desde hace meses, este hacendado trabaja en la creación de hongos benignos con el suero de la leche para controlar los gorgojos y otros parásitos que atacan a los plataneros. Además, produce abono gracias a un sistema rápido de putrefacción de materia orgánica y cría lombrices para reciclar el estiércol. «Todo biológico», insiste, sin ocultar su orgullo.

—Pero ¿cómo me atrevo a desarrollar estos proyectos sin la garantía del Gobierno de que la finca será mía? O sea, que cuando yo me esfuerce y tenga esto productivo, ¿llega el Gobierno a quitarme, a asaltarme, a robarme mis ideas y mi estudio? ¡No, qué va!

Nos hemos detenido a la altura de un frondoso platanal, rodeados de una espesura silenciosa que nos envuelve a todos. Está claro por qué la región es llamada la alfombra verde de Venezuela.

—El Gobierno se equivoca. No es la tierra del Sur del Lago la que es buena: la gente de aquí es buena, porque es la que colonizó y explotó esta tierra y logró lo que tenemos hoy –me dice, entre rabioso y conmovido.

Barboza nació en Santa Bárbara y sus más de 50 años de vida los ha dedicado a esta finca. Su imagen me recuerda a la de los hacendados de viejas telenovelas latinoamericanas: peinado cuidadosamente hacia atrás, con un bigote esmerado algo anticuado y ya salpicado de canas, la camisa entreabierta, jeans de trabajo y botas resistentes. Pese a tener por el momento el control de La Fortaleza, no se siente más afortunado que sus vecinos. «La mala suerte de ellos es la mía también», repite, con su inconfundible acento zuliano.

El hecho de no haber sido expropiado le impide trabajar, le quita cada día un poco de valor a cada hectárea de su tierra y le paraliza a la hora de invertir en sus proyectos.

–Ahora no habrá un loco que se atreva a financiarme una idea. Y obtener financiación del Gobierno es imposible. Yo ni me voy a inscribir en el partido de Chávez, ni me voy a disfrazar de rojo ni voy a aceptar las condiciones que ellos van a querer imponerme. Yo me siento un hombre libre.

Barboza se aleja discretamente cuando conversamos con los empleados de su finca que encontramos a nuestro paso. Dice que prefiere que nos hablen libremente. Los testimonios varían. La desconfianza hacia el Gobierno de los trabajadores más veteranos y curtidos se mezcla con las expectativas que estas medidas del Estado generan entre algunos empleados más jóvenes.

–Sus ideas políticas no son asunto mío, pero ninguno te dirá que es mi esclavo. Eso es una vil mentira. Ganan más que si trabajaran para el Gobierno y creo que todos te lo podrán decir. Chávez, en el fondo, está jugando con las esperanzas de los venezolanos, vendiéndoles la idea de que si lo apoyan les irá mejor –me dice, con templanza, calibrando sus palabras.

–¿Y si Chávez viniera aquí y usted tuviera la oportunidad de explicarle qué está pasando en Santa Bárbara?

–Primero que todo, no lo dejaría entrar en mi finca. Él es ahora persona non grata. Porque quiere destruir el sistema privado e imponer un modelo viejo, que tiene 100 años. Recuperarnos de todo esto nos va a costar dos generaciones al menos. Porque nosotros no vamos a irnos. Él es quien se tiene que ir. Nosotros nacimos y esperamos morir aquí.

* * *

Desde 1999, el gobierno venezolano se apropió de unos 3,6 millones de hectáreas en todo el país, donde se calcula que hay unos 30 millones de hectáreas cultivables. Es el llamado rescate de tierras, la revolución agraria de Chávez: terminar con los «latifundios» y nacionalizar las grandes propiedades para devolvérselas a los productores, con el fin de incrementar la producción nacional de alimentos, terminar con la carestía que a menudo afecta al país y lograr que Venezuela, que importa la mayoría de lo que consume, sea autosuficiente.

La agricultura representaría actualmente un 5% del Producto Interior Bruto (PIB). Las tierras bajo control gubernamental aumentan prácticamente cada mes, pero Venezuela dedica anualmente mayores cantidades de dólares a importar productos de primera necesidad y siguen faltando ítems básicos en los supermercados, lo cual dispara la inflación.

Solo en 2011, Venezuela compró en el exterior por un total de 46.440 millones de dólares un 20% más que en 2010, según cifras del Banco Central. De esta cantidad, 6.300 millones de dólares fueron dedicados a importar alimentos.

En Santa Bárbara del Zulia, previendo que las medidas del Gobierno se iban a traducir en ruina, los productores se declararon en resistencia cívica y pacífica. En un restaurante del centro de la ciudad, varios hacendados expropiados, vecinos indignados y responsables regionales de asociaciones de ganaderos se han reunido para almorzar semanas después de la llegada del ejército.

Barboza se ha convertido en uno de los pilares de este movimiento.

—Claro que tengo miedo. Todos los días. Pero imagínate, si nos expropian a todos ni siquiera podré pedir una limosna a un vecino. Y nos vamos a morir de hambre, que es más doloroso que morir de un disparo –me dice con tono pausado.

En torno a la mesa, entre un bocado de deliciosa carne y de yuca, la mayoría tiene una historia para contar. Todos nacieron en Santa Bárbara, se criaron entre vacas y árboles plataneros, aprendieron a conducir un tractor desde niños, heredaron la tierra cuando murieron sus padres, están orgullosos de ser ganaderos y no se imaginan haciendo otra cosa. Cuando se les llama latifundistas, muchos no pueden evitar la carcajada. «Tengo 50 hectáreas. ¿Qué clase de latifundista soy?», me dice Julio Luzardo, propietario de la finca Costa Verde, confiscada y posteriormente devuelta.

Algunos de los presentes votaron por Chávez en 1998 e incluso volvieron a votar por él hasta 2006, pero desde hace años están decepcionados con el rumbo que toma el Gobierno.

–Esta región es muy especial. Representa el éxito empresarial privado frente al fracaso de lo público. Nos roban a nosotros para hacer creer al país que ellos están construyendo algo. Venezuela tiene que mirar al Sur del Lago porque esto le puede pasar a cualquier ciudadano. Nosotros estamos viendo los dientes y las garras a Chávez –recalca Joaquín Urdaneta, dueño de Las Mercedes, otra de las haciendas expropiadas.

Los ganaderos hablan ya de la caída en la producción de carne y alimentos de la región y de la escasez que puede provocar en el país. No saben muy bien cómo acertar, si callándose o denunciando su situación. Algunos confiesan a media voz que han pensando en irse y empezar de cero en otro lugar.

–¿Irse de Santa Bárbara?

–No, mi amor, del país –me responden.

A todos les falta información oficial y los rumores en el pueblo se multiplican, avivados por la presencia de más de 1.600 militares, decenas de funcionarios del Ministerio de Agricultura y el Instituto Nacional de Tierras (Inti) y grupos de campesinos de todo el país pidiendo esas tierras. Mientras damos buena cuenta de la comida, oigo rumores de todo tipo:

el Gobierno estaría dando refugio en la zona a activistas del grupo terrorista vasco ETA o habría hecho un acuerdo con el gobierno de Rusia para cederle parte de estas tierras para un proyecto agrícola y saldar así una deuda.

—Estamos en ascuas —me dice Julio Luzardo—. Ha habido mucha intimidación. A mí me pidieron prácticamente que renunciara a mis derechos de propietario. Esa finca es mía, vivo allá, está productiva, mis trabajadores están conmigo y yo quiero defender todo eso. Los militares se marcharon pero ahora me presionan para que venda mi producción a empresas del Estado —me explica.

Los ganaderos sienten que el hecho de que el Zulia sea desde hace años un estado gobernado por la oposición les deja aun más indefensos ante las decisiones imprevisibles del Gobierno.

—Es vergonzoso ver cómo un cuerpo armado creado para protegernos a nosotros y a nuestros bienes hoy se preste a obedecer a un hombre que está fallando y violando la Constitución —reclama Barboza.

Antes de que llegue la cuenta, preguntan también por los que no han podido venir a la cita. Hay hacendados que siguen atrincherados en sus casas. Militares y decenas de desconocidos han entrado en sus propiedades pero ellos se niegan a marcharse. El nombre de Chucho Meleán sale a relucir varias veces en la discusión. Con más de 90 años, este hombre se enfrentó a los militares y les dijo que solo muerto le sacarían de su finca El Peonio, qué él levantó con sus manos hace más de siete décadas, cuando aquella región era puro bosque. Sus propios empleados impidieron el acceso del ejército hasta que finalmente el ministro de Agricultura pudo entrar a conversar con el anciano, convertido ya en el héroe de Santa Bárbara.

—Somos demócratas, amamos la libertad y queremos resistir para defender pacíficamente lo nuestro. Nosotros hemos aprendido a trabajar la tierra, no a guerrear. Pero no vamos a abandonar nuestras propiedades. Eso sí, en las elecciones de 2012 cobraremos a este gobierno por su proceder —me garantiza Barboza.

* * *

Los portones de la hacienda La Gloria están cerrados y custodiados por un grupo de militares. En su interior trabaja ahora el Instituto Nacional de Tierras (Inti), cuya sede en Santa Bárbara fue incendiada en un ataque ocurrido tras las intervenciones de las fincas. Decenas de personas se agolpan desde hace días a la entrada de la propiedad confiscada con la esperanza de hablar con algún responsable y saber si de aquellas tierras algo les tocará a ellos. Casi todos van vestidos de rojo, llevan gorras con la imagen de Chávez, se dicen revolucionarios, socialistas y lo que haga falta para recibir un pedazo de suelo.

—Esa gente que llega disfrazada con sombrero de paja y con un arma no son campesinos. Campesinos somos nosotros que nacimos en el campo y explotamos el campo —me había dicho Barboza con un cierto desprecio.

La verdad es que entre las personas que aguardan horas e incluso días para que un funcionario del Gobierno los reciba hay gente muy diversa: familias enteras con niños, ancianos de escasos recursos, damnificados por las lluvias recientes o asociaciones campesinas favorables a Chávez venidas de otros estados.

—En un pedacito de tierra ahí adentro cabemos nosotros —me dice Carlos Pérez, campesino del vecino estado Mérida, al que se le inundó el cultivo con las recientes precipitaciones.

A poca distancia, la hacienda Bolívar, emblema de esta región ganadera, se ha convertido en el trofeo más preciado de la operación de rescate de tierras del Gobierno. Con sus 4.000 hectáreas, la finca era una de las más grandes y productivas de la región.

Con nuestro vehículo alquilado, nuestra identificación de corresponsales extranjeros y un poco de desparpajo logramos pasar el primer control, a la entrada de la propiedad. En Venezuela es probable que un carné del Ministerio de Información que te acredita como corresponsal abra una puerta. Pero no suele abrir dos.

Desde Caracas había sido imposible fijar una entrevista o contacto con responsables del Gobierno en esta parte de Zulia.

Los días pasaban, el proceso se eternizaba, la noticia se iba apagando y decidimos viajar sin garantías. Al menos para ver las haciendas intervenidas, hablar con sus propietarios y sentir el ambiente en la región. Confiaba en la buena suerte y en esa desorganización crónica que hace que finalmente en Venezuela muchas cosas se resuelvan y salgan bien.

Pero nada más poner un pie fuera del automóvil, al llegar al corazón de la hacienda donde se alineaban las casas de los trabajadores, los depósitos y la impresionante residencia de los dueños, de los que no quedaba ya ni rastro, los efectivos del ejército salen a nuestro encuentro.

Sin autorización era imposible estar allí. «No pueden filmar, no pueden hacer fotos y no pueden hablar con nadie». El responsable militar es tajante y de nada vale contar nuestra historia de desencuentros con el Ministerio de Agricultura ni garantizar nuestras buenas intenciones.

Mientras yo intento in extremis que alguien en el Ministerio de Información me eche una mano desde Caracas, el encargado militar intenta saber por su lado qué hacer con nosotros, los intrusos. Y pasan varias horas.

Con una cierta envidia, observo a un equipo de la televisión Ávila TV, que forma parte de los medios de comunicación oficiales de Venezuela, mientras filma libremente por la hacienda, guiado por los propios militares, y nos dedica una mirada con cierta sorna.

El ajetreo que se respira da a entender que algo se está preparando. «El Presidente va a venir muy pronto», me dice furtivamente una señora, encargada de rehabilitar instalaciones antes de la llegada de Chávez.

Otras personas vienen también a hablarme.

La finca tenía más de 200 trabajadores y una buena parte se marchó en los últimos días sin ni siquiera esperar a sus prestaciones sociales. Los que se quedaron no parecen muy seguros de qué va a pasar con ellos. Algunos cuentan que se está ordeñando a los animales solo una vez al día, que hay demasiados jefes y poca gente queriendo trabajar. Otros esperan que lo prometido por Chávez y su equipo de gobierno sea verdad y sus condiciones de vida mejoren. La hacienda es inmensa, preciosa y en ella se siente aún una antigua grandeza. «El primer tractor que vio mi padre en su vida lo vio en la hacienda Bolívar», me había dicho Barboza.

Poco antes de dar las seis de la tarde, el militar nos avisa de que el portón de entrada se va a cerrar y debemos salir. Nos vamos con las manos vacías. Desde el Ministerio de Información en Caracas nadie ha podido ayudarme, el responsable del Inti en la región jamás me respondió al teléfono.

Finalmente, en los días que pasamos en la zona no logramos conversar con ningún responsable del Ministerio de Agricultura ni con María Malpica, dirigente del Partido Socialista Unido de Venezuela (PSUV) y alcaldesa del municipio Colón, que engloba a Santa Bárbara.

Un día después de nuestra frustrada incursión en la hacienda Bolívar, en el despacho del gobernador del estado Zulia, Pablo Pérez, me doy cuenta de que él tampoco tiene más informaciones que las que nosotros habíamos podido recoger en nuestro viaje al sur del lago de Maracaibo.

Al político opositor se le siente ofendido por la forma en que el ejecutivo ha confiscado las tierras y resentido por esa falta de control sobre el estado que gobierna.

–Yo me hago muchas preguntas que el Gobierno aún no ha respondido. No ha dicho para qué se van a usar esas tierras, qué van a sembrar, si las van a pagar a su valor real o quién las va a ocupar. Hay muchos rumores. Unos dicen que serán para cubanos, otros dicen que son para personas de otros estados. También dicen que las tierras estaban improductivas, pero eso no es verdad. Y si quieren sembrar otra cosa, ¿cuántos años llevará esa transición en las tierras? Yo creo de verdad que ellos no planearon qué van a hacer –me dice.

Ese sábado de enero de 2011 corría el rumor de que Chávez podría presentarse en el Sur del Lago durante la jornada. Pero Pérez tampoco sabe nada al respecto.

–Yo me entero por la prensa cuando él viene –me confiesa.

Hay dos gestiones paralelas que no corren el menor riesgo de encontrarse: Pérez, que con escaso margen de maniobra intenta hacer política y ganar apoyos con los medios que tiene, y un presidente que lo ignora y promete a los zulianos un bienestar que llegará cuando elijan por fin a un gobernador revolucionario.

–Si me invitaran yo iba. Pero no me invitan. Ya estoy acostumbrado. No es bueno, lo reconozco, pero es así. Si el Presidente viene al Zulia, mientras venga con buenas noticias y con recursos, bienvenido sea. Porque el gobierno central está en deuda con este estado desde hace 11 años. Ninguna promesa se ha cumplido –apunta.

***

Finalmente, el Presidente viajó al sur del lago de Maracaibo, a la hacienda rebautizada «Bolívar la Bolivariana», a mediados de marzo, es decir, casi tres meses después de las intervenciones.

«Llegó por fin la revolución al Sur del Lago, para liberar la tierra. ¡Tierras y hombres libres! Tiene que acabarse el latifundio en esta tierra», se felicitó el jefe de Estado al recorrer aquella finca.

Meses después, las informaciones contradictorias se acumulaban. El Inti se congratulaba porque los cultivos de maíz en la hacienda «Bolívar la Bolivariana» pasaron de 50 hectáreas a 210. Paralelamente, los trabajadores protestaban porque la finca se venía a pique, no habían recibido sus salarios, el ganado estaba trasladándose a otras fincas y la producción de leche estaba en caída libre. Los abogados de los dueños reclamaban además que nadie les pagó un bolívar por estas tierras hasta el momento. ¿A quién creer?

Con el correr de los meses, el Gobierno dejó de hablar del Sur del Lago de Maracaibo y de divulgar información. Como ocurre a menudo, otras cuestiones de actualidad eclipsaron este tema, que terminó cayendo en el olvido de muchos.

De las 47 fincas inicialmente afectadas, el «rescate» de tierras se aplicó solo a 31. El tiempo pasó y un año después, solo en 10 o 15 haciendas seguía habiendo presencia militar, según fuentes locales. En algunas, los dueños siguen conviviendo desde finales de 2010 con el ejército y se niegan a abandonar sus casas. La situación legal del resto no está clara y la región vive en un inquietante limbo que la paraliza.

Asociaciones agropecuarias estiman que la producción total de la zona de Santa Bárbara se redujo a la mitad y acusan al ministro Loyo, que dejó su cargo a inicios de 2012 oficialmente por una enfermedad, de haber participado en el robo o desvío de recursos y de miles de cabezas de ganado.

—Seguimos resistiendo y trabajando, amiguita. Para nosotros no hay vuelta atrás. Como te dije, solo lograrán quitarnos del medio si nos matan —me dice por teléfono Barboza a principios de 2012—. Yo los sigo teniendo ahí, en el lindero. Pero nunca entraron», me cuenta, hablando de los efectivos militares.

Barboza ya no se despierta por las noches sobresaltado. Pese a la incertidumbre que sigue planeando en Santa Bárbara, quiere empezar a criar cerdos en los próximos meses y ha impulsado incluso una asociación de productores porcinos en la ciudad.

—La gente aquí es muy trabajadora y muy inquieta. Esta medida del gobierno fue un gran fracaso. Para todos. La región está yendo hacia el abismo, aunque ya falta menos para salir de este ocaso —me garantiza con tono solemne.

«Exprópiese»

Se calcula que durante la gestión de Hugo Chávez se han expropiado unas 900 fincas. Muchas de ellas haciendas emblemáticas de la agricultura y la ganadería o emblemas de la biodiversidad en Venezuela, como La Marqueseña, en el estado Barinas, tierra natal de Chávez, o el hato El Frío, en el estado Apure.

—Mi pregunta es qué pasa con esas tierras que tiene el gobierno y que no están productivas. Existe una contradicción y no hay respuesta para eso —me había lanzado el gobernador Pablo Pérez durante nuestra entrevista.

La Federación Nacional de Ganaderos (Fedenaga) de Venezuela estima que la mayoría de los dueños de estas tierras confiscadas no ha recibido por ellas el precio justo que estipula la Constitución, sino en el mejor caso un pago por sus activos. La Carta Magna venezolana garantiza el derecho a la propiedad y dice que solo por causa de «utilidad pública o interés social, mediante sentencia firme y pago oportuno de indemnización, podrá ser declarada la expropiación de cualquier clase de bienes».

En muchos casos, el Gobierno argumenta que se trata de tierras improductivas o baldías o niega que se trate de una propiedad privada, sino del Estado. Sería por tanto imposible llamarla «expropiación».

Es difícil saber qué ocurre en el interior de estas haciendas una vez que pasan a manos del Estado y su acceso queda restringido. Por boca de trabajadores salen a la luz problemas laborales, retraso en los pagos, un frecuente deterioro de las infraestructuras y el hundimiento de la producción. Ante todo parece imperar una improvisación y un desconocimiento permanentes.

Hace ya varios años, en un *Aló Presidente*, el programa dominical de Chávez por radio y televisión, un agricultor anciano dijo al mandatario que las vacas que habían llevado a aquella finca nacionalizada no daban leche porque aquella tierra nunca fue buena para el ganado. En otra hacienda confiscada, detractores del Gobierno denunciaron que la abnegada y experta mano de obra traída especialmente de China no consiguió cultivar arroz porque la región era impropia para este tipo de siembra.

Desde el ejecutivo, el mensaje ha sido diferente: la tierra se cultiva y se distribuye y los trabajadores se sienten realizados sin el yugo opresor del latifundista.

Pero faltan cifras precisas que sustenten este optimismo.

En 2011, 32.000 familias campesinas habrían recibido un título de adjudicación de tierras –y no de propiedad– por parte del ejecutivo, gracias a estos rescates. Todo ello sumaría un millón de hectáreas.

«Puede haber ocupantes y productores de la tierra, pero si no la ocupan bien, si no la producen bien, pierden sus derechos y llega entonces la ley», ha dicho Chávez.

En la práctica, las metas del Gobierno en el campo venezolano parecen estar lejos de lograrse después de 13 años de gestión. El sector privado lleva años denunciando que la producción en las tierras expropiadas se ha reducido y las condiciones económicas de sus trabajadores han empeorado. El propio Ministerio de Agricultura tuvo que reconocer que en 2011 la producción nacional de productos como el maíz, soja, azúcar o plátano había registrado un descenso.

Desde 2007, el gobierno venezolano se ha convertido en un gran empresario y ha tomado el control de múltiples industrias de prácticamente todos los sectores de la economía. Nacionalización, expropiación, adquisición forzosa o rescate: los términos son múltiples para finalmente definir una misma realidad.

El ejecutivo tiene las riendas de empresas clave de la cadena alimenticia, desde productores de fertilizantes hasta fabricantes de envases o cadenas de supermercados y ha decretado nacionalizaciones o expropiaciones de empresas de cemento, petróleo, siderurgia, telecomunicaciones, electricidad, transporte, entes financieros y bancarios, entre otros.

En los últimos 10 años, se calcula que el Gobierno ha tomado el control por diversas vías de más de 1.400 empresas de tamaños y sectores diferentes y ha pagado únicamente a un 10% de ellas, según datos de la confederación de industriales (Conindustria).

* * *

En la cabeza de muchos venezolanos quedó grabado aquel *Aló Presidente* de febrero de 2010 en el que Chávez, paseándose por la plaza Bolívar de Caracas, iba expropiando edificios señalándolos con el dedo. «Exprópiese, exprópiese. ¿Ese edificio qué es? Exprópiese». La situación parecía de una improvisación que generaba miedo. Daba la sensación de que Chávez actuaba por un pálpito del momento, solo se aseguraba de que lo que estaba confiscando no le perteneciera ya y seguía adelante.

«Exprópiese».

Los asistentes aplaudían y el alcalde del municipio, el oficialista Jorge Rodríguez, acataba la orden y asentía. «Perfecto, comandante, ¡cómo no!».

Según Chávez, el centro histórico de Caracas, concretamente la plaza que lleva el nombre del Libertador, no podía estar inundado de vulgares comercios. La expropiación se materializó en un tiempo récord.

Horas después, los propietarios de las tiendas de La Francia, un edificio que reunía a unas 90 pequeñas joyerías, ya sacaban sus mercancías entre lágrimas e una impotencia rabiosa. Muchos de ellos llevaban 30 o 40 años trabajando en aquel lugar y la mayoría de ellos se enteró de la decisión del Presidente por televisión o por una llamada angustiada de un amigo o colega. No les cabía la menor duda de que el Presidente cumpliría lo dicho y ni esperaron la notificación oficial para trasladar las joyas y el oro a un lugar seguro.

—Uno puede dejar de tener su empresa en dos segundo —me decía Freddy Chacón, perdido en el laberinto de pasillos de La Francia, donde los propietarios sentían por encima de todo que eran víctimas de un capricho de Chávez.

El «exprópiese, exprópiese» del Presidente resonó durante meses en sus cabezas.

—Nos quitó todo, riéndose y burlándose del pueblo. Ese es Chávez —lamentaba, rabioso, Manuel Garrido, orfebre desde hace más de 40 años en un pequeño establecimiento de La Francia.

Afuera, un reducido grupo de venezolanos gritaba consignas progobierno y los llamaban «escuálidos» y «capitalistas». La Francia estaba a escasos metros de la llamada «Esquina Caliente» de la plaza Bolívar, un foro de pasión bolivariana, que sirve desde hace años de punto de encuentro de encendidos chavistas que se reúnen para hacer análisis sobre la situación política venezolana e internacional durante horas mientras ven en un viejo aparato Venezolana de Televisión (VTV), la cadena oficial del Gobierno. No es raro pasar por allá y ver cómo un hombre, más chavista que el propio mandatario, repite en tono convencido las mismas ideas expresadas por el jefe de Estado en su último *Aló Presidente*, ante los aplausos de los presentes.

Dos años después de las expropiaciones, La Francia ha servido para algunas exposiciones del Gobierno y sus dueños anteriores no han recibido ninguna indemnización. Pocos de ellos han conseguido reinstalarse en otro lugar y rehacer el negocio. La Constitución venezolana les garantiza el derecho a un pago justo, pero ninguno ha abierto juicios contra el Estado por considerarlos perdidos de antemano.

En cifras, y según los cálculos de la firma Ecoanalítica, el ejecutivo de Chávez habría gastado en nacionalizaciones unos 34.000 millones de dólares y habría pagado alrededor de 11.500 millones hasta ahora. El Estado venezolano tendría unos 20 litigios en instituciones internacionales debido a esta falta de acuerdo en los pagos con las firmas nacionalizadas.

Un estudio del Centro Gumilla realizado entre los sectores populares venezolanos concluyó que un 51,9% de los encuestados cree que las expropiaciones no resuelven los problemas de las comunidades. Un 53,9% llega más allá al considerar que perjudican a las clases sociales más necesitadas.

* * *

Jorge Botti cree que el gobierno de Chávez peca de ingenuo si cree de verdad que puede administrar mejor que el sector privado las empresas expropiadas.

El nuevo presidente de la patronal venezolana Fedecámaras no quiere basar su gestión en un simple enfrentamiento con el poder, con un Estado convertido en el gran empresario del país, pero las nacionalizaciones son el tema álgido del sector al que representa, las que hacen cundir el miedo, desalientan la inversión y estancan la economía.

–Venezuela no es una isla, es una sociedad abierta que no se puede cerrar. Esa realidad nadie la puede cambiar –zanja.

Los ataques del Gobierno hacia el sector privado se basan en razones más ideológicas que prácticas. El ejecutivo, aunque no lo reconoce, pareciera no contar de facto con la iniciativa privada para sacar adelante el país y recurre a países aliados como Bielorrusia o Rusia para proyectos de gran envergadura, como su plan de construir dos millones de casas.

–El país está en el piso –me dice Botti en una larga entrevista en su despacho.

Entre los empresarios venezolanos cunde desde hace años un pragmático «sálvese quien pueda». La inseguridad jurídica, las amenazas de expropiación, la inflación y los controles gubernamentales a la hora de obtener divisas, fijar precios y distribuir productos convierten la vida de los pequeños emprendedores en una carrera de obstáculos sin fin.

–El Presidente decreta muchas expropiaciones porque hay grupos de poder que lo convencen de hacerlo. Y detrás de esas empresas se colocan burócratas que las administran durante un tiempo, las secan, se hacen millonarios y se acabó. No es que tengamos un ejército convencido del socialismo del siglo XXI y sus principios. Puede que algunos sí estén conquistados ideológicamente, pero lo que hay debajo es una gigantesca estructura corrupta –sigue diciéndome.

A mi cabeza vienen las declaraciones de trabajadores de empresas nacionalizadas como la Siderúrgica del Orinoco (Sidor), pidiendo al Presidente que no se deje convencer por lo que sus ministros le cuentan, porque las cosas, dentro de la empresa, van de mal en peor desde la salida del grupo privado argentino Techint.

Recuerdo también mi conversación con una persona que participó en la negociación para la toma de control de las cementeras y explicaba que los informes sobre producción de cemento en Venezuela que Chávez tenía en sus manos el día en que tomó su decisión eran incorrectos y estaban desactualizados.

Cuando dichas cifras fueron cuestionadas por los responsables de las empresas, reunidos con el Gobierno, el malestar fue en aumento y las críticas a las empresas arreciaron. Ese hecho terminó de confirmar la nacionalización-expropiación de Cemex, Holcim y Lafarge.

—Chávez tomó esa importantísima decisión así, con cifras obsoletas en la mano —me garantizaba esta persona.

Pese a que en Venezuela reine un clima de incertidumbre poco propicio para los negocios, el afán de consumo y la inversión siguen retroalimentándose en el país, con un chorrito de petróleo que pareciera inagotable como telón de fondo.

—En siete u ocho años se han construido unos 100 centros comerciales en Venezuela. Con un poco de sensatez y locura el emprendedor venezolano asume los grandes riesgos, porque sabe que el comunismo o este neocomunismo no son viables en el país. La tentación de irse siempre está también presente, pero finalmente aquí se siguen haciendo negocios rentables —explica Botti.

El empresario que corre el riesgo y se queda en Venezuela se lleva un pedazo de tarta mayor que el que hubiera obtenido hace algunos años porque la competencia es menor.

Y más que dominar su oficio, la mayor habilidad que se le exigirá al dueño de esta empresa será conocer a las personas correctas para sortear controles, obtener divisas y poder seguir trabajando. Dicho por el responsable de Fedecámaras, organismo que según él representa a 200.000 empresas.

—Estamos como atravesando el desierto y esperando a que llegue la tierra prometida. «Yo me comí las verdes y me quiero comer las maduras», decimos los empresarios. Pero los pequeños tienen gran dificultad para sobrevivir.

Botti es un cincuentón hablador, «echado p'alante» y pragmático. Quiere lavar la cara de Fedecámaras, lograr que la sociedad la vea de otra manera y deje de asociarla a la política, sobre todo al golpe de Estado fallido contra Chávez en abril de 2002, cuando Pedro Carmona, entonces presidente de la patronal, fue proclamado jefe de Estado del país por algunas horas.

El responsable de Fedecámaras insiste en que la patronal quiere hacer alianzas con todos los actores sociales: trabajadores, sindicatos, políticos, académicos, gobierno, para «blindarse pase lo que pase». El fin no es únicamente la subsistencia, me insiste, sino la prevalencia de la empresa privada.

—Uno tiene que tener presente cuál es su papel y nosotros tenemos que dejar claro que no somos actores de poder. Esto hay que decirlo abiertamente después de lo que pasó en 2002. Pese a que no fue esta institución la que actuó, sino que fue su presidente de la época quien asumió la jefatura del Estado. Ese acto arrastró a Fedecámaras e hizo que el resto de los actores pierda la confianza en nosotros.

En el discurso de Botti, una frase se repite: «Tender puentes».

Algo está pasando en el país. Venezuela vive la antesala de grandes entendimientos políticos, me garantiza. Fuera de cámara, hay gente con poder que entendió que una sociedad partida en dos no lleva a ninguna parte. Entre dos partes que aparentemente no se hablan y no se ven, la sensatez se estaría finalmente imponiendo y los contactos van en aumento.

Todos ellos, claro está, a espaldas de Chávez.

—Hay instancias en el Gobierno que sienten que se agotó su tiempo y están buscando formas de preservar espacios de poder político y económico sin el presidente de la República. Esto se ha agravado tras la enfermedad de Chávez. Es natural porque esta revolución está sustentada en un solo hombre. A eso se suma que las políticas públicas no están dando fruto, la economía no funciona, las infraestructuras no sirven y hay manifestaciones todos los días.

La sociedad venezolana pareciera haber sido castrada de su capacidad creativa y el modelo de vivir del Estado da signos de agotamiento. Desde hace 30 años, la inversión privada se ha desmoronado. No sirve de nada echarle la culpa a Chávez porque ni siquiera estaba en el poder. De participar en un 19%

en el PIB en la década de los 70, la inversión privada pasó a un 4% actualmente. Fedecámaras, «si cambia el escenario», apuesta por triplicarla en tres años.

–Mi noción de progreso es muy diferente a la de Chávez. El socialismo del siglo XXI propone una sociedad igualada hacia abajo, con esclavos agradecidos hacia un gobierno dadivoso. El «vivir viviendo»[14] que Chávez predica nos deja ver las escasas aspiraciones que tiene ese plan del Gobierno. Vivir viviendo es como dejar pasar –afirma Botti.

Para él, la visión de progreso de Fedecámaras se fundamenta en la igualdad de oportunidades para todos los ciudadanos y tiene tres objetivos: «Estabilidad económica; garantizar el abastecimiento, es decir, que los ciudadanos decidan qué comprar y dónde comprar, y crear empleo productivo».

El presidente de Fedecámaras, hijo de inmigrantes italianos, creció con una frase de su padre: «No hagas política y ocúpate de los negocios». Pero hoy en día, parece por momentos un político encendido, sin carné de partido, pero entusiasmado por el momento que vive Venezuela.

–Siempre le deberemos a Chávez el hecho de que la política se metió en nuestras vidas para siempre –admite, a carcajadas, antes de recuperar el gesto serio–. Mira, los venezolanos estamos hoy ante la necesidad urgente de refundarnos como país. Yo no entiendo cómo no hay más conflicto social. Veo que en Chile salen a la calle 50.000 estudiantes para reivindicar sus derechos y aquí ha pasado de todo y nunca hemos llegado a esas cifras. ¿Es una sociedad indiferente o va a estallar algún día? Me sorprende ver cómo somos mansos. Francamente, no sé de dónde sacó Bolívar que somos un bravo pueblo, como dice nuestro himno nacional. Al menos ahora no lo somos.

---

[14] Chávez acuñó la expresión «vivir viviendo» al lanzar su programa social Gran Misión Vivienda Venezuela en 2011, en oposición al «vivir muriendo» al que, según él, el capitalismo condenó al pueblo venezolano. «El capitalismo condenó al pobre a la miseria, a los barrios miserables a vivir muriendo y la revolución le va a dar cada día más vida verdadera: vivir viviendo, de eso se trata», dijo el jefe de Estado.

Pero Botti mide sus críticas hacia Chávez, controla su entusiasmo ante un posible cambio de gobierno y bajo sus palabras late incluso una cierta e incómoda admiración hacia el jefe de Estado: «Tiene un capital político fortísimo, envidiable para cualquier otro líder».

Sabe que subestimarlo sería de nuevo el gran error del gremio. Idéntica equivocación sería enaltecer a su adversario, Henrique Capriles.

–Estamos ya viviendo dos procesos de transición simultáneos: uno hacia el socialismo del siglo XXI y otro hacia un reentendimiento político democrático. La diferencia entre los dos es que en el segundo cabemos todos y en el primero, no. Hay grandes cambios en marcha, pero eso sí, tenemos que entender que el próximo presidente de Venezuela detrás de Chávez tiene que estar tras la grandeza y no tras el poder. Si no, no habremos entendido nada.

¿Ser rico es malo?

En Venezuela, las definiciones de socialismo son muchas. La palabra, desgastada hasta vaciarse, impregna el discurso del Gobierno y de los seguidores de la revolución bolivariana. En Venezuela, hoy ser socialista se asimila a ser chavista y para una gran parte de la población es complicado entender que se puede ser perfectamente socialista y estar contra el Presidente.

¿Qué es el socialismo?

«Es el sistema que nos hace sentir personas, que nos garantiza que nosotros valemos tanto como los que tienen dinero», dirá Carmen Rosa Aponte, «Camencho», de la barriada La Bombilla de Caracas.

«Es disfrutar del petróleo todos por igual: tener acceso a una casa digna, saber que tu hijo irá a la universidad, que podrá tener una beca», opinará Luis Ramírez, vecino del barrio 23 de Enero, en la capital venezolana.

«Socialismo es un sistema que tiene en cuenta a quienes hemos sido olvidados por todos los gobiernos hasta que llegó Chávez», me dirá María Hernández, alumna a sus casi 80 años de la Misión Robinson, programa social con el que aprendió a leer y escribir.

«Socialismo es ser independientes, no estar sometidos a otros países. Y que los ricos no piensen que tienen todos los derechos en este país», explicará Óscar, uno de los asiduos de la llamada «Esquina Caliente» de la plaza Bolívar de Caracas, donde se dan cita adeptos del Gobierno cada día.

«Socialismo es lo que nos está llevando a la ruina de la mano de Chávez», me dirá también Liz María Guzmán, empleada en una casa de la zona este de la ciudad. Porque ser pobre no es forzosamente sinónimo de chavista en la Venezuela de hoy.

Luis Vicente León, responsable de la encuestadora Datanálisis, considera que durante años la oposición se ha concentrado en problemas importantísimos pero abstractos como la libertad de expresión o la defensa de la democracia mientras que Chávez, aunque también tiene una tendencia a ser vago cuando habla de la izquierda o de la revolución, sabe dar un contenido muy concreto a su discurso.

–¿Qué significa socialismo? Plata, becas, comida, hospitales… Chávez ha sabido transmitir la idea de que se preocupa de verdad por la gente y por sus problemas más urgentes. Por eso es tan apreciado –considera.

En 13 años, el presidente venezolano ha enseñado también a los venezolanos a conocer y reivindicar sus derechos, los ha despertado de una especie de letargo y los ha puesto en el centro de su forma de hacer política.

Un estudio del Centro Gumilla realizado entre las clases populares venezolanas apunta que un 52,1% de los encuestados cree que el socialismo es el mejor sistema de gobierno frente a un 41,4% que considera que el capitalismo es más deseable.

En estos estratos humildes, el socialismo se asocia con ilusiones, inclusión, más igualdad y futuro, mientras que el capitalismo trae a la cabeza el pasado, la sensación de no existir para el gobierno y, por tanto, provoca un gran rechazo.

En 2005, Chávez lanzó su idea de socialismo del siglo XXI. Mucho se ha escrito sobre ella sin que los pobres mortales lleguemos a entender en la práctica en qué se parece y en qué se diferencia esa doctrina de las ideas de Karl Marx o simplemente del modelo aplicado en Cuba.

No hay discurso de Chávez que no lleve la palabra «socialismo»: Cristo era socialista, la explotación del petróleo debe ser socialista, el socialismo es el único camino hacia la justicia y la libertad, el socialismo construirá una nueva Venezuela, el socialismo es el amor, solo en socialismo tendremos patria. La lista es interminable.

El Presidente ha dado múltiples definiciones al término y lo ha ido puliendo en su cabeza, sin preocuparse demasiado al final de si sigue los postulados de los padres del socialismo o se ha convertido ya en algo sui generis, en un socialismo *made by Chávez*.

Si se lee al inventor del término «socialismo del siglo XXI», Heinz Dieterich, antigua persona de confianza de Chávez, una democracia plenamente participativa, un verdadero poder popular y una sociedad donde el Estado no esté por encima de los individuos serían los pilares de esta ideología.

Sin embargo, ¿el presidente venezolano va por ese camino? ¿El rentismo venezolano está evolucionando hacia otro modelo? Según Dieterich, no. Venezuela no ha sabido sembrar ese nuevo socialismo genuino, adaptado a las circunstancias y a las sociedades del siglo XXI.

«La gran oportunidad de Chávez de construir el primer socialismo científico y democrático del siglo XXI se ha perdido para siempre. Y la estructura presentada como tal, efectivamente, no pasa de ser más que una humilde choza levantada sobre los cimientos del rascacielos construido por Marx y Engels»[15], ha dicho este profesor alemán.

---

15 Entrevista a la página web Kaos en la Red, agosto de 2011.

Margarita López Maya, historiadora y coordinadora de los dos volúmenes *Ideas para debatir el socialismo del siglo XXI*, me contaba que cuando hicieron los talleres que servirían de base para el libro, nadie del Gobierno asistió, lo cual provocó una gran decepción. Las contadas excepciones fueron el general Alberto Müller Rojas, hoy fallecido, y Marta Harnecker. Aventurarse a dar opiniones sobre algo que muchos adeptos del Gobierno tampoco tenían muy claro qué era, con el riesgo de que lo dicho fuera contrario al pensamiento del Presidente, hacía palidecer de miedo a más de uno.

Los pocos académicos progobierno que participaron en el debate tampoco supieron aportar con audacia elementos nuevos sobre ese nuevo modelo socialista y se limitaron a las críticas a lo ya existente.

—El socialismo en Venezuela es el socialismo chavista. Es lo que Chávez dice y él se asesora a discreción —me decía tristemente López Maya.

Para esta izquierda crítica, desde hace 13 años los cambios en Venezuela parecen ser guiados desde arriba y el poder real de las misiones sociales, los consejos comunales o las bases del partido en el poder, el PSUV, se limita más bien al que les otorga el Gobierno.

—Esto no es democracia participativa. Es otro proyecto. Chávez lo ve como una profundización de la democracia participativa pero no, es algo personalista, autoritario, donde todo depende del presidente de la República. Hasta los sectores populares dependen de él —agregaba López Maya.

Justamente en esas barriadas de Caracas donde Chávez antes generaba una ilusión desmedida, se siente ya un creciente desencanto hacia el sistema de gobierno.

Los altos índices de violencia, la presión para que sus habitantes se inscriban en el partido del Presidente, el PSUV, o los manejos poco claros de algunos líderes comunitarios molestan cada día más, aunque Chávez siga despertando esperanzas y se le agradezcan los subsidios, el médico cubano o las becas de estudios.

***

Más que hablar de actualidad política, inflación o nacionalizaciones, las entrevistas con Alí Rodríguez se prestan para analizar el socialismo de Chávez, sus retos y sus errores. Antiguo guerrillero, este hombre de confianza del presidente venezolano se define a su avanzada edad como un revolucionario y garantiza que el socialismo del siglo XXI se está abriendo camino pasito a pasito. Lúcido, es también uno de los pocos miembros del Gobierno que sabe reconocer que los planes se quedan muchas veces en el papel y que, finalmente, el proceso puesto en marcha con Chávez está aún empezando a andar.

–Para mí está claro: nos dirigimos a una combinación de factores que permitan la prosperidad del país y el desarrollo de la economía nacional, dentro de un esquema de distribución que permita sostenidamente elevar la calidad de vida de la población –me explica, mientras por los ojos se le escapa, describiendo ese país soñado, un brillo propio de un joven de 20 años.

Alí Rodríguez es en el momento de esta entrevista en 2008 ministro de Economía. Ha sido titular de Relaciones Exteriores y de Energía y Petróleo y estará posteriormente a cargo de la cartera de Energía Eléctrica.

La gran frustración para idealistas como él es que los valores socialistas predicados por Chávez desde hace 13 años no hayan sido aceptados realmente por la sociedad.

A los mismos venezolanos que claman la consigna «Patria, socialismo o muerte» los veremos paseando de la mano de su novia el sábado por la tarde en un centro comercial, ahorrarán para comer en una cadena de comida rápida norteamericana, irán al cine con refrescos de dos litros y cotufas de un tamaño superlativo, presumirán de reloj de marca o carro nuevo, se operarán los senos y soñarán con veranear en Miami.

Ese es el venezolano medio. Consumista, gastador, presumido, muy cercano en espíritu a Estados Unidos –hasta su léxico está impregnado de anglicismos– y celoso de lo que es suyo, sea una casita precaria o una flamante mansión en el Country Club caraqueño.

—Hay una gran brecha entre retórica y realidad en Venezuela. El Presidente no ha cambiado los valores del venezolano. La inclusión que Chávez promulga se ha dado a través del consumo: te doy refrigeradores, te doy casa, te doy comida. El individualismo en Venezuela es rabioso, sobre todo en los sectores populares, donde la gente solo sobrevive, y es opuesto a ese socialismo que este gobierno tiene metido en la cabeza —según la historiadora Margarita López Maya.

Las encuestas de la firma privada Datanálisis también llevan años mostrando que en torno a un 80% de la población no está de acuerdo con la idea de que «ser rico es malo». La mayoría valora además la propiedad privada y siente miedo de que Venezuela lleve camino de convertirse en una segunda Cuba.

Ese abismo entre política y vida real no ha agrietado de forma significativa, al menos hasta el día de hoy, la adhesión sentimental, casi religiosa, que decenas de miles de venezolanos tienen con Chávez.

—¿Cómo concibo yo el socialismo? —dice Alí Rodríguez mientras piensa bien la respuesta—. El socialismo implica un cambio en la cultura, en el sistema de valores y en la ética que debe regir el comportamiento de una sociedad: una ética del trabajo. Y Venezuela sigue siendo un país rentista, con una mentalidad rentista y unos valores rentistas. El gran reto de este proceso socialista es el cambio del sistema de valores éticos en la sociedad venezolana y hay un largo trayecto por recorrer.

Pero por ahora, cuando se va a un centro comercial, de los múltiples que hay en Caracas, y se ve la cantidad de gente que lo frecuenta y sueña con todo lo que ve en las vitrinas, uno se plantea si de verdad en Venezuela hay una revolución en marcha.

—Exactamente —me concede el ministro, en una respuesta que pocos miembros del gobierno de Hugo Chávez darían con semejante naturalidad—. Con propiedad no podemos hablar de revolución sin cambio en la mentalidad. Eso no cae del cielo:

no se puede decir «hágase austeridad, hágase un nuevo sistema de relaciones». Esa es una larga lucha porque te enfrentas a las fuerzas del pasado que tienen mucha presencia hoy.

Alí Rodríguez, creo que una de las pocas personas a las que Chávez habla siempre con respeto y un cierto cariño, me parece, conforme avanza la conversación, un estoico fraile de la revolución, coherente y firme con su forma de pensar, pero con una idea de sociedad perfecta que, me temo, no es compartida por la mayoría de los venezolanos del siglo XXI.

«Es verdad que el socialismo no se hace por decreto». La declaración no tiene nada de explosivo, pero era sorprendente en boca de Elías Jaua, vicepresidente venezolano y una de las personas más cercanas y fieles a Chávez[16].

Jaua resulta una persona perturbadora, con una mirada que indica que dentro de él están pasando muchas cosas pero no deja traslucir casi ninguna. Nunca lo vi reírse a plena carcajada, a diferencia de Chávez, y en el propio Gobierno tenía reputación de «talibán», de radical y de convencido.

—El socialismo se ha venido construyendo y seguirá construyéndose. Es una batalla de largo aliento –admite el vicepresidente, citando como ejemplo avances en la salud, educación, vivienda digna, derecho a la tierra de los campesinos o el control del Estado sobre las empresas estratégicas–. Todo eso es parte del socialismo. Nuestro socialismo. No vamos a imponer al pueblo venezolano un modelo socialista ideado en un laboratorio o copiado de la extinta URSS. Nosotros estamos construyendo nuestro socialismo, el socialismo bolivariano, venezolano –garantiza.

Para el exguerrillero y militante de izquierda venezolano Américo Martín, habría sobre todo que preguntar a Chávez qué entiende él por socialismo, casi 60 años después de que un congreso del partido comunista de la URSS rechazara la «dictadura de un partido y de su máximo líder».

---

[16] Entrevista a la pagina web de información Noticias 24, enero de 2012.

—Pero el partido de Chávez, el PSUV, está formado desde el poder y los liderazgos son suministrados por el Gobierno, es decir la jerarquía se establece por el grado de sumisión al jefe y no por un currículum de militancia. Tenemos un presidente que es el súmmum del culto a la personalidad, concentra todo el poder del Estado, del partido y tiene el cinismo de declarar que el PSUV no necesita primarias porque él ya es el Presidente y el candidato. Eso es socialismo –ironiza.

«Corre que llegó el aceite»

—Presidente, no hay azúcar en el supermercado.

Era agosto de 2010. Situadas en primera fila por los responsables del palacio de Miraflores para una rueda de prensa de Chávez, una compañera de otra agencia internacional y yo logramos dirigirnos a él antes de que empiece la ronda de preguntas.

Las cámaras están aún apagadas. Chávez tiene un buen día, se muestra afable y se salta el guión para conversar animadamente con los periodistas.

–¿Cómo que no hay azúcar? Sí hay –nos responde, con el tono persuasivo que acostumbra a usar.

Nos miramos y le replicamos, casi sin pensar: «Presidente, hace semanas que está faltando el azúcar en los supermercados. Con todo nuestro respeto, ¿desde cuándo usted no hace la compra?».

Piensa rápido, no quiere que ese comentario le agüe el día o la rueda de prensa y llama secamente a su ministro de Alimentación, Carlos Osorio, que está unos pasos por detrás, en el mismo salón. «Me dicen estas compañeras que no hay azúcar. ¿Qué es esto?».

El ministro, después de lanzarnos una miradita de odio, explica al «jefe», como llaman muchos de sus colaboradores a Chávez, que ha habido algún problema menor en el suministro y están esperando para esa semana un gran cargamento de azúcar de Brasil. «Nada grave, Presidente», le garantiza.

Y Chávez parece quedar satisfecho con la explicación, al menos de cara a la prensa.

No obstante, durante varios días, los departamentos de comunicación de diversos ministerios nos bombardearán con correos electrónicos explicando cuánta azúcar circula en Venezuela, país tradicionalmente productor, cómo aumenta la producción nacional, cuándo llegan las importaciones y asegurando que el consumo de azúcar para el pueblo está más que garantizado.

Es prácticamente imposible lograr saber si Chávez está informado de lo que realmente pasa en la calle, si quiere saberlo o si cierra los ojos y concentra su batalla en otros campos, a su juicio, prioritarios. El Presidente parece vivir en una burbuja y cree a menudo en el mundo ideal que le presentan sus ministros, sin dejar que las dudas o la curiosidad le distraigan del camino marcado.

Es imposible no acordarse de los últimos pasajes de *El otoño del patriarca*, de Gabriel García Márquez: «Había sabido desde sus orígenes que lo engañaban para complacerlo, que le cobraban para adularlo (...) pero aprendió a vivir con esas y con todas las miserias de la gloria a medida que descubría en el transcurso de sus años incontables que la mentira es más cómoda que la duda, más útil que el amor, más perdurable que la verdad».

Más de una vez, en las horas de espera que normalmente preceden a una aparición del Presidente, he podido asistir a la clase de aleccionamiento del público presente. «Cuando el Presidente venga y pregunte si ya recibieron el diploma, digan que sí».

Solo si una mujer se salta el protocolo y le pide ayuda para su hermana, que está de parto y no la reciben en ningún hospital, o un niño consigue llegar hasta él y le cuenta que su hermano mayor fue asesinado en la barriada o si un grupo de vecinos, harto por la ineficacia del Gobierno, acaba increpando a Chávez sobre el incumplimiento de muchas promesas, el Presidente parece aterrizar brutalmente.

Y reacciona con sorpresa, piedad, enojo o con una cierta frialdad que lo hace sentir a salvo, cuando todos ellos le hacen sentir, como ya ha ocurrido: «Presidente, la culpa es también suya».

Ese adiestramiento del público también se aplica hasta a los periodistas, si están invitados. «Cuando él entre, no vayan todos hacia él con los grabadores. Déjenlo respirar y si les pregunta si almorzaron, respondan que sí».

Era un placer generalizado responder a Chávez que no habíamos comido. Un acto de rebeldía pequeño y tonto para compensar frustraciones profesionales más importantes.

Pero volvamos al azúcar y a Miraflores. «Sea quien sea el que atente contra la alimentación del pueblo, se aplicará la ley», nos dice Chávez aquel día, antes de despedirnos.

Pero la realidad es que los venezolanos llevan años conviviendo con la escasez y el desabastecimiento, perdieron la cuenta de cuándo fue la última vez que pudieron escoger entre dos o tres tipos de azúcar o marcas de leche o lograron comprar el 100% de la lista de su compra en un solo lugar.

Según datos oficiales, en enero de 2012, de cada 100 productos que un venezolano quería comprar en un supermercado, más de 16 habían desaparecido de las estanterías.

Hubo un tiempo en que ser venezolano era prácticamente garantía de riqueza y abundancia. Esa es la imagen que yo tenía en la cabeza: una especie de república petrolera próspera, en la que los dólares asomaban por los bolsillos de la gente, se respiraba opulencia y se vivía con esa tranquilidad que da el goteo interminable del maná del crudo.

Comprendí que me había equivocado radicalmente la primera vez que fui al supermercado.

Los venezolanos hacen más bien malabarismos entre la inflación y la escasez para llenar su nevera, sin dejarse el salario en la caja de los supermercados, sean privados o parte de la red gubernamental.

Las nacionalizaciones o expropiaciones de empresas extranjeras y locales solo han agravado en los últimos años la ya de por sí pobre oferta de un país acostumbrado a vivir de su petróleo.

No encontrar papel higiénico, beber leches de diversos países sin hacerse ninguna pregunta sobre la calidad, ver cómo productos que se han consumido toda la vida desaparecen de los mercados, pagar ocho por lo que hace dos o tres meses se pagaba cuatro, recorrer varios comercios para completar una lista de la compra correcta, llegar a una panadería y ver que no hicieron pan porque no hay harina de trigo o no encontrar café, pero tener la opción de elegir entre varios tipos de champán importado, son ya parte de la rutina del venezolano y de cualquiera que se instale en el país.

Paseando con sus carritos semivacíos entre los estantes de un supermercado de la zona este de Caracas, numerosos clientes se lamentan en voz alta: «Cómo ha subido todo, no hay derecho», «La fruta es un lujo y la carne también», «No ha llegado la leche», «Corre, que llegó el aceite y solo dejan comprar dos botellas», «Hoy finalmente pude encontrar papel higiénico».

Escuchándolos pienso que son comportamientos más propios de un país terriblemente pobre, saliendo de un conflicto, aislado del mundo y anclado en el tiempo. Todo lo que Venezuela no es.

Lo peor es acostumbrarse.

Darse cuenta de que, con el tiempo, convivir con una escasez cíclica se ha convertido en algo normal. Hace falta salir, si es posible a países con menos recursos, para percibir que algo va mal, para deplorar esa funesta combinación de las políticas públicas poco acertadas con la mentalidad de una gran parte de los ciudadanos, que parecieran querer vivir del Estado y de los pozos de crudo para siempre, sin aprovechar la bonanza petrolera para construir un país verdaderamente próspero.

* * *

—¿Por qué las estanterías de los supermercados venezolanos están vacías?

—Esta es una lucha entre un sector privado, que privilegia sus intereses y trata los alimentos como una mercancía, y un gobierno socialista que privilegia el bienestar de la mayoría –me responde Félix Osorio, en 2009 ministro de Alimentación de Venezuela.

Dos días antes, furibundo, Chávez había ordenado la intervención de unas plantas procesadoras de arroz del grupo privado Polar, que supuestamente no estaban cumpliendo con los porcentajes legales de producción del producto, cuyo precio está regulado. La empresa debía producir un 80% de arroz blanco y un 20% de arroz con condimentos y sabores, cuyo precio no está establecido por ley. Según Osorio, los porcentajes estaban invertidos.

Tomando cartas en el asunto y amenazando con una expropiación, el Gobierno desea poner orden e impedir la escasez. Pero su decisión está rodeada de una gran confusión en un país que almuerza y cena con arroz.

—El Presidente es muy expresivo, ya lo sabes tú. Primero hay que pensar cómo decirle esto: «Mire, comandante, estos carajos tenían 400 toneladas en el depósito y el 90% estaba fuera de la regulación». Él al principio no lo cree, luego se indigna y lo dice ante la cámara con ese dolor, porque él es demasiado humano. Lástima que la gente no lo entienda a veces así –me explica Osorio, exsecretario personal del jefe de Estado.

El tira y afloja entre el sector privado y el Estado no conoce tregua desde hace años. Los dólares para las compras en el exterior de los empresarios los concede el Gobierno, muchas veces a discreción. Como bien describía el presidente de Fedecámaras, Jorge Botti, sortear bien estos obstáculos es hoy la primera cualidad exigida a un industrial venezolano.

El Gobierno regula además los precios de diversos alimentos de la cesta básica y controla porcentajes de producción. Para el sector privado, el peso es excesivo y lleva en muchos casos a la quiebra, ya que solo el Estado tiene la posibilidad de trabajar perdiendo dinero y de vender más barato de lo que cuesta producir, en un país con una inflación que lleva años rondando el 30%.

Marcos, regente de una carnicería, vecino y amigo, me explicaba la dificultad cada día mayor para respetar las normas del Gobierno siendo un comerciante pequeño, para sobrevivir a cada inspección, para mantener gran parte de la carne a precio regulado y sacar al mismo tiempo el beneficio con el que pagar a sus empleados.

«Esta semana cierro», me decía siempre. Hasta hoy su local sigue abierto, me imagino que con tanto esfuerzo como astucia.

El control de cambio en vigor, prácticamente financiado y subsidiado por el Estado, hace que la situación sea aun más esperpéntica. Por muchos esfuerzos que el Gobierno invierta en controlar el mercado negro del dólar y por domar la tasa de cambio, la picaresca del venezolano parece estar siempre por encima de esas barreras oficiales de 4,3 bolívares por cada dólar.

Los dólares otorgados por el Estado nunca bastan en este país ávido de billetes verdes y netamente importador.

Y el objetivo es siempre conseguir divisas. Como sea. Del Gobierno y a precio oficial en el mejor de los casos, del mercado negro si no queda más remedio.

Dólares para importar productos y seguir trabajando, en el caso de comerciantes y empresarios; dólares para viajar al extranjero, en el caso de miles y miles de ciudadanos; o dólares para especular con la compra y venta en un mercado interno hambriento.

Recién llegada a Caracas, me costaba unos minutos entender el sentido de los negocios que mucha gente ideaba. Hace falta definitivamente nacer en Venezuela para trazar ese tipo de cálculos de forma tan natural. En la vida diaria, las cuentas se hacen ya según los valores del mercado paralelo de divisas. Es probablemente el mercado ilegal más nombrado y popular que he visto en mi vida.

Ni siquiera los miembros del Gobierno hacen sus números al tipo de cambio oficial entre el bolívar y el dólar. Para muchos de ellos, el dólar también vale ocho y el euro cuesta 11.

Porque si se usara la tasa oficial de cambio para calcular cuánto cuesta en dólares o euros vivir, comer o tomar un café en Caracas, los precios estarían por encima de cualquier ciudad europea: una comida en un restaurante sencillo supera los 40 dólares, un par de zapatos de marca desconocida no baja de 100 dólares, un croissant en una panadería ronda los tres dólares, un kilogramo de queso importado de base puede llegar a costar más de 130 dólares.

—Si sacáramos los cálculos así, mi negocio se acabaría. Aquí todo el mundo tiene una calculadora en la cabeza, pero hace las cuentas en negro —me decía un amigo regente de un comercio de comestibles de Caracas.

En 2011, una compra semanal modesta en un supermercado privado para una familia de cuatro personas no bajaba de 1.000 bolívares, es decir, prácticamente el salario mensual mínimo de la época. Basta irse tres semanas de Venezuela para sentir cómo todo vale más que antes de viajar.

Chávez acusa a la «burguesía» y al «capitalismo» de acaparamiento, contrabando y especulación. Seguro que le sobra razón.

Sin embargo, lo que al Presidente le cuesta ver es que esa burguesía y ese capitalismo a los que desprecia los tiene muchas veces en casa. El desorden en las importaciones y su distribución y la sospechosa ausencia de algunos productos en épocas preelectorales no pueden, materialmente hablando, ser solo culpa de los empresarios privados, puesto que ellos únicamente tienen una parte del mercado, ni tampoco se explican por el deseo de tumbar al Gobierno, como se asegura desde Miraflores.

La desorganización del ejecutivo y una corrupción que corroe las entrañas del Estado y del país entero, del más pequeño al más grande, del policía del barrio al alto funcionario, ponen en la cuerda floja el bienestar del venezolano.

—Chávez habla de la oligarquía mientras los suyos cambian la casa en Coche por el apartamento en Cerro Verde, despegan del aeropuerto de La Carlota rumbo a Miami, pasean en carros de lujo y beben whisky de 18 años a la vista de todos. La corrupción en el chavismo es tan grande que un día le van a robar la cartera a Chávez en pleno consejo de ministros —ironizaba Antonio Ledezma, alcalde metropolitano de Caracas y miembro de la oposición.

Y el hecho de que Chávez prefiera buscar otros culpables más fáciles o simplemente decida mirar hacia otro lado y seguir concentrado en sus batallas ideológicas solo abona esta situación.

Uno de los ejemplos más flagrantes de esta corrupción se produjo en 2010, cuando más de 70.000 toneladas de arroz, harina, pasta, leche o aceite que Venezuela importó fueron encontradas totalmente podridas, en contenedores apilados en el puerto de Puerto Cabello.

Los productos nunca llegaron a los supermercados del gobierno donde iban a distribuirse y alguien se enriqueció golosamente en el camino. El escándalo fue imposible de esconder ni de acallar en un país que sufre periodos cíclicos de escasez de productos de la cesta básica que deben importarse. Ni el arresto de algunos responsables de las redes de distribución de alimentos del Estado ayudó a digerir el bochornoso caso.

Al conocer una noticia así, muchos venezolanos se preguntaron cuántos otros casos de corrupción no se sabrán nunca.

Y mientras tanto, sigue habiendo estantes vacíos en los supermercados de los barrios de Petare o de Catia, donde hace su compra el pueblo revolucionario.

Solo en Caracas el valor de los alimentos aumenta en más del 40% en un año, y la regulación de los precios instaurada por el gobierno venezolano no parece funcionar, salvo en los mercados socialistas, que son minoritarios y donde también habría escasez.

Pareciera que Chávez desea convertir el Estado en el poderoso empresario y el gran banquero de Venezuela, pero se resigna a necesitar, por ahora, al sector privado, al que aprieta pero no ahoga.

—No tenemos nada en contra del sector privado. No tengo problema de que tengan sus ganancias justas, pero ellos caen en la burla y cometen un abuso contra el pueblo y contra el Gobierno. Tienen una gran falta de conciencia y moralmente no podemos aceptarlo —se despide Félix Osorio, ministro de Alimentación.

El interminable chorrito de petróleo

Nunca viví en un país petrolero hasta llegar a Venezuela. Es una forma diferente de afrontar el día a día e imaginar el futuro, de concebir el bienestar y el desarrollo, de entender los derechos y deberes del Estado y de los ciudadanos, de tejer las relaciones con el resto del mundo.

Y a todo esto, en el caso de Venezuela, se une el condimento caribeño, que hace pensar que el petróleo es de todos y la riqueza, más que generarla, hay que distribuirla bien.

Chávez supone un antes y un después en la política petrolera. El Presidente, que ha sido el jefe de Estado venezolano que ha disfrutado de mayores ingresos por la venta de crudo, es el gran repartidor de esta riqueza que pertenece a todos. Una especie de gran justiciero.

Para los detractores de Chávez, esos ingresos millonarios, más que generar desarrollo duradero para el país, se han transformado en dádivas, en programas sociales dependientes del precio del oro negro, que solo aumentan el carácter rentista del país.

Creer que el petróleo es de todos hace que en Venezuela la gasolina sea prácticamente gratuita, muchísimo más barata que en Arabia Saudí, primer productor mundial de crudo. Pero en la Venezuela de Chávez no es un tema que se debata a menudo. Todos están de acuerdo en que el hecho de pagar un dólar por llenar el tanque de un vehículo es, además de una barbaridad y una sangría financiera, una medida que favorece solo a quien tiene un automóvil, es decir, a los más ricos.

Pero el Presidente no ha tomado cartas en el asunto, por muy capitalista y burguesa que sea esta situación, ante el riesgo de quedar en la cuerda floja, de ser objeto de manifestaciones multitudinarias, como ya ocurrió con otros gobiernos que osaron decretar un aumento en el precio.

Con Chávez, las camisas y chalecos con el logo de Petróleos de Venezuela (PDVSA) han salido de la sede de la estatal en La Campiña y se han multiplicado en los barrios más pobres de

Caracas, donde la petrolera financia diversas iniciativas. La empresa, que tiene competencias en los ámbitos deportivos, agrícolas o alimenticios, da trabajo actualmente a unas 100.000 personas.

Con Chávez también, la sede de la estatal en la urbanización caraqueña de La Campiña se ha convertido en un mural de exposición de los logros de la revolución. Fotografías gigantes del presidente han adornado su fachada, frases del comandante impresas en las paredes reciben al visitante y los pasillos de la estatal son un recorrido por la nueva política petrolera del Gobierno. El territorio PDVSA es hoy territorio 100% chavista.

En los últimos años, esta gallina de los huevos de oro ha inyectado miles de millones en los programas sociales del Gobierno, que han apuntalado la popularidad del Presidente pero tienen los pies de paja, ya que su vigencia estaría en entredicho si el precio del barril se desplomara.

Solo en 2011, la estatal aportó a los proyectos sociales del Estado, como la construcción de casas o ayuda al desarrollo, más de 30.000 millones de dólares, una cifra récord que inevitablemente está vinculada con la campaña para las elecciones presidenciales de finales de 2012.

Por otra parte, el crudo venezolano ha logrado tejer unas relaciones diplomáticas estratégicas, en las que Chávez se ha coronado como líder o benefactor, empezando por Petrocaribe o la Alianza Bolivariana para los Pueblos de América (Alba), basadas y sostenidas prácticamente por el petróleo de la revolución.

En definitiva, la industria del crudo se ha rodeado de un halo político y ha perdido parte de su esencia puramente financiera.

–Nos critican: ¿en qué invierte PDVSA? Declaran despectivamente que estamos comprando pollo y es verdad, lo compramos para nuestro pueblo, con mucho orgullo. Pero nuestros negocios medulares, exploración y producción se llevan el incremento más importante –ha asegurado el ministro de Petróleo y presidente de PDVSA, Rafael Ramírez.

En este momento de millonarias inversiones de diversos países en Venezuela, las cifras de la estatal sobre producción, pozos, taladros, ingresos, deudas, ventas o importaciones están bañadas en una gran falta de transparencia. Los resultados petroleros de Venezuela son puestos en duda internacionalmente, porque no son auditados conforme a los estándares mundiales y resultan contradictorios, a veces parciales y tardíos.

Pero al ministro Rafael Ramírez este recelo internacional parece no preocuparle lo más mínimo. No es algo prioritario para la «nueva PDVSA», como se llama al ente público después del paro petrolero de finales de 2002, que provocó el inicio de una purga interna y un replanteamiento de su forma de funcionar hasta convertirse en una especie de filón al servicio de la revolución bolivariana.

—Nosotros seguimos reflejando nuestros números porque entendemos que así está acordado mundialmente para ver. Pero a mí el tema de si gané más o menos no me quita el sueño, lo que quiero es estar en capacidad de desarrollar y explotar nuestras reservas, de hacer nuestros aportes fiscales, de conseguir el fondo chino de financiación. Ese es nuestro trabajo. No obstante, PDVSA tiene ganancias muy importantes –nos explicaba Ramírez a un grupo de periodistas en 2011.

No parece cierto que PDVSA sea tan saludable como Ramírez y Chávez defienden, ni tampoco que esté en la ruina como aseguran sus detractores. También en petróleo existe un término medio.

Los venezolanos, pese a tener muy claro los derechos que les da el petróleo, apenas saben nada sobre el proceso que comienza en el pozo y se traduce en miles de millones de dólares de ingresos.

Tampoco conocen gran cosa sobre PDVSA, un búnker tan hermético y opaco como su presidente, Rafael Ramírez.

—La renta pertenece al pueblo, no a la oligarquía. La Plena Soberanía Petrolera es una política nacional, popular y revolucionaria que debe ser apoyada por todos los venezolanos –ha dicho el ministro.

Ramírez es un hombre listo, evasivo, un superviviente que tiene el récord de permanencia en un ministerio, un fiel a

Chávez, poco amigo de dar entrevistas y selectivo con la prensa. Una figura espigada y fácilmente reconocible, que se mueve entre una nube de periodistas y grabadoras que lo persiguen allá donde vaya.

Los recortes de la OPEP, la atribución de bloques de explotación petrolera, el precio ideal del barril, la deuda o las exportaciones: solo un «sí» o un «no» del ministro dan por bien empleada una larga espera y justifican una nota de agencia internacional de noticias.

Pero el petróleo es un tema sobre el que se informa poco y mal debido a la dificultad para acceder a las fuentes, es decir, a Ramírez y su equipo cercano, y a la incertidumbre que rodea las cifras que se divulgan.

Dos años después de llegar a Venezuela, PDVSA finalmente nos incluyó en un desayuno del ministro Ramírez con ciertos medios de comunicación, la mayoría eminentemente económicos. El ministro se muestra amable, siempre educado, nunca levanta la voz y responde a todas las preguntas pese al retraso que lleva en su agenda.

Controla todo lo que sale publicado sobre petróleo en la mayoría de los medios de comunicación, es caprichoso con la prensa, invita a unos y a otros no y, frente a eso, de nada vale protestar, reclamar o exponer méritos.

Antes de despedirse, promete organizar desayunos de prensa cada mes. Pero habrá que esperar mucho más de 30 días para volver a ser invitados a otro encuentro informal con Ramírez.

En julio de 2011, PDVSA organiza un viaje a la Faja del Orinoco e invita a un grupo de periodistas en el que descubro con sorpresa que no estamos incluidos. Mientras doy marcha atrás en mi cabeza y hago una película de nuestro trabajo de las últimas semanas para encontrar la razón que justifique esa exclusión, comienzo a protestar. PDVSA, Ministerio de Petróleo, Ministerio de Información…

Finalmente una persona del Gobierno me da una respuesta: «Me dicen que botaste al gordito».

Al principio pensé que era una broma. No solo no había despedido a nadie, fuera gordito o no, pero pongamos que hubiera ocurrido. ¿Era razón para tomar una decisión sobre quién acompaña a un ministro a un desplazamiento importante? Finalmente todo se aclaró y viajamos con el ministro al día siguiente a los campos de la Faja, pero la historia de aquel gordito desconocido muestra de qué puede depender que el trabajo periodístico se haga bien o simplemente no se haga.

* * *

A Rafael Ramírez se le puede ver en una reunión con trabajadores de PDVSA por la mañana, en unos cultivos financiados por la estatal a mediodía y en un mitin del partido, en calidad de vicepresidente del PSUV, por la noche. Es idolatrado por una parte del Gobierno gracias al gran poder que acumula y odiado por otra, debido a la misma razón. Las críticas contra su persona y su gestión son muchas. En cualquier caso, ninguno de los comportamientos reprochables que se le atribuyen ha sido demostrado y sus responsabilidades y su poder han ido en aumento.

–Él es experto en decir que «sí» al Presidente. Si Chávez le pide que PDVSA se encargue de una cosa concreta, al día siguiente Ramírez ya ha construido un equipo, da igual si están bien formados o no, y envía un informe a Miraflores diciendo que todo está ya en marcha –me decía un miembro del Gobierno.

Cuando a Chávez se le detectó el cáncer en junio de 2011, Ramírez formó parte del selecto grupo que fue a La Habana y lo pudo visitar. Me pareció revelador. El ministro parece jugar la carta de la discreción y deja hablar, consciente de ser una pieza clave, casi imprescindible, en el tablero de ajedrez del Presidente.

Antes de llegar Chávez al poder, se decía que PDVSA era un Estado dentro del Estado. Hoy, las cosas han cambiado. El crudo y su explotación están bajo control venezolano, pero la petrolera tiene aun más poder y pareciera en ocasiones un sustituto del Estado.

Desde 2007, Venezuela recuperó las riendas de sus recursos petroleros, llegó a un acuerdo con prácticamente todas las empresas extranjeras presentes en el país, que aceptaron quedarse en minoría accionaria y con ganancias más limitadas y controladas. La llamada Plena Soberanía Petrolera siguió siendo, pese a todo, sinónimo de gran negocio para muchas compañías.

–Podemos hablar de todo lo que quieras salvo de petróleo. No voy a poner en peligro el negocio de mi vida por una entrevista –me dijo un responsable de una petrolera europea que vivía en Caracas.

Actualmente, en la Faja del Orinoco, riquísimo depósito de hidrocarburos, conviven chinos, bielorrusos, cubanos, vietnamitas, rusos, franceses, estadounidenses, italianos o portugueses. Una especie de torre de Babel de la industria petrolera bajo la batuta de PDVSA.

No siempre los elegidos para explotar el oro negro han sido los aliados tradicionales, los más cercanos geográficamente o los que más experiencia tienen.

Eso cambió y en PDVSA se habla ahora más bien de intereses geoestratégicos. La política o las prioridades diplomáticas impregnan el negocio petrolero y se anteponen a los intereses puramente financieros.

–Tenemos la fortuna de que los inversionistas vienen para acá. No tenemos que ir a buscarlos. Nosotros no obligamos a ninguna empresa a venir; ellos llegan, ven las condiciones, las aceptan e invierten –se felicitaba Ramírez en uno de estos encuentros con la prensa.

Actualmente, la producción de crudo, según cifras oficiales venezolanas, registra un promedio de 3 millones de barriles al día y el Gobierno es cada día más cauteloso a la hora de fijar metas para los años venideros porque el petróleo de la Faja es pesado y difícil de extraer. De todos esos barriles, casi un millón parte directamente a Estados Unidos. El odiado imperio es el mejor cliente del petróleo venezolano, aunque el gobierno de Chávez ha hecho un gran esfuerzo por diversificar sus ventas y ha tejido acuerdos con clientes más lejanos físicamente pero más cercanos de espíritu como China o India.

–Cuando nuestra exportación a Estados Unidos sube, nadie dice nada, pero cuando baja un poco veo grandes titulares –se quejaba Ramírez ante los periodistas.

Además de eso, Venezuela tiene acuerdos bilaterales con países como Cuba, Argentina o Nicaragua, que pagan el petróleo venezolano con bienes y servicios.

Nicaragua, que recibe gracias a Petrocaribe más de 16.000 barriles diarios de petróleo y derivados venezolanos, pagó en 2011 miles de dólares de su deuda con casi 20.000 pantalones. Además, también saldó otros pagos de crudo con semillas, azúcar, aceite y café. República Dominicana, que recibe 28.000 barriles al día de Venezuela, pagó más de 20 millones de dólares con azúcar, alubias y pasta.

De Venezuela también salen cada día 100.000 barriles de petróleo a Cuba, que los paga con cooperación, por ejemplo con el trabajo de miles de médicos presentes en Venezuela, en virtud de un acuerdo bilateral hecho entre gobiernos del que no se conocen todos los pormenores.

En enero de 1959, Fidel Castro visitó Caracas para conmemorar el aniversario del fin de la dictadura de Marcos Pérez Jiménez y se reunió con el presidente electo Rómulo Betancourt. En ese encuentro, frío y corto, el líder cubano habría pedido a su par venezolano un crédito para la compra de petróleo, pero este le respondió que el crudo estaba en venta a condiciones normales. Pareciera que Fidel tuvo que esperar pacientemente varias décadas a que Chávez llegara, pero finalmente consiguió con creces lo que pidió en 1959 a Venezuela.

Socialismo, revolución y diplomacia

Nunca lo vi vestido de rojo. Pero no por eso está menos convencido. Temir Porras, viceministro de Relaciones Exteriores, es de esas personas que convence con argumentos de peso de que el momento que vive Venezuela es único, importante y bonito y de que Hugo Chávez es un político fuera de serie. En un país donde todo gira en torno al jefe de Estado, este treintañero educado entre Francia y Venezuela atrae y persuade porque no repite sin hacerse preguntas el discurso del Presidente, porque sabe reírse de sí mismo y de los suyos sin que eso fisure su fidelidad por la revolución y porque su cabeza fabrica, a una velocidad superior a la normal, ideas, proyectos y respuestas lúcidas sin que ello implique un deseo de eclipsar a quien debe obediencia.

Buscando su nombre en internet se encuentran artículos en que se le califica de ladrón, de burgués aprovechado o de falso revolucionario.

No es la persona que yo conozco.

–Cuando se trabaja bajo un liderazgo excepcional como en este caso, uno aprende a aprender –me dice.

Desde hace años acumula responsabilidades y trabajo. A principios de 2012 era viceministro para Europa, Asia y Oceanía, interlocutor de numerosos diplomáticos en Caracas y hombre de confianza del ministro de Relaciones Exteriores, Nicolás Maduro, con quien mantiene una excelente relación pero un estricto respeto de la jerarquía. «El ministro es él y nada más lejos de mi deseo que hacerle sombra», me dijo varias veces.

Aunque jamás se jactará de ello ni lo dirá abiertamente, Temir Porras está detrás de los comunicados más delicados de la cancillería venezolana. Sobre la ofensiva militar internacional en Libia, la falta de entendimiento con Estados Unidos, las presuntas relaciones del gobierno venezolano con la banda terrorista ETA o la recomposición paulatina de los lazos con Colombia. Además, redacta informes para Chávez sobre cuestiones sensibles de política internacional, es escuchado, da su opinión y orienta la acción del Gobierno en muchas de estas cuestiones álgidas.

Por si fuera poco, viaja sin parar. Hoy está en Haití, mañana en Teherán o en Ginebra.

Cuando se habla con él da la sensación de que no querría estar en otro lugar ni haciendo otra cosa, aunque hay días en los que sueña con tener más vacaciones, más tiempo o simplemente ocho horas seguidas para dormir.

–Me gusta el perfil bajo. Yo quiero seguir tomando un café aquí en este lugar sin que nadie me reconozca –me confiesa un día en un conocido local de la zona este de Caracas.

Es un desayuno de café doble y profundas ojeras. Sus tres teléfonos alineados en la mesa vibran y se encienden persistentemente hasta que termina respondiendo. La llamada puede ser de Argentina, Estados Unidos o Francia. Tiene tantas cosas pendientes ese día que resopla agobiado y mira el reloj.

En nuestras conversaciones está claro qué parte es entrevista y qué parte es conversación informal entre dos personas que, pese a muchas diferencias y a la barrera periodista-gobierno, se aprecian.

–Cuando tú trabajas con Chávez sabes que tu proyecto es su proyecto. No puedes venir con un plan personal, con un recorrido propio. Yo puedo tener muchas ideas, es verdad, y esas ideas que tengo las implemento y las utilizo en la elaboración de respuestas para implementar planes en los cuales no tuve la voz cantante. Pero el proyecto que el Presidente tiene en la cabeza es tal que uno trata de utilizar el talento que tenga para hacerlo viable, para implementarlo, para concretarlo –describe.

A sus treinta y pico de años, Temir Porras es todo lo que Chávez y Nicolás Maduro, su superior inmediato, no son. Es doctor en Ciencias Políticas, egresado de la prestigiosa Escuela Nacional de Administración (ENA) francesa, cuna de grandes hombres políticos, perfecto conocedor de las reglas de la diplomacia, capaz de hacer un discurso en inglés o de escribir un artículo en francés.

Es también una extraña y acertada mezcla de discreción, modestia y brillantez, radicalismo a la hora de defender sus ideas y tendencia natural al diálogo.

―Una de las cosas más extraordinarias es ver cómo en la política se rebela esa capacidad de autoformación que tienen los liderazgos que emergen de manera natural y no forzada. He visto poca gente con la capacidad de aprendizaje, de absorción de cultura general y de decisión estratégica que tienen Hugo Chávez y Nicolás Maduro. Ambos son autodidactas y poseen una capacidad de no desperdiciar un minuto del tiempo vivido. Lo convierten todo en una suerte de maestría o de programa de formación que hace que vayan creciendo de forma acelerada. Con este tipo de liderazgo es más lo que he aprendido que lo que he desperdiciado mi tiempo ―me asegura.

Temir Porras conoció a Chávez en París, poco después de que este fuera elegido. Junto a otros venezolanos organizó un encuentro del Presidente con intelectuales franceses de izquierda como Viviane Forrester, Ignacio Ramonet o Bernard Cassen, el veterano corresponsal en América Latina de *The Guardian*, Richard Gott, o el sociólogo estadounidense James Petras.

Al tiempo, en 2001, Chávez le hizo venir a Caracas a trabajar junto a él, en un despacho del Palacio de Miraflores. Temir Porras no tenía ni 30 años, estaba esperando una respuesta de la ENA de París para poder estudiar dos años en la codiciada escuela, pero también quería seguir trabajando para Chávez, quien ya se refería a él simplemente como «Temir».

El golpe frustrado de abril de 2002 contra el presidente venezolano le sorprendió en Caracas, concretamente en el Palacio de Miraflores. Él mismo llamó a varias personas aquella noche para avisar de que en Venezuela estaba habiendo un ataque contra la democracia. Meses después, viajaba a Francia a estudiar en la ENA, con el visto bueno de Chávez, mientras seguía colaborando activamente con el gobierno bolivariano desde la embajada en París.

Dos años más tarde, con un nuevo diploma en la mano, no se lo pensó dos veces y regresó. ¿Por qué cambiar un excelente trabajo en París u otra capital europea por la revolución?

—Personalmente, siempre he creído que para un país como Venezuela no hay muchas oportunidades en la historia para dar un salto y apostar por una sociedad viable. Pero el gobierno de Chávez es ese salto y es viable porque apuesta a tener un apoyo popular mayoritario, algo que en Venezuela es complicado, y además mantiene ese apoyo por un tiempo prolongado. Eso es sumamente importante para mí y para los que creemos en la democracia. Y después está su visión realista de la sociedad. Hay gente que se acostumbró a vivir aquí sin ningún tipo de reglas ni límites y hace falta un gobierno con apoyo popular que aplique la ley y obligue a las fuerzas que dominaron este país a comportarse de manera civilizada en una sociedad donde hay ya una preocupación general por un desarrollo común, algo que el gobierno de Chávez está intentando lograr desde hace 13 año –me resume.

De ocupar el cargo de viceministro de Educación, pasó a ser uno de los pilares de la Cancillería. Su valía es innegable para numerosos trabajadores del ministerio, que hablan de él con respeto y admiración, aunque no sea necesariamente de su agrado.

—¿Con qué país sueñas?

—Una Venezuela que reafirme su voluntad de seguir democratizándose y profundizando la transformación social, que crea en la política como herramienta para construir un futuro mejor y donde la revolución bolivariana siga adelante con el apoyo de la mayoría del pueblo.

—¿Y Chávez en ese futuro del país?

—Chávez es un hombre 150% político y no tiene otro proyecto. No dice «voy a consagrarme a esto ahora y luego en el futuro haré tal cosa con mis hijas», tampoco ambiciona estar enamorado de una mujer, irse a vivir a Margarita al dejar la política, ser un hombre de negocios o empezar a pintar… Él es político hasta el tuétano. Come, duerme, vive y se enferma políticamente. Todo lo politiza.

Mientras habla no puede evitar un brillo de sana envidia y admiración.

—Él es infatigable desde ese punto de vista porque es muy raro que alguien no tenga otro proyecto. Por eso yo creo que él tiene una credibilidad muy grande y el pueblo venezolano confía en él, porque más allá de sus defectos y virtudes, es un hombre transparente en su intención. Nadie le podrá reprochar no estar entregado en cuerpo y alma al proyecto de desarrollo del país. Eso lo tienen claro incluso quienes lo odian; por eso lo odian tanto –agrega.

—¿No es un arma de doble filo que todo repose hasta ese punto en un hombre, por muy extraordinario que sea?

—Bueno, lo que pasa es que las cosas de la política tampoco son así planeadas. Esto no fue un plan macabro. Pasó así. Fueron las circunstancias las que llevaron a la configuración que tenemos hoy. Es verdad que puede haber un problema de teoría política porque todo reposa en un hombre, un hombre que ahora está enfermo, pero tampoco le vamos a reprochar a un hombre que sea virtuoso, que esté comprometido con su causa y esté genuinamente entregado a ella. Es verdad que es un liderazgo, digamos, dominante, pero él mismo ha sido un factor de democratización de la sociedad porque ha sabido acumular poder para poderlo distribuir o utilizar en favor de la mayoría del pueblo venezolano.

* * *

Además del destino preferido de vacaciones de la inmensa mayoría de los venezolanos, Estados Unidos es, desde el punto de vista diplomático, una cuestión permanentemente en carne viva.

A ninguno de los dos países se le podrían atribuir todos los errores cometidos desde la llegada de Chávez al poder en Venezuela. La culpa está finalmente muy repartida. El «imperio», como Chávez lo denomina, lleva desde septiembre de 2009 sin tener un embajador en Caracas, días después de que el presidente venezolano literalmente mandara al carajo a los «yanquis de mierda».

Principio de reciprocidad obliga: el embajador venezolano en Washington tuvo que hacer las maletas inmediatamente.

Después de que Obama y Chávez se encontraran en 2009 en Trinidad y sellaran con un estrechón de manos lo que parecía ser una nueva página en las relaciones y cuando el nombramiento de nuevos embajadores parecía ser un hecho, todo se vino abajo por unas declaraciones poco afortunadas del diplomático designado por Washington, Larry Palmer.

–Nuestra relación con Estados Unidos depende ahora de ellos. Nosotros queremos un entendimiento de igual a igual, un diálogo respetuoso. Paradójicamente estamos en el peor momento con aquel gobierno pero en el mejor momento de nuestra relación con la sociedad americana –me dice Temir Porras a inicios de 2011, en pleno intercambio de declaraciones sobre el nombramiento del nuevo embajador–. En el gobierno de Estados Unidos el problema es que tú no sabes con quién estás hablando y no hay confiabilidad política. Conversamos con alguien un día, decidimos dar un paso adelante y luego sale otra persona diciendo que Chávez promueve el terrorismo o el embajador designado hace declaraciones totalmente inapropiadas. En código venezolano eso no se entiende: aquí los embajadores defienden la política del país. Yo, la verdad, no logro terminar de ver, en el disco duro de ellos, una forma de tener buenas relaciones con un país como Venezuela –agrega el viceministro.

Además de antiimperialista, más bien antiestadounidense, la diplomacia de Chávez ha querido ser «independiente, soberana, revolucionaria, humanista y deseosa de construir un mundo multipolar».

–Es una política exterior que ha ido tejiendo lazos para ese mundo que está siendo conformado por nuevos polos emergentes como China, India, Rusia, Irán o África y por supuesto América Latina –me dice Nicolás Maduro en su despacho de Cancillería.

El ministro de Relaciones Exteriores venezolano es un hombre afable, llano y sonriente. Pese a tener menos de 50 años, ya es abuelo y me recibe con uno de sus nietos correteando por el despacho.

En ningún momento pierde su actitud de desconfianza ante la prensa. No es amigo de las entrevistas cara a cara y, como era de esperar, no me dice nada que no sepa ni me impresiona con noticias o sorpresas, pero valía la pena esperar pacientemente varias horas para entrevistar a uno de los funcionarios del Gobierno más estables y cercanos de Chávez.

El propio Presidente ha recordado en público varias veces que Maduro es un chofer de metrobús convertido en ministro, pero el aludido no parece, al menos delante de la cámara, avergonzarse por eso.

–Maduro ha sido el mejor de los cancilleres de Chávez. El Presidente tuvo ministros que eran políticos consagrados como José Vicente Rangel o Alí Rodríguez, otros, de carrera, con los que mantuvo discordancia de criterios sobre algunas cosas como Roy Chaderton. Pero Maduro habrá sido el más eficiente porque no existe como tal. Quien ejerce todo es Chávez –dice Ramón José Medina, coordinador de la comisión de Política Exterior del bloque opositor Mesa de la Unidad Democrática (MUD).

Las frases de Maduro son las de Chávez. Hablamos de viejos imperios, de la falta de moral de Estados Unidos, de un mundo sin bombas nucleares, de la importancia de las relaciones con Irán y Rusia, de la campaña antivenezolana que está llevando el ministro de Defensa colombiano de la época, Juan Manuel Santos, y de la crisis del capitalismo mundial.

—Nosotros luchamos contra cualquier imperio. Chávez ha planteado desde hace años la soberanía y la independencia de nuestra política exterior y la articulación con nuevos polos emergentes del mundo, pasando por la construcción del eje de fuerzas que surge en América Latina. Creemos que el futuro de la humanidad debe ser el socialismo, porque es la única forma de sobrevivir. El capitalismo está fracasando y yo confío en que esta crisis general replanteará en Europa y en el mundo un debate de las ideas socialistas –me asegura.

Un socialismo democrático, me dice. Del siglo XXI, con la idiosincrasia de cada país.

***

—Tú pregúntale lo que sea y él te hablará siempre del imperio. No sabe disertar —las palabras de Eduardo, un diplomático venezolano de sobrada experiencia, me vienen a la cabeza—. A mí no me importaba tener un canciller que es chofer de metrobús. Hemos tenido presidentes que no eran graduados y no fue un impedimento para realizar una buena gestión. La educación formal no es imprescindible, se necesita sobre todo un esfuerzo de la persona, de formarse, de estar al día. ¡Pero los discursos de Maduro son tan repetitivos! —me garantiza.

Este diplomático, con varios puestos importantes a la espalda, pidió su jubilación mucho antes de la edad correspondiente, ante el deterioro de las condiciones en el ministerio y los criterios antiprofesionales que, a su juicio, presidían la toma de decisiones.

En 1998, Eduardo había celebrado la victoria de Chávez. Los primeros meses de mandato del nuevo presidente le hicieron pensar que no se había equivocado y las buenas noticias no tardaron en llegar, comenzando por un reconocimiento a los funcionarios de carrera y una profesionalización del oficio del diplomático.

—Pero de repente se aplicaron otros criterios. ¿Qué le pasó a Chávez? No sé. Los profesionales comenzamos a molestarle y poco a poco se fue favoreciendo la pura política y la ruptura con las instituciones. La Cancillería dejó de ser mi casa —recuerda.

Y llegó el golpe de Estado frustrado de abril de 2002, que significó un antes y un después. De la noche a la mañana todo el mundo pasó a ser sospechoso de golpista.

—A partir de 2002 hubo embajadores que comenzaron a renunciar. Y Chávez se preguntó qué pasaba con las embajadas que no le hacían propaganda a la revolución. Y ordenó a varios diplomáticos que hicieran la limpieza. Uno fue Roy Chaderton, canciller en la época, pero no pudo despedir a amigos que se habían formado con él y acabó saliendo él también. Hasta que llega Maduro, que no es diplomático, no viene de la Cancillería y no tiene nada que le una a ella y además posee algo que uno ve mucho en el chavismo, que es el resentimiento. Él nunca se graduó y Chávez le recuerda cada vez que puede que es chofer de autobús –me explica.

Eduardo recuerda cómo Maduro, a partir de 2006, se fue rodeando de personas que en su mayoría tampoco tenían estudios. No solo era un problema de política o de lealtad sino un recelo hacia el que era diplomático de carrera.

–Él no lo decía pero lo sentías. Tener un currículum, idiomas y experiencia acabó siendo un atentado contra uno. Llegaba un momento en que no querías hablar un idioma que no fuera español al teléfono delante de nadie. Por pena.

–¿Y qué te hizo salir?

–Empezó a entrar gente contratada muy afín al proyecto de Chávez. De verdad te digo que todos eran bienvenidos siempre y cuando lo hicieran bien, pero ¿cómo lo van a hacer bien si no tienen formación? Pero esa gente empezó a tener puestos altos. Gente que no sabía ni hablar bien español.

Se para y suspira.

–Fue muy duro sobrevivir a aquello. Te quedas sin ley y sin institución de la noche a la mañana. Fue como perderse en el Ávila. Tu vida comienza de cero porque todo lo que aprendiste ya no te sirve. ¿Y qué podía hacer? Yo sentía que me iban desplazando poco a poco y llegó ese ofrecimiento de jubilaciones especiales para las personas que tuvieran 15 años de carrera y una edad mínima de 45 años. Era como un caramelito para que fuéramos nosotros quienes pidiésemos el retiro porque ellos no tenían derecho a jubilarnos.

Cuando Eduardo dice «nosotros», se refiere a un grupo de diplomáticos de carrera que se ha marchado en su totalidad. Hubo quienes no cumplían los dos requisitos de edad y experiencia y tuvieron que quedarse. Otros se enteraron de que dejaban el ministerio por la prensa. «Fue un maltrato horrible», resume.

Al día de hoy, los embajadores de carrera venezolanos con puesto se pueden contar con los dedos de la mano.

—Pero a mí me gustaría volver, ¿sabes? Aunque ya me hayan jubilado. Eso se puede suspender y vuelves a la carrera —me garantiza Eduardo.

—¿Cómo definirías la diplomacia de Chávez en este momento?

—Es algo así como una petrodiplomacia. Me cuesta ponerle una etiqueta pero veo que estamos gastando millones en una cantidad de cosas en el exterior y ¿para qué? Nos gustaría ayudar a todo el mundo en la vida, pero llega un momento en que tú dices: «Un momentico, hay límites». Finalmente, cuando en sus discursos hablan de «vendepatrias», ¿quién es el vendepatria? Dime de qué presumes y te diré de qué adoleces.

* * *

A Ramón José Medina no se le ha olvidado cuando en los 80, siendo viceministro de Fomento, fue a una reunión en La Habana y Fidel Castro lanzó que Venezuela no había usado el instrumento del petróleo para convertirse en líder de América Latina. «Pienso en eso cada vez que veo a Chávez instrumentalizando la política exterior con la dádiva petrolera incluso dejando de lado prioridades del país —me cuenta.

La diplomacia de Chávez ha conseguido poner a Venezuela en el mapa y convertirlo en un país importante en el continente y del que se habla fuera de América Latina. «Es verdad que esto hay que reconocérselo», dice Medina.

En cualquier parte del mundo el nombre de Hugo Chávez despierta algún comentario. Contradictorio, estereotipado o idealizado.

Hasta en un restaurante en Ulan-Bator durante unas vacaciones me he encontrado hablando con mongoles sobre Venezuela y la salud de su presidente o sobre las bondades o defectos de la revolución bolivariana. Decir que se vive o se ha vivido en

Venezuela atrae de entrada un aluvión de preguntas y curiosidades sobre el proceso político en curso, las nacionalizaciones, la transparencia de las elecciones o la libertad de expresión que otros países jamás suscitarían y que se deben, para bien o para mal, a Hugo Chávez.

Por eso, una amiga venezolana muy querida decidió hace algunos años que no estaba dispuesta a terminar hablando de Hugo Chávez o de quienes se oponen a él en todas sus vacaciones. Y comenzó a decir que era de Costa Rica cada vez que salía de Caracas. Un país que pocos extranjeros, fuera de los latinoamericanos, logran situar en el mapa y que rara vez provoca alguna reacción de pasión extrema.

Pero tras esa popularidad mundial de Chávez y su revolución, late, según Ramón José Medina, un gran fracaso. Venezuela ha gastado mucho dinero en construir un eje con Rusia, China e Irán pero no ha funcionado. Salió de la Comunidad Andina de Naciones (CAN) y ha tardado en ingresar como socio pleno de Mercosur; la Alba (Alianza Bolivariana para los Pueblos de América) es un bloque que no camina y la Unión de Naciones Sudamericanas (Unasur) no es finalmente un órgano regional de importancia estratégica, enumera.

–Hay una improvisación en términos de política exterior, de no tener definido claramente qué es lo que quieres.

Medina considera que también la mirada del mundo hacia Chávez ha ido cambiando progresivamente. Según él, hubo una gran expectativa inicial, que decayó hasta el momento del golpe de Estado fallido contra el mandatario, en 2002, cuando recibió una nueva inyección de popularidad hasta 2004, momento en que comenzó a cometer imprudencias, a hablar demasiado y a perder el encanto que tenía.

–Son muchos años repitiendo lo mismo. Chávez es una figura que llega y cala en el discurso, pero luego se le va agotando porque no hay acciones que respalden ese discurso –opina–. Y a mi juicio, el Presidente es casi un personaje de teatro o un objeto de mofa. Es un militar que no tiene cultura democrática y eso se nota. Chávez es estridente, es capaz de decir cualquier cosa en cualquier lugar y es alguien al que finalmente si tú le sobas el ego te puede ir bien. Y eso denota una gran debilidad.

Un cuarto poder atrapado en la revolución

 —No puedo creer que te interese más ese tema que, por ejemplo, el hambre en el mundo. Pareces una muchacha inteligente, pero, ¿por qué me haces esa pregunta? No lo entiendo.
 Quien habla es Hugo Chávez y se dirige a mí. Llevo varias semanas en Venezuela, estoy sentada en primera fila en el salón de prensa del Palacio de Miraflores y siento la cámara de la televisión oficial enfocándome a pocos centímetros.
 La pregunta no tiene nada de particular. Es la que cualquiera habría hecho en un día como ese, la que justifica que haya organizado esa rueda de prensa y la pregunta que él esperaba. Hace poco más de un mes, el ejército colombiano bombardeó un campamento de las FARC en territorio ecuatoriano y mató al número dos de la guerrilla, Raúl Reyes. En un computador confiscado tras el ataque habría datos que comprometerían seriamente al gobierno venezolano, al Presidente y a varios de sus funcionarios. La Interpol acaba de dar una rueda de prensa en Bogotá mostrando algunas conclusiones y Chávez ha esperado el final de esa comparecencia para iniciar su rueda de prensa en Caracas. Llevamos horas esperando, me duele la espalda y no sé cómo sentarme en esa silla incómoda. Tengo frío porque el aire acondicionado está altísimo, pero siento que comienzo a sudar, sorprendida y algo intimidada, confieso, por la reacción del Presidente.
 Chávez es respaldado, casi coreado, por sus ministros presentes en la rueda de prensa, que asienten convencidos mientras lo escuchan, me miran con una cierta sorna y parecen murmurar entre ellos en voz baja: «¿Esta quién se cree que es para decir semejante tontería?». Tras el tradicional sorteo, cuya honestidad

siempre despierta dudas en las ruedas de prensa en el palacio presidencial, me ha tocado formular la primera pregunta.

El ministro de Información, Andrés Izarra, me mira divertido y me digo que todo esto debe de ser mi regalo de bienvenida.

Todo está pensado para resaltar la figura del jefe de Estado. Chávez está sentado tras una mesa, ligeramente más elevada que nuestras sillas. Parece un profesor, rodeado de mapas, libros, bolígrafos y apuntes.

–Es algo que no me interesa, que estoy seguro de que a ti tampoco te interesa mucho y que preferirías hablar de otra cosa, pero seguro te han obligado a hacer esta pregunta. Pero en fin, te voy a contestar –prosigue Chávez. Y la respuesta durará una hora y media. Chávez baja de su mesa, se acerca, simula matar a uno de sus ministros, organiza todo un espectáculo para hacerme entender que Colombia, la Interpol y el mundo se equivocan con él. Habla y habla. Jamás me falta al respeto.

Tengo la boca seca. Y esa cámara sigue persiguiendo cada uno de mis gestos.

No es la primera vez que me encuentro cara a cara con Chávez. Desde que fue elegido en 1998, me lo he cruzado en Manaos, París o Johannesburgo. Pero esto es diferente. Está en su casa, controla la situación, tiene todo el tiempo del mundo y quiere hacer pasar un mensaje claro.

Finalmente, Chávez deja de dirigirse a mí, da por terminada la respuesta y pasamos al resto de preguntas, despachadas mucho más rápidamente. Al término de la rueda de prensa, el Presidente baja a saludar a los periodistas. «Espero no haberte molestado», me dice sonriente y fuera de cámara, con un gesto que prácticamente quería decir: «Te tocó a ti como le podía haber tocado a cualquier otro». Acto seguido se lanza a comentar otros temas, canta un joropo, se ríe a carcajadas y hasta lanza un piropo. Ese es Chávez. Seductor, poderoso, hábil, satisfecho de sí mismo y de la respuesta que ha enviado a través de los periodistas, seguro de su capacidad de convencer y ridiculizar a sus adversarios y acostumbrado a merecer respeto.

Para mí, el incidente estaba cerrado. Pero yo no conocía casi nada sobre Venezuela ni los venezolanos. No sabía que uno de los pasatiempos favoritos nacionales es ver la televisión, sobre todo ver a Chávez por televisión, sea por fidelidad, sea para hacerse daño y odiarlo aun más.

Los días venideros fueron desconcertantes. Además de rechazar las insólitas peticiones de entrevistas de medios críticos con el Gobierno, deseosos de conocer qué se sentía al ser «insultada» por el Presidente, varios desconocidos me pidieron explicaciones sobre ese encuentro con Chávez en la panadería, en el metro, en el parque o en el ascensor: «¿Por qué no le dijo a Chávez que estaba equivocado?». «El Presidente tenía razón en todo lo que le dijo, la prensa viene aquí para atacarlo». «Usted tenía que haberse levantado y haberse ido de allá inmediatamente».

Una semana después aun escuché cómo un padre de familia susurraba a sus hijos en una mesa contigua a la mía en un restaurante. «Esa es la tipa de la tele». Cuando ya pensaba que el episodio estaba cerrado y olvidado, un vecino me vino a ver con aire serio: «Usted, que es amiga del Presidente, podría decirle que ampliara la acera de delante del edificio, que es muy pequeña».

Mi sorpresa fue tal que solo acerté a decirle, tontamente: «Veré lo que puedo hacer».

* * *

La relación de Chávez con los periodistas es complicada y hasta perversa. Los necesita para existir y al mismo tiempo los desprecia profundamente. Cada día se le nota más. Desde 2008 hasta hoy, el Presidente ha cambiado su forma de tratar con la prensa. Antes, se prestaba, con cierto gusto, al ejercicio de someterse durante horas a las preguntas de informadores sobre los cuales no tenía ningún control. Los corresponsales extranjeros, y por supuesto la prensa oficial, eran invitados a Miraflores a ruedas de prensa sin fin, a las que los medios privados nacionales ya no podían asistir. Es insólito que un diario local no tenga ningún acceso al principal y hasta hace poco casi único actor de la política venezolana y se deba limitar durante años a informar sobre Chávez, gracias únicamente a lo que los medios oficiales muestran por televisión.

Con el tiempo, el veto se amplió. El Presidente se fue cansando de casi todos los periodistas y ciertas preguntas empezaron a molestarle visiblemente. El hermetismo se fue instaurando sin prisa pero sin descanso, las invitaciones para asistir a actos con Chávez se espaciaron claramente, las ruedas de prensa se fueron haciendo cada vez más raras y poder acercarse al Presidente a hacerle una pregunta, algo que ocurría a menudo, se convirtió en algo extraordinario.

Parece que Chávez entendió que puede seguir hablando de lo que quiera y como quiera, pero desde la televisión oficial y con periodistas fieles al proceso revolucionario, que no van a contradecirle ni hacerle preguntas que no desea contestar. Finalmente, todo lo que él diga por televisión va a ser reproducido por las agencias internacionales, estén o no físicamente presentes en ese evento.

Y así, progresivamente todos pasamos a ser teleperiodistas y telecorresponsales, pendientes día y noche del telepresidente, mientras preguntas que nunca podríamos hacerle se nos multiplicaban en la cabeza. La frustración es difícil de explicar y se mezcla con una impotente sensación de estar trabajando mal y no saber cómo hacer para trabajar mejor.

«¿Cuándo has visto a un presidente que sea más accesible que Chávez, más abierto que él, que dé tantas explicaciones sobre su gobierno?».

Era la pregunta que varias veces me hizo el ministro de Comunicación e Información, Andrés Izarra. Una cosa es que hable mucho y otra cosa es que sea accesible, le decía yo, sabiendo que él me entendía pero jamás me daría la razón.

La frustración se veía elevada a niveles superlativos al ver a los periodistas del llamado Sistema Nacional de Medios

Públicos, comenzando por los del canal del estado, Venezolana de Televisión (VTV), que seguían todos los movimientos de Chávez, tenían un acceso privilegiado a él y no se decidían a preguntarle algo audaz, curioso, interesante, sorprendente o simplemente útil.

–Los medios de comunicación son parte de la conspiración y de la confrontación política. Globovisión o *El Nacional* no son periodismo serio. Tú no puedes creer que ellos hagan periodismo serio. Y VTV es una herramienta para la confrontación en esta guerra mediática. No le puedes pedir un periodismo equilibrado y objetivo porque no es posible –me dice Izarra en una entrevista informal en 2008.

El ministro es periodista, ha tenido en varias ocasiones la cartera de Información, puso en pie y dirigió durante años la televisión multiestatal Telesur y es un blanco habitual de críticas de la oposición por sus declaraciones provocativas y su manera de gestionar la comunicación del Gobierno.

Las conversaciones con él eran siempre cordiales y amigables. Se permitía comentarios que claramente no eran publicables, pero no decía «esto entre nosotros», como si estuviera poniéndome a prueba.

–Aquí hay una guerra ideológica, un enfrentamiento ideológico y de propuesta de país. La de ellos se está derrumbando, la nuestra está en pleno empuje. Los medios son parte de esa guerra. En 2002 los medios de comunicación dieron un golpe de Estado y son un factor activo de la clase político-económica que ha dominado y sigue dominando este país con un gran poder acumulado. Son herramientas de desestabilización y por eso yo les doy con todo. No siento misericordia. Fuego va, fuego viene. No tengo ningún problema –me explica.

Un año antes de esta conversación, en 2007, el Gobierno no renovó la licencia a la televisión privada RCTV, lo que provocó sonoras manifestaciones y un rechazo dentro y fuera de Venezuela. En 2008 el objetivo parecía ser la televisión privada Globovisión, muy crítica con la gestión del Gobierno.

—Son unos fascistas. Sus críticas me dan igual a estas alturas. De todas formas no tienen moral para decirme nada —me lanza Izarra cuando le pregunto por un editorial del diario *El Nacional* en el que no salía nada bien parado.

Estamos en plena campaña por las elecciones regionales y municipales y el clima es casi de plebiscito. La tensión política está exacerbada y los medios de comunicación toman partido claramente, distribuyen el espacio y el tiempo saltándose en ocasiones la ley sin miramientos.

—Un venezolano que ve VTV o Globovisión no sabe lo que pasa en Venezuela. Si ves Globovisión te vuelves loco, si ves VTV te aburres. Son canales para la guerra política —continúa Izarra.

En televisión, Chávez multiplica sus actos públicos. Varios en el mismo día en distintos puntos del país, de manera sorpresiva. ¿Como presidente o para impulsar a sus candidatos? La frontera es más que frágil. En muchas ocasiones, sus intervenciones se realizan en «cadenas nacionales de radio y televisión», es decir, todos los medios que emiten en señal abierta están obligados a difundirlas.

—No lo veo como un abuso de poder. Chávez no va a dejar de promover la obra de gobierno —argumenta Izarra.

En los últimos años, el aparato de medios oficiales ha crecido sobremanera. El gobierno posee VTV, TVES, que ocupa la frecuencia de RCTV, y otras televisiones minoritarias, además de Radio Nacional de Venezuela (RNV), la Agencia Venezolana de Noticias (AVN), dos diarios (*Correo del Orinoco* y *Ciudad Caracas*) y Telesur, la voz del Gobierno fuera de las fronteras venezolanas. A ello se suma una nebulosa de medios comunitarios —más de 200 radios, unas 40 televisoras y cientos de periódicos de barrio, según Izarra— que no forman parte del sistema de medios de comunicación estatales pero se dicen socialistas y chavistas.

Pese a todo, la mayoría del periodismo en Venezuela nace de las manos privadas, según cálculos del ministro. «Y los privados, casi todos están en contra nuestra», me asegura.

***

VTV siempre me pareció un mundo aparte, una especie de país de las maravillas construido por y para Chávez. Desde el primer día hasta el último, me sorprendí con lo que se puede llegar a ver en su programación. La televisión de «todos los venezolanos» era, como bien decía Izarra, un instrumento de propaganda a favor del Presidente y su gestión. Para ello, los límites entre lo ético y lo condenable pueden ser traspasados todos los días ante la indiferencia general.

En menos de 30 minutos, en VTV se pueden ver cuñas publicitarias en las que Chávez aparece como un Mesías rodeado de niños y con un halo de santidad y bondad que convencería al más escéptico, caricaturas de opositores con orejas de burro, cola de diablo y voz de ultratumba o conversaciones telefónicas privadas grabadas ilegalmente a los principales adversarios del Presidente.

Y nadie se rasga las vestiduras.

Cada día, un ejército de informadores de la televisión estatal sigue los pasos del Presidente y de los miembros del Gobierno, acompaña todas y cada una de las iniciativas del ejecutivo en los barrios populares, amplifica las manifestaciones de apoyo al jefe de Estado y su gestión, desprestigia sin mesura a los que piensan diferente y descuartiza las notas de las agencias internacionales, viendo conspiraciones detrás de cada párrafo.

Estas son frases escuchadas textualmente en Venezolana de Televisión: «Presidente, usted que trabaja sin descanso por el bienestar de los venezolanos, ¿qué le parece que la burguesía, que como todos sabemos no tiene noción de patria, diga…?». «Sectores de oposición se oponen a esta ley cuando todos sabemos que propugna la inclusión». «Esta manifestación refleja la gesta popular y liberadora mientras que los defensores de la Cuarta República se empeñan en negarla». «Obama, ganador del Premio Nobel de la Paz, aunque todos sabemos que no hizo nada para merecerlo».

Sin pudores.

Es innegable que en VTV quedan profesionales valiosos y serios, que miden su tono e intentan contrastar las fuentes. Pero son escasos y están eclipsados por los informadores dóciles y los militantes convencidos, que reinan a sus anchas.

La agenda del día acaba vacía de contenido si Chávez no aparece y no habla. Finalmente, el Presidente es la razón de ser del canal y quien marca el tono de su programación.

Si Chávez critica a un líder opositor, en los días venideros la horda de críticas de VTV contra el susodicho será previsible. Si el Presidente estima que la oligarquía miente cuando dice que hay escasez en los supermercados, un ejército de informadores dedicará la semana a demostrar lo acertado de las afirmaciones de Chávez.

Y cuando hay elecciones, la tormenta arrecia en VTV.

Hay varios abanderados en este complicado trabajo de buscar el lado oscuro de alguien. Y el líder indiscutible es Mario Silva, a cargo del programa *La hojilla*, uno de los espacios favoritos de Chávez, quien ha participado varias veces en la emisión llamando por teléfono. El nombre lo dice todo: *La hojilla*, de afeitar.

Aunque no es el único nombre amenazador de la parrilla de programación de VTV, donde también tienen su lugar *Dando y dando, Contragolpe, Cayendo y corriendo*.

Hasta los miembros del Gobierno sienten un cierto temor hacia Mario Silva, como si hubieran entendido que es mejor estar a buenas con él. Es un hombre con pinta del malo de la película. Grande, barbudo y de respiración ruidosa, casi siempre vistiendo gorra y cazadora de cuero. Con aplomo ante la cámara y un lenguaje a menudo soez e irreverente, pretende desvelar las verdades ocultas de la vida política nacional e internacional, destripar en la plaza pública una supuesta agenda secreta de periodistas que no son amigos de la revolución o descubrir el verdadero programa de los adversarios políticos de Chávez.

Sentarse frente a la televisión a las 11 de la noche y ver *La hojilla* de vez en cuando es tarea obligada para cualquier corresponsal en Caracas.

Silva tiene varias causas abiertas ante la justicia que no han prosperado, fue candidato a gobernador de Carabobo en 2008, pero perdió y tampoco tuvo éxito en su empeño por convertirse en diputado. Profesa devoción por Chávez y Fidel Castro y jamás en su programa existe el más mínimo resquicio de duda sobre un comportamiento del Gobierno o del Presidente.

Es una persona que despierta un odio visceral en una parte de los venezolanos, pero pocos lo conocen cuando las cámaras se apagan. He tratado de imaginarme qué hará Mario Silva cuando el chavismo deje un día el poder: cómo vivirá, dónde, cómo se ganará la vida o si saldrá rápidamente de Venezuela para huir del odio y de las causas judiciales abiertas porque siente que ya no tiene marcha atrás.

—Cuando en VTV se provoca tanto a gente que piensa diferente a ellos, yo me digo: ¿por qué no van a provocar a un ministro, que finalmente es quien tiene el poder? Finalmente creo que esa actitud cava su propia tumba porque la gente no es idiota, sabe que Venezuela no es el país de las maravillas que presenta VTV y va a los medios privados para que le cuenten las cosas –resume Luz Mely Reyes, jefa de fin de semana del diario *Últimas Noticias*, el más vendido de Venezuela y encargada de la sección de investigación del periódico.

Gracias a un amigo, pude ver varias mediciones de audiencia de VTV, que eran realmente poco significativas. Finalmente pareciera que solo los periodistas, los miembros del Gobierno y un puñado de incondicionales pasan horas viendo esta televisión o asisten al programa dominical de Chávez, *Aló Presidente*.

Libertad y expresión

El primer día que en un programa de VTV se critica, párrafo tras párrafo, una nota escrita por una misma, el estómago da un vuelco y se pasa mala noche. Cuando en una página de antichavistas radicales se insulta sin reparos un artículo y se desprecia al autor, el sentimiento tampoco es mejor.

—Aquí el periodismo siempre tuvo fines políticos más que informativos. A finales de los 90 las tres instituciones que más credibilidad tenían en Venezuela eran los medios de comunicación, la Iglesia y las Fuerzas Armadas. Chávez también se apoyó en ellos al llegar al poder y en 2002, cuando ocurrió el golpe de Estado, hay que decir que hubo prensa que lo apoyó logísticamente. Fue público y notorio. Yo diría que desde que Chávez llegó al poder ha habido cuatro etapas: una luna de miel con los medios, agresión de los medios al Gobierno, agresión del Gobierno a los medios y ahora vivimos un periodo de no te metas conmigo e intentaré no meterme contigo —me resumía Luz Mely Reyes.

Esta periodista lleva años navegando entre los extremos y es una persona confiable, aguda, inteligente para reconocer los errores y con el suficiente sentido del humor como para tomarse a la ligera las cosas y seguir adelante.

El ejercicio de un periodismo responsable y despojado de intereses políticos es cada vez más raro en Venezuela. Resulta para muchos incomprensible y hasta cobarde.

Pero «¿tú qué piensas realmente sobre Chávez?» La pregunta se repitió del primero hasta el último día, en conversaciones con otros periodistas, con fuentes o con nuestros clientes en medios de comunicación venezolanos. Para muchos resulta inconcebible no dejar traslucir lo que se piensa sobre el Presidente, sea en una discusión, sea en un artículo sobre Venezuela. Está claro que el líder de la revolución bolivariana no deja a nadie indiferente, pero mi opinión sobre él es absolutamente irrelevante.

Durante años, en nuestra oficina hemos recibido críticas más o menos constructivas por ambas partes y quise entenderlas como una garantía de que el trabajo, que sin duda podría haber sido mucho mejor, fue lo más equilibrado posible, teniendo en cuenta las circunstancias tan complicadas que vive Venezuela hoy en día.

El lado bueno es que el país, dividido en dos partes que en muchos momentos no se ven y no se reconocen, es hoy una excelente escuela para desengrasar todos los mecanismos del buen periodismo.

Para los que estamos de paso en Venezuela, ser rigurosos y no pecar de complacientes ni caer en las visiones estereotipadas, trabajar de forma valiente para buscar un poco más allá de lo que es puramente visible, mantener relaciones de confianza con fuentes lúcidas y bien informadas para no ser víctimas de burdas manipulaciones y equilibrar permanentemente el trabajo son preocupaciones y angustias de todos los días. Una sensación de no poder bajar la guardia.

–El cerco mediático contra Venezuela es enorme. Ustedes, los corresponsales, dan una visión del país muy mala, que no es acorde con lo que aquí sucede. Hay periodistas que vienen ya con una agenda política. Todo está muy viciado. Y la gente fuera escucha la visión de ustedes sobre Venezuela porque nosotros tenemos aún una debilidad a la hora de comunicar hacia afuera –me decía Izarra en una ocasión.

Por ello, de entrada, somos mirados con recelo. Hay una tendencia a pensar que todos los corresponsales llegan a Caracas con una imagen negativa de Chávez. Tejer una relación de confianza y respeto con algunos representantes del ejecutivo lleva meses, o incluso años.

No ayuda en nada que el Gobierno tenga grupos de personas dedicados exclusivamente a leer y estudiar con esmero lo que se publica sobre Venezuela en cualquier formato y lengua hasta encontrar la frase que molesta a un gobierno terriblemente susceptible.

Es el llamado «análisis del entorno».

La sensación de sentirse escrutado permanentemente por un gran ojo que lo ve todo desconcierta, aumenta el celo por una información justa, correcta y responsable y puede llevar en muchos casos a la autocensura, con el fin de preservar un acceso a ciertas fuentes, mantener en algunos casos los vitales ingresos por publicidad o simplemente evitar un veto.

—He tenido que equilibrar la información: 50% para ambas partes como sea, y dar más espacio a actos y rostros del Gobierno —me confesaba un cliente de la agencia para la que trabajo, dueño de un medio de comunicación venezolano, reconociendo haberse «plegado», tras haber recibido una advertencia de parte de organismos públicos.

Al mismo tiempo, la jugosa tentación de tener un acceso privilegiado a Chávez, una entrevista o un trato favorable inclina a muchos hacia la complicidad absoluta con el poder.

En el otro extremo, hay quienes deciden jugársela y tomar una postura profundamente crítica, por las razones que sean, y acaban rápidamente en una lista negra. Jamás expulsados del país, pero sí apartados de los ya escasos canales de comunicación con el Gobierno.

En 2011, un gran póster con información y fotografías de corresponsales considerados muy negativos para la revolución fue expuesto en el Ministerio de Comunicación, en un tablón de anuncios que todo el mundo se paraba a mirar. Lo llamaron «El Pulpo Mediático».

Entre los dos extremos, para la mayoría de informadores el reto es mantenerse y seguir informando. Pero quien diga que nunca se ha autocensurado o autorregulado de alguna manera, siendo corresponsal en Venezuela, miente.

Paralelamente, el Gobierno parece jugar hábilmente a dividir a los medios, a enfrentarlos entre ellos. No hay una política clara, sino más bien caprichosa, que puede obedecer a razones poco previsibles o simplemente a ninguna razón.

A los pocos meses de llegar a Venezuela recibí una llamada para invitarnos a un desplazamiento del Presidente a Cumaná, al oriente del país, donde viajaría acompañado por el actor Sean Penn. Me sorprendió el ofrecimiento porque a ese tipo de viajes solo se convida a la prensa oficial y porque el tema de la visita era totalmente local y sin relevancia.

Pero es raro cuando se puede ir con Chávez a algún lugar y allá estábamos, prácticamente al alba, en el punto de encuentro fijado. Mi gran sorpresa fue cuando vi que en el avión de la prensa solo viajamos dos periodistas de la televisión iraní, un equipo de Telesur, dos personas del Ministerio de Información y nosotros.

Durante todo el viaje intenté saber en vano dónde estaban los demás y por qué nos habían llevado a nosotros a ese viaje. Repasé mentalmente la cobertura de los últimos días para ver si encontraba algo que pudiera justificar nuestra presencia en ese avión. Nada.

No recibí ninguna explicación y pasamos el día siguiendo a Chávez hasta lograr entrevistarlo brevemente y explicándole a Sean Penn, muy perdido sin traductor, dónde estaba realmente y qué estaba ocurriendo a su alrededor. El actor, en cuyas declaraciones se llega a percibir que su conocimiento de Venezuela y de América Latina es bastante limitado, forma parte del grupo de conquistados por la revolución y es a menudo invitado por el Gobierno a visitar Caracas.

Al igual que el director Oliver Stone, quien ha confesado una rendida admiración por Chávez, protagonista de su interesante documental *Al sur de la frontera*.

Pese a haber pasado muy poco tiempo en Venezuela y siempre escoltado por los partidarios del Presidente, Stone ha emitido arriesgadas opiniones sobre la vida de los caraqueños y el comportamiento y objetivos de la oposición venezolana. No es que falten a la verdad, pero reflejan solo una verdad, un único lado de esta compleja historia.

* * *

—Aquí hay plena libertad de expresión, demasiada libertad diría yo. Un exceso y hasta niveles de libertinaje —me decía Izarra en una entrevista.

Por libertad de expresión, el ministro entendía tener la posibilidad de insultar a Chávez en un programa de televisión, algo que sería probablemente censurado en otros países del mundo, publicar una columna de opinión sin cortapisas o desplazarse libremente por el país con una cámara y una grabadora. Son libertades bien reales en la Venezuela de hoy.

Pero la libertad de expresión también pasa inevitablemente por el acceso a la información, a las fuentes, sobre todo oficiales, tarea ardua en Caracas si no se tiene la etiqueta de medio de comunicación oficial o medio amigo.

En mis años en Venezuela solicité acceso para reportajes de todo tipo. Me cansé de realizar peticiones por carta, correo electrónico y teléfono y finalmente me llevé en la maleta una larga lista de los que no pude escribir por chocar con una puerta cerrada o no encontrar una fuente oficial que los equilibrara.

Eran en su mayoría temas inofensivos e incluso positivos para el Gobierno. Pero la respuesta fue «no». O más bien «déjame ver y yo te llamo», que con el paso de los días y de las semanas sin noticias es igual a una negativa.

–Y para los periodistas venezolanos, el acceso a la fuente oficial sencillamente no existe. La mayoría no puede ir a una rueda de prensa del Presidente o del ministro. El Gobierno usa su sistema de medios de comunicación para transmitir la información que ellos quieren pero no dan derecho a preguntar nada. Por ejemplo, la enfermedad del Presidente. Nosotros no sabemos todavía qué tipo de cáncer tiene Chávez y conocemos todos los detalles sobre el de Lula da Silva[17]. No es normal –me resumía Luz Mely Reyes.

Con la enfermedad del mandatario, la falta de transparencia y el hermetismo del Gobierno alcanzaron niveles desconocidos. Si bien la enfermedad pertenece al ámbito privado de las personas, no parece ni lógico ni pertinente que el propio Presidente dé todos los detalles sobre el tamaño del tumor, la operación en que fue extirpado, su rehabilitación y hasta su dieta, y no diga dónde estaba alojado y qué riesgos entraña para su vida.

---

[17] Al expresidente brasileño Luiz Inácio Lula da Silva le fue diagnosticado en octubre de 2011 un cáncer de laringe. Fue tratado en Sao Paulo y los partes médicos siempre fueron públicos. Los oncólogos anunciaron en mayo que había experimentado una remisión completa tras tres ciclos de quimioterapia.

«Ha fallado la calidad de la información oficial. Que un país entero tenga que estar pendiente de lo que digan los adversarios al proceso para aproximarse a lo que está pasando en realidad es casi un delito contrarrevolucionario imperdonable, que afecta a la credibilidad de todos los voceros oficiales y desmoraliza a quienes permanentemente dan la cara por lo que creen», escribía amargamente en febrero de 2012 Nicmer Evans, politólogo y analista cercano al gobierno de Chávez, uno de los más autocríticos que conocí durante mi estancia en Venezuela.

Evans se refería sin duda a los «Runrunes», una columna publicada en el diario *El Universal* por Nelson Bocaranda, periodista claramente adverso al Gobierno, que gracias a fuentes privilegiadas ha estado dando información sobre la enfermedad de Chávez que, ante la impotencia de muchos miembros del Gobierno, se ha ido confirmando en su mayoría.

No es normal que el país entero se despierte y tenga que leer los «Runrunes», que, como su propio nombre indica, deberían ser solo eso, rumores y noticias que se barruntan, para saber qué le pasa al Presidente, cómo fueron los exámenes en La Habana, si tiene buen ánimo, quién lo está tratando o cuándo planea regresar a Caracas.

Esa dificultad general para encontrar fuentes oficiales dispuestas a conversar hace que la imagen de Venezuela, en muchos artículos, no salga bien parada, como lamenta Andrés Izarra.

—Es verdad que hay una dificultad en que la gente informe. Hay muchas personas en el Gobierno poco accesibles, celosas con la información y miedosas. Estamos avanzando, pero hay un problema ahí fomentado por ese clima de guerra mediática —admitía el ministro.

Pero en medio de esta desconfianza y cerrazón del Gobierno hacia los medios de comunicación, en Venezuela siguen pasando cosas que nos sorprenden, que muestran cómo es imposible y sobre todo injusto encasillar al país, al Gobierno o poner una etiqueta que defina irremediablemente a las personas.

En enero de 2010, Haití se vio castigado por un violento terremoto que dejó decenas de miles de muertos. La noche del 12 de enero, en plena confusión sobre las escasas informaciones que procedían de Puerto Príncipe, la dirección de nuestra agencia de noticias nos pidió a los corresponsales más cercanos que viéramos si podíamos llegar de alguna manera hasta allá.

Venezuela fue el primer país cuyo gobierno anunció el envío de un avión con ayuda humanitaria. Saldría esa misma madrugada, horas después del seísmo, sin saber muy bien si podría aterrizar porque el aeropuerto de Puerto Príncipe estaba seriamente destruido. Pude explicar la situación a una persona del Gobierno, que comprendió perfectamente nuestra necesidad de informar rápidamente y, horas después, un fotógrafo y yo estábamos montados en ese avión militar del gobierno venezolano, rodeados de médicos y de bomberos, sentados sobre cajas de suero y agua para los damnificados.

El piloto aterrizó en un costado de la pista y el propio primer ministro de Haití, descorazonado por la tragedia, sucio y sin dormir, estaba esperando ese avión, el primero que llegó con ayuda.

Jamás el equipo de Chávez me pidió nada a cambio de ese inmenso favor, ni siquiera insinuaron que para «pagar» el viaje sería bueno que hiciera un reportaje sobre la ayuda humanitaria que habían enviado a Haití.

Más allá del momento político, de los gobiernos y de las más radicales ideologías, el venezolano siempre me pareció por encima de todo un pueblo generoso.

* * *

En 2009, varias leyes que afectarían al oficio del periodista se estaban incubando en una Asamblea Nacional (Parlamento) totalmente dominada por el chavismo. Una de ellas era considerada una ley mordaza, que preveía cárcel para los periodistas que atentaran contra la paz social o la estabilidad de las instituciones.

Al mismo tiempo, la Comisión Nacional de Telecomunicaciones (Conatel) estudiaba revocar la licencia de 240 emisoras de radio y 45 televisoras locales por diversas irregularidades. Dentro y fuera de Venezuela, la imagen era que Chávez estaba listo para asestar un mazazo a esa prensa que le molestaba. «Ninguna libertad puede ser ilimitada», nos advirtió el Presidente en una rueda de prensa.

En aquellos días, Rosario Pacheco, presidenta de la subcomisión de medios de la Asamblea Nacional, me definía el problema con la prensa como un tema ideológico, ya que «la plataforma mediática construida por el Estado burgués anterior a Chávez entraba en conflicto con los planteamientos de un Estado socialista».

–El Gobierno está atendiendo finalmente el clamor de la sociedad que pide desde hace tiempo la democratización de los medios de comunicación, que están secuestrados y solo benefician a los grupos que los presiden. Tenemos esa asignatura pendiente. Aquí en 2002 corrimos el riesgo de ser un Ruanda, de caer en una guerra civil. Y los medios tuvieron mucha culpa de eso. Chávez podría haber vuelto al poder y cerrarlos todos, pero reiteró su espíritu democrático –me explicaba la diputada.

El discurso oficial de los miembros del Gobierno se centraba en la necesidad de romper el «latifundio mediático» e impulsar los medios de comunicación «populares».

«Todos los venezolanos deben convertirse en periodistas», dijo tranquilamente por aquellos días la entonces ministra de Información, Blanca Eekhout.

Finalmente, 34 emisoras perdieron su licencia por diferentes razones y el proyecto de ley de delitos mediáticos fue enterrado y desapareció de la agenda del Gobierno de la misma forma misteriosa en que entró. Fue una gran advertencia.

Es verdad que en medios favorables y contrarios al Gobierno, las críticas al adversario no se escatiman. Hay actos condenables por ambas partes. Leer ciertos artículos o asistir a algunos programas de televisión llega a sonrojar. Cuando Chávez dice que los medios se comportan como actores políticos no le falta razón, pero comenzando por los propios periodistas que apoyan a su gobierno.

El clima de crispación llega a provocar enfrentamientos e insultos entre reporteros de medios con ideas políticas opuestas, como si el periódico o la televisión fueran de su padre y hubiera que defenderlos a capa y espada.

Es un «vale todo» que da vértigo.

Ese periodismo militante hace que la opinión reine sin sombra por encima de la información desnuda, despojada de veneno y de connotaciones. Muchos informadores venezolanos, que crecieron y estudiaron con Chávez en el poder, no esconden sus preferencias políticas y creen que están destinados a trabajar en ciertos medios de comunicación por pensar de una determinada manera.

«Soy chavista y entonces tengo que trabajar en Telesur». «Odio a Chávez y tendré que pedir trabajo en Globovisión». Son frases que he oído en periodistas que venían a pedir trabajo a nuestra agencia.

–Desde hace años la gente me reclama por qué no estoy totalmente contra o a favor de Chávez. Mi posición me permite ver lo mejor de los dos mundos y también lo peor. Quiero tener la cara bien limpia para no quedarme callada frente a ninguna de las partes. Yo hago periodismo de investigación y es algo que cuesta mucho en este momento. Siempre se habla de que el Gobierno es corrupto y coarta la libertad de expresión, pero la corrupción está en todas partes y hay un sector privado con muchos intereses que no quiere tampoco que muchas cosas salgan a la luz. Y los medios tampoco sacan nada de eso. Los buenos no están solo de un lado –me recordaba Luz Mely Reyes.

***

Miguel Henrique Otero es lo que Chávez llama un «pitiyanqui», un «escuálido» que representa a la «Cuarta República» y a la «derecha apátrida». El director del *El Nacional*, uno de los tres diarios más importantes de Venezuela, es blanco de las críticas del ala más dura del oficialismo, colecciona procesos en su contra y en contra del periódico pero confía en mantenerse cada mañana en los kioscos.

–Actualmente en Venezuela no se puede hacer nada distanciándose de la política. El modelo que ha implantado Chávez está basado en el antagonismo, en la confrontación permanente y el periodismo también es así. Se ha convertido en un arma política porque en la práctica el Presidente tiene secuestradas todas las libertades: el poder legislativo, el electoral, el judicial y la Defensoría del Pueblo. Lo único que está fuera en buena parte es el poder mediático –me decía durante una entrevista en su despacho, en el que una portada del *New York Times* enmarcada en la pared y una matrioska de Barack Obama se mezclaban con artesanía de varios rincones de Venezuela.

Otero y *El Nacional* tienen varias causas abiertas en la justicia: desde supuestas difamaciones hasta la publicación de una impresionante foto de la morgue de Caracas que mostraba cadáveres amontonados a la espera de una autopsia. Por su parte, él también ha presentado varias denuncias ante la justicia, sobre todo por los ataques proferidos contra él desde el canal del Estado, VTV.

–No me siento perseguido físicamente y nunca he pensado que nos iban a cerrar. Nos van ahogando financieramente, nos quitan la publicidad, nos multan, nos acosan y prohíben la venta del diario en algunos lugares públicos. Yo creo que pueden llevarme preso pero no cerrarán el periódico –enumeraba.

La misma historia se repetía en Globovisión, televisora tremendamente crítica con el gobierno que convive desde hace años con la amenaza de una pérdida de licencia, lo cual significaría su salida del aire en señal abierta.

El medio de comunicación acumula procesos, multas y su presidente, Guillermo Zuloaga, y uno de sus hijos huyeron a Estados Unidos en 2010, considerándose perseguidos políticos del Gobierno después de haber sido acusados de corrupción.

La sede de este canal de televisión ha sido objeto en varias ocasiones de ataques por grupos radicales que se han saldado sin consecuencias. Sus periodistas tienen la entrada vetada a casi todos los actos oficiales del gobierno y han denunciado robos y agresiones en diversas coberturas.

—Hace mucho tiempo éramos bienvenidos en Miraflores. Nosotros incluso estuvimos en la oficina de Chávez, cenando con él, después del golpe de 2002. Guillermo Zuloaga le dijo, en broma, que nosotros no habíamos participado en el golpe porque de haber sido así no habría fracasado. Y el Presidente se quedó mudo, sin saber qué decir —me contaba, sin contener la risa, Alberto Federico Ravell, director de Globovisión durante nuestra primera entrevista.

Sentarse frente a Globovisión un día entero provoca la sensación de estar atrapado en un tren de alta velocidad sin conductor que va a descarrillar irremediablemente. La perturbadora música de fondo, las cuñas contra el Gobierno, el tono de sus programas, los discursos apocalípticos de muchos de sus invitados y las críticas sin concesiones a Chávez crean un desasosiego que anida fácilmente en muchas personas y genera un discurso antigobierno intransigente, castrante y muy negativo para el país.

La pregunta es: ¿son medios de comunicación o actores políticos como les acusa Chávez?

—El único partido político-medio de comunicación que conozco es Venezolana de Televisión (VTV). Cuando hay campaña todos se visten de rojo, desde el director hasta el último periodista. Ellos son un brazo más del PSUV —respondía Ravell sin titubear.

Unos días antes, él mismo había difundido la información sobre un terremoto registrado en territorio venezolano. Pese a que la información era certera, la justicia le abrió un procedimiento por crear zozobra informando antes de que lo hiciera el Gobierno.

—Es inédito que un medio sea castigado por informar primero sobre algo que es cierto. He perdido la cuenta de los procesos que tenemos abiertos entre todos nosotros. Pero el problema de Chávez no es conmigo: yo represento a un canal combativo que no se ha doblegado, ni arrodillado, ni vendido por pautas publicitarias, y eso le molesta al Presidente. Aquí hay medios complacientes que le hacen el juego y creo que él, aun odiándonos, nos respeta más que a aquéllos que le han besado las botas de militar –decía, duramente.

Ravell es uno de los blancos preferidos de los ataques de los canales del Estado. Adicto al Twitter, sin pelos en la lengua, irreverente y hasta grosero, tiene pocos reparos en criticar, en decir lo que piensa y no tiene piedad para la gestión de Chávez.

Al igual que Otero, tiene fresco cada ataque, cada amenaza y cada proceso judicial en curso. Ambos directivos hablan sin embargo del Presidente con respeto y una cierta admiración mal escondida, mezclada con un deje de sarcasmo e impotencia.

–Esta no es una dictadura tradicional, es un mecanismo más sofisticado. Es un proceso hacia la hegemonía comunicacional y el Gobierno cubre cada vez terrenos mayores y reduce otros por diversas vías: puede ser el cierre de un medio o una multa. A todo ello se une el manejo sórdido del poder judicial –consideraba el director de *El Nacional*.

Otero presentó en 2011 una denuncia por calumnias contra Mario Silva, director del programa *La hojilla*, del canal estatal VTV.

–Soy uno de sus blancos habituales. Hace tres meses el tipo empezó a llamarme «hijo de puta» y presenté una demanda que en un país normal él no tendría como ganar.

Meses después, Silva fue exonerado de toda culpa porque el director de *El Nacional* estaría intentando coartar su libertad de expresión y de cualquier manera, la expresión «hijo de puta» agrede a la madre de Otero y no a este. El director del diario apeló esta decisión y logró que fuera anulada por un tribunal de apelaciones, lo cual le permite relanzar la denuncia contra Mario Silva.

–¿Y cómo definiría usted el periodismo que *El Nacional* hace?

–Independiente. En el sentido de que hacemos lo que queremos hacer. A eso llamo yo hoy independiente.

—Como el Gobierno en Venezolana de Televisión entonces…
Carcajada.

—Sí, pero ese se supone que es el canal de todos los venezolanos. Ellos no tienen justificación para hacer lo que hacen. *El Nacional* sale cada mañana con el objetivo de informar, pero también es una válvula de escape de un país donde nada funciona. El periódico siempre ha sido crítico, independientemente de quién esté en el poder. Mi diario está abierto. En él hay espacio hoy día para columnistas del Gobierno. Y me gustaría que hubiera más que estuvieran dispuestos a escribir. Mira, todo eso ha sido progresivo, Chávez ha ido cambiando y volviéndose más excluyente: si no compartes sus ideas eres enemigo de la revolución, golpista y no tienes cabida.

En 2009, Ravell sentía que el cierre de Globovisión, presentado como una pérdida de licencia u otra argucia legal, estaba sobre la mesa del Gobierno. Varias denuncias contra el hijo de José Vicente Rangel, uno de los más estrechos colaboradores de Chávez, y la investigación del caso del maletín con 800.000 dólares, supuestamente enviados a Argentina por Venezuela para financiar la campaña de Cristina Kirchner, habían agudizado la tensión con el Gobierno.

Al proceso abierto por el terremoto le seguirán otros. El último de ellos en 2011, una multa millonaria de más de 9 millones de bolívares (más de 2 millones de dólares) por la cobertura realizada en 2011 durante el motín de presos de la cárcel de El Rodeo, cercana a Caracas, que según la justicia causó «zozobra» en la población.

Salvo la prensa oficial, que tuvo acceso al ministro del Interior y a los responsables militares a cargo del asalto al penal, el resto de los medios de comunicación hicimos prácticamente la misma cobertura: entrevistar a familias de reos a las puertas de la prisión, describir la angustia de las madres y reproducir la información gubernamental que nos llegaba por televisión.

Me imagino por tanto que todos creamos zozobra, pero solo Globovisión fue multada.

—Somos la piedrita en el zapato del Gobierno porque somos los únicos que decimos la verdad. En Globovisión difundimos todo: lo bueno y lo malo, hasta las críticas que el Gobierno nos hace las mostramos también. Pero a Chávez le falta ponernos un cartel en la frente que diga: «Este canal es nocivo para la revolución» –lamentaba Ravell.

La esperanza de este directivo de Globovisión era que la salida del aire de RCTV en 2007 y el costo político que entrañó pesen para que la historia no se repita con Globovisión.

Muchos venezolanos, chavistas o no, dan hasta hoy la razón al gobierno de Chávez sobre el dudoso comportamiento de RCTV durante el golpe de Estado de 2002 y no compartieron la feroz campaña de este medio de comunicación contra el mandatario en los años posteriores, pero siempre defendieron el derecho del canal a seguir existiendo.

En diciembre de 2007, meses después de que no se renovara la concesión a RCTV, Chávez perdió por primera vez en las urnas cuando su proyecto de reforma constitucional no fue aprobado en un referéndum.

—El caso de RCTV se ha manipulado mucho, pero Venezuela dio un ejemplo con eso, abrió una brecha. Creo que hay países que observaron esta decisión con mucho interés: que haya un medio de comunicación que se cree dueño del país y que actúa por encima del Gobierno, de la Constitución y de las leyes y el Gobierno decide no renovar su licencia. Aquí hay una democracia vibrante –interpretaba Izarra, varios años después.

—Este es un canal que molesta mucho pero mucho al Gobierno. Si Chávez nos cierra, nos cerrará en Madrid, en Lisboa y en todos los sitios que visita con su fachada de demócrata y en los que muchos venezolanos nos ven por internet –respondía Ravell.

En 2010, de la noche a la mañana, este periodista dejó de ser director de Globovisión. Su renuncia fue misteriosa y hasta hoy está plagada de dudas. Hay buenas fuentes que garantizan que fue una exigencia del Gobierno para que el medio siguiera subsistiendo, la versión oficial alude a diferencias con el resto de los dirigentes del medio de comunicación. Ravell decidió abrir una página web de información que, contra todo pronóstico, se ha hecho un hueco en este país obsesionado por la información en tiempo real y ávido de noticias políticas.

–El día en que Globovisión no exista, el mundo entero se dará cuenta de que éramos una especie de trofeo para el Presidente que parece decir: «Fíjense que hay libertad de expresión porque Globovisión existe» –seguía diciendo Ravell, después de dejar el canal.

Chávez, gran periodista de la revolución

2 de febrero de 2009. El jeep rojo descubierto avanza lentamente entre la multitud, desafiando la intensa lluvia que cae sobre el Paseo de los Ilustres de Caracas. El tiempo inclemente no logra que a Chávez, calado hasta los huesos, se le desdibuje la sonrisa del rostro. Y no es para menos: está celebrando diez años de su toma de posesión como presidente, rodeado de sus aliados de la Alianza Bolivariana para los Pueblos de América (ALBA) y las encuestas apuntan a que ganará días después una enmienda constitucional que le permitirá presentarse a cuantos mandatos quiera, en 2012 y en adelante.

Más que un presidente, Chávez parece un cantante de moda recién llegado al país que provoca pasiones furiosas y desgarradas entre sus fans. Decenas de personas intentan tocarlo, abrazarlo y le tienden niños para que los bese. Hay mujeres que le lanzan ropa interior y flores y jóvenes que le entregan papelitos mojados, llenos de esperanza y de peticiones: una casa, un trabajo, atención médica...

«Uh, ah, Chávez no se va».

Él siente el fervor y la unión casi mística con esa masa de gente vestida de rojo que corea su nombre y le pide que no se vaya nunca del poder.

«Se queda, se queda, el comandante se queda».

Se sabe poderoso y sin apenas sombra, se siente imprescindible e invulnerable. Convencido de haber marcado un antes y un después en la historia de Venezuela, el jefe de Estado ha decretado incluso que ese 2 de febrero sea día festivo.

Sobre el escenario, Chávez se desata, arropado por sus homólogos de otros países y transportado por la euforia de esa multitud de fieles. Habla más de una hora bajo la lluvia pero la gente lo escucha atentamente. El tiempo pasa rápido para todos oyéndole prometer victorias, amenazar a sus adversarios, citar, casi desgañitándose, a Simón Bolívar, subrayar emocionado los logros de la revolución, dirigirse enternecido al público, derrochar alegría, cantar y bailar.

Es el Chávez que sus fieles aman.

«Es como mi hijo. Siento por él el orgullo y el amor de una madre». «Él ha sabido defendernos hasta ahora y será el único que pueda defendernos en el futuro». «Todo lo bueno que nos ha pasado se lo debemos a él». «Con Chávez todo, sin Chávez nada». Los testimonios de devoción de gente anónima se me acumulan.

Chávez está incrustado, casi tatuado en las vidas de muchos de ellos. Es una relación completamente sentimental que cuesta entender si se viene de un país donde la política no está omnipresente ni gobierna las existencias de nadie.

Ante ese delirio de los asistentes, sonrío acordándome de la pregunta a la que más a menudo hay que responder, con infinitos argumentos, cuando se habla sobre Venezuela con gente que no ha puesto un pie en el país.

«Pero a Chávez nadie lo quiere allá ¿no? Es un dictador». Esa fiesta que yo tenía ante mis ojos era la mejor respuesta.

La mayoría de los presentes no tiene muy claro en qué cambiará el futuro de Venezuela si la enmienda constitucional fuera aprobada, como al final lo fue, tampoco conoce el nombre de los ministros de Chávez, pasaría serios apuros para definir el socialismo del siglo XXI y no sabe qué leyes se están debatiendo en el Parlamento. Pero eso es lo de menos.

Chávez les da o les promete dar casas, trabajo, educación, salud y, sobre todo, les transmite esperanza, hablándoles a ellos directamente, llamándoles casi por el nombre, usando sus mismas palabras, cantando sus mismas canciones. Por eso ellos quieren a su comandante.

«Estoy subordinado a lo que mi pueblo mande. Mi vida ya no es mi vida, mi vida les pertenece a ustedes», se despide delirante el Presidente, con una bandera venezolana enrollada al cuello. La música pegadiza del grupo español Ska-P que le acompaña en los últimos meses y que una se sorprende tarareando en cualquier momento, empieza a sonar: «Adelante comandante, ponte al frente con honestidad, comienza a amanecer en Latinoamérica». Chávez brinca, corea y aplaude. En su corazón, como dirá más tarde, siente ya una nueva victoria en las urnas.

Tras la apoteósica celebración y mientras intentamos buscar la manera de salir de aquella avenida abarrotada, varios grupos se quitan casi a escondidas las camisas rojas en un jardín cercano, antes de dirigirse al metro o al autobús. Alberto trabaja en Petróleos de Venezuela (PDVSA). Marta es dentista de un organismo del Gobierno. Nélida lleva casi 20 años en un ministerio. «Así funcionan las cosas aquí. No somos chavistas, pero tenemos que venir para que parezca que somos muchos. Esto, mi amor, ocurre en cada manifestación. No pienses tú que todo ese gentío ama a Chávez», me dice Alberto.

—No hay opción si queremos conservar nuestro trabajo. A veces te quedas solo un poco, haces como si te pierdes y te vas rapidito, pero hoy teníamos al supervisor al lado y hubo que estar hasta el final –cuenta Nélida.

Varios autobuses de la estatal petrolera están aparcados a pocos metros del lugar donde ha hablado Chávez y comienzan ya a transportar a la gente de vuelta al centro de Caracas o a otras localidades cercanas.

¿Cuánto amor sincero e incondicional de ese que se proclama a los cuatro vientos hay realmente en esa multitud de gente vestida de rojo? ¿Cuántas de esas personas seguirán venerando a Chávez si perdiera o debiera retirarse por razones de salud? ¿Son aún los venezolanos ese pueblo acostumbrado a gobernantes todopoderosos y empeñado, como dice García Márquez en *El otoño del patriarca* en «proclamar su eternidad y falsificar su resplandor»?

Días después de aquel mitin, Chávez ganaría el referéndum sobre la enmienda constitucional que, entre otras cosas, le permite presentarse a la presidencia cuantas veces quiera.

«Hasta que Dios quiera y el pueblo mande», como él mismo ha dicho.

* * *

El presidente venezolano es el único protagonista de esta aventura revolucionaria. No hay ni siquiera actores secundarios, solo figurantes. Chávez es la revolución bolivariana. Aúna un gran poder, se ha convertido prácticamente en la única fuente de información del país, marca la agenda, mantiene una omnipresencia en la televisión y copa las páginas políticas de los diarios. Chávez no solo es el motor de su propio partido y su mejor embajador, sino que hasta hace algunos años también parecía ser de alguna manera la piedra angular de la oposición, desunida, perdida y sin programa propio más allá de criticar al jefe de Estado.

Chávez está en todas partes, en todos los temas de actualidad. Escribir un artículo en Venezuela sin su nombre era y es, aún hoy, un reto que hay que ponerse de vez en cuando, aunque sea solo por demostrarse a una misma que es posible.

Por Chávez se siente devoción. Vestido de civil o con uniforme militar con boina roja, abrazado a niños, respaldando a compañeros de partido, con el brazo izquierdo en alto, escoltado por Fidel y el Che Guevara, su imagen se repite hasta la saciedad.

Las imágenes del mandatario reciben a la llegada al aeropuerto, se multiplican en artísticos murales que decoran numerosas paredes, en vallas publicitarias, en la mayoría de organismos progubernamentales, en las sedes de programas sociales del Estado, en la vestimenta de mucha gente o en las tiendas de recuerdos bolivarianos.

Es una sobredosis de Chávez que recuerda inevitablemente a otros países, lejanos a Venezuela físicamente y en espíritu, en los que también ha existido o existe esa adoración, libre o a menudo impuesta, hacia sus dirigentes.

¿Le gustará a Chávez verse por todas partes cuando circula por Caracas? No lo sé.

Un decreto prohibió usar su imagen para fines personales o comerciales sin autorización, pero no por ello coartó el ímpetu de muchos.

En el centro de Caracas, cerca de la plaza Bolívar, una tienda pequeña y escondida concentraba esa veneración por el Presidente, transformada por Jorge Moreno en lucrativo negocio.

Es un agujero invisible desde la calle, una cueva de Alí Babá en la que se pueden encontrar gorras, camisas, relojes, muñecos, encendedores, llaveros, paraguas y los objetos más inverosímiles con la imagen del mandatario venezolano. Tanto Chávez llega hasta a marear.

Un pequeño Chavecito «made in China», vestido de militar y hasta con la verruga que el presidente tiene en la frente, hace un discurso sobre socialismo y revolución si se le aprieta un botón en la espalda. Es uno de los productos estrella.

Tan interesantes como las imágenes son los comentarios de los presentes, todos chavistas de corazón, y los debates que surgen entre los clientes, venezolanos o extranjeros, sobre el rumbo del Gobierno y las decisiones de Chávez.

Las frases célebres del Presidente, las fotografías con sus aliados, sus eslóganes de campaña: todo está ahí impreso, inmortalizado y sumamente actualizado.

Moreno escucha siempre a su «comandante», más bien «bebe» sus palabras.

Si a su pasión bolivariana se añade que es un tipo rápido y tiene ya su red de proveedores, el resultado es que pocos días después de que Chávez anunciara que tenía cáncer, en su tienda ya se podían encontrar las camisas y los llaveros con la mención «P'alante comandante, viviremos y venceremos».

—Chávez vende mucho —se felicita este comerciante, que empezó cosiendo y estampando camisas por las noches en su propia casa antes de poder abrir en 2008 su propia tienda. La primera de su género en toda Venezuela, como él mismo presume, sin falsa modestia.

Sus productos se venden como pan caliente en las manifestaciones del Gobierno, en los mítines electorales y en cualquier acto de masas donde vaya el Presidente.

En nuestra entrevista, Moreno quiere dejar muy claro que su negocio es un impulso de la revolución y confiesa que ya tiene listos los modelos de camisetas para las elecciones de 2012. El rostro del Presidente y la frase «Objetivo: 12 millones de votos».

Más original me parece otra camisa, que no puedo evitar comprar por 30 bolívares: una gran imagen de la Estatua de la Libertad con la cara de Chávez. «Creación mía», fanfarronea Moreno.

* * *

Llevo nueve horas escuchándolo frente a los diputados de la Asamblea Nacional. Pasó el mediodía, cayó la tarde, cantaron las guacamayas de camino al Ávila y llegó la noche en este sábado de enero de 2011. Y el Presidente sigue hablando. Es un ejercicio complicado y sin pausas para publicidad. Pero Chávez parece pletórico.

No se ha sentado, no ha ido al baño, no ha comido y no ha titubeado pese a estar improvisando durante toda su intervención. Es su presentación anual de la labor del Gobierno y su público, a diferencia de la mayoría de los actos del Presidente, no está compuesto solo por partidarios.

Un 40% de la gente que tiene frente a sí son diputados opositores que acaban de conseguir su escaño en las elecciones legislativas. A todos ellos les ha saludado, les ha preguntado por su familia, les ha contado su niñez en Sabaneta de Barinas, sus trucos cuando juega béisbol, sus conversaciones con Fidel Castro o cómo se entretiene en sus noches de insomnio en Miraflores.

También les ha cantado y ha hecho bromas que han provocado inevitablemente la risa de la inmensa mayoría, más allá de sus tendencias políticas.

Finalmente, lo esencial de su discurso podría haberse dicho en una hora, pero la cabeza de Chávez no se rige por esos criterios.

Pienso fugazmente en todo lo que yo podría haber hecho en esas nueve horas que llevo sentada frente al televisor, ya que los periodistas no pudieron entrar en la sala del Parlamento donde hablaba el Presidente.

Un año después, en 2012, convaleciente del cáncer que le fue diagnosticado, Chávez volverá a repetir su hazaña ante la Asamblea Nacional. Con menos brío pero queriendo demostrarse a sí mismo que podía hacerlo pese a la enfermedad, el Presidente hablará hasta unos minutos más que en 2011. Récord superado.

Tras las 9 horas de discurso, larguísimas pero finalmente hasta amenas, algunos ministros y miembros del Gobierno se expresan también ante las cámaras de la televisión oficial. Cinco minutos de declaraciones bastan para caer en la cuenta de lo tremendamente aburridos que pueden resultar, casi ridículos en su elogio sin pudores y en sus intentos de imitar el tono y los gestos de su líder.

Ante una copia, creo que todos preferimos al original.

–Chávez ha sabido comunicarse con los venezolanos como pocos presidentes lo han hecho. Es histriónico, canta, baila, recita, tiene excelente memoria. Es un gran actor. Tiene muchas cualidades, definitivamente, pero me gustaría verlo más en el teatro que en la presidencia –me dice, irónico, Alberto Federico Ravell, exdirector de la televisora Globovisión.

¿Cómo será el chavismo si Chávez un día no está en escena? El propio Presidente, que ha favorecido durante años esa ausencia de personalidades que pudieran hacerle sombra, tampoco sabe responder hoy en día a esta cuestión y supongo que eso alimenta su idea de que es por ahora imprescindible.

Nunca hice las cuentas, y ahora me arrepiento, de cuántas horas escuché a Chávez. Llega un momento en que se le puede adivinar el final de sus frases, intuir si va a decir algo importante, si está de mal humor, si la intervención será corta, es decir de dos o tres horas, o si durará mucho más.

El Presidente vive a través de sus constantes apariciones en televisión. Sabe que él es la mejor publicidad de su gobierno, el único capaz de transmitir sus logros y contagiar entusiasmo y no ignora que la mayoría de sus votos reposa en esta relación especial establecida con los venezolanos.

La conexión es con él y con nadie más que él. Desde hace años, los ciudadanos votan por o contra Chávez, sean elecciones municipales o presidenciales o un referéndum.

Es una forma de política casi infantil. Por ello el Presidente da la impresión de necesitar estar siempre presente, decir qué hace, en qué está trabajando, qué está leyendo o qué piensa de algún acontecimiento político. Me sorprendía que incluso cuando está fuera del país, al otro lado del mundo, sintiera esa necesidad de llamar constantemente a la televisión estatal, VTV, para constatar que es querido y extrañado y para contar cómo va el viaje, con quién se ha reunido o qué acuerdos va a firmar. Es una especie de «oigan, no me olviden que ya vuelvo».

Porque no hay cuña del ejecutivo, decisión ministerial, anuncio de ministro o visita de responsables del Gobierno que cale más en la gente que unas palabras de Chávez.

* * *

«Buenas noches, Carmen». Al otro lado del hilo, la militante del Partido Socialista Unido de Venezuela (PSUV) de un pueblecito perdido de Venezuela intenta contener la emoción y los nervios. Ha reconocido inmediatamente la voz de su comandante. Es medianoche y el presidente venezolano está llamando a varios líderes de su formación para ver cómo va la campaña para las elecciones regionales que se celebrarán en breve.

Chávez no tiene horarios, sobre todo cuando está en juego el «futuro de la revolución», de su gobierno, y de él mismo, como repite cada día.

«¿La familia cómo va? ¿Están yendo puerta por puerta? Dime cuántos electores tienes asignados». Chávez parece tomar la lección.

Al otro lado del hilo, Carmen responde acertadamente y repite varias veces un nervioso «Sí, mi comandante». Y el comandante parece tranquilo. La señora conoce bien su trabajo, está activa y es una convencida de la revolución.

La práctica se repetirá varias noches. «Si hubiera que ir a buscar a un militante inscrito al fin del mundo, allá habrá que ir», repite el Presidente.

Es estéril y muy osado intentar descifrar lo que pasa por la cabeza de Chávez o las razones que rigen su forma de actuar, aunque sea uno de los presidentes sobre los que más se ha escrito.

Extraordinario. No se me ocurre mejor adjetivo. Literalmente fuera de lo ordinario. Nos guste Chávez o no. Es la palabra más usada por amigos y enemigos para definir al Presidente, incluso en sus peores momentos.

Además de nada común, el Presidente es provocador, excluyente, rudo, populista y popular, incombustible, déspota, sentimental, con una alta estima de sí mismo y de su misión, hiperactivo, implacable con sus adversarios, solitario, con gran olfato político, seductor, desconfiado, seducido por el poder, adicto al trabajo, divertido, insomne, con una complicada mezcla ideológica de izquierda y militarismo. La lista sería larga para finalmente definir a un hombre que pocos conocen bien.

Lo que está muy claro es que ante él y su discurso radical es imposible mostrar tibieza.

A Chávez o se le quiere o se le odia.

Por eso ha logrado dividir el país en dos partes aparentemente irreconciliables y ha logrado que los venezolanos se obsesionen con la política.

El presidente venezolano es como un encantador de serpientes, convence de lo improbable y puede hacer que un conjunto de ideas poco pensadas y desordenadas se conviertan en un proyecto tentador.

–Es un gran táctico que no tiene problemas en contradecirse con el fin de allanar el camino hacia sus objetivos –me dijo en una ocasión John Magdaleno, analista y profesor del Instituto de Estudios Superiores de Administración (IESA) de Caracas.

El presidente puede defender una ley y vetarla días después sin que pase nada, impulsar a sus ministros para que anuncien una subida del IVA y decidir finalmente no aumentarlo, criticar a un político como Juan Manuel Santos y recibirlo como un gran amigo en Caracas meses después.

Y no pasa nada.

Ante las cámaras y ante los periodistas, Chávez sabe lustrar sus mejores dotes: comunica a la perfección, le gusta ser el centro de atención, es ameno, gracioso, persuasivo, cercano y astuto.

He visto enviados especiales de países diversos llegar a ruedas de prensa con una opinión más que negativa sobre el líder venezolano y salir cuando menos sorprendidos y muchos de ellos ensimismados y conquistados por su carisma.

Chávez es además el gran embajador de la revolución. En un mismo día, podemos ver al Presidente inaugurar hospitales, puentes y carreteras, poner la primera piedra de viviendas, participar en ceremonias de graduación de estudiantes bolivarianos, recorrer barriadas, hablar con sus homólogos de otros países, enviar «tweets» a la red social y convocar a sus ministros para una reunión urgente.

En momentos de campaña, los actos públicos diariamente transmitidos por televisión se multiplican.

Es el apogeo de Chávez, que, como buen militar, parece necesitar permanentemente un enemigo con nombre y apellido.

* * *

Y por si las ocasiones de ver al jefe de Estado por televisión durante la semana fueran pocas, el domingo llega la apoteosis: *Aló Presidente*.

«Hay que trabajar incluso en domingo. Dicen que Dios descansó el séptimo día pero él estaba tranquilo, no tenía a los pitiyanquis, el diablo estaba en el infierno», dijo Chávez en una ocasión, mostrando su alta visión de sí mismo.

Aló Presidente es lo más parecido a una agenda del gobierno en un país donde no se publican agendas. Cada domingo desde 1999 y hasta que se le diagnosticó su enfermedad, Chávez mostró durante varias horas sus mejores armas de comunicador, se acercó a la gente, atendió problemas concretos, marcó las líneas de su política exterior, vapuleó a sus ministros y anunció nacionalizaciones, nuevos acuerdos o resultados económicos. En definitiva, el mandatario exhibió los avances de su revolución a los venezolanos, atribuyéndose los logros y separándose hábilmente de lo que no va tan bien, como la economía o la lucha contra la violencia.

No era raro ver al Presidente manejando un tractor, ordeñando una vaca, hablando de sus novias de la infancia, cantando rancheras o contando sus dificultades para encontrar un baño en un momento de cólico intestinal.

Todo ello, eso sí, sin corresponsales acreditados en el 99% de los casos.

El exministro de Educación, Héctor Navarro, dijo una vez que los principales momentos de la historia venezolana de los últimos 10 años están en los *Aló Presidente*.

Pero ¿quién veía finalmente el programa? Además del Gobierno y los periodistas, no parece que mucha gente se lo devorara entero.

—La voz de Chávez se ha convertido en la música de fondo de Venezuela. El Presidente ha propuesto a los venezolanos una nueva idea de la política, inevitablemente ligada a la televisión: el buen político debiera ser un *showman* —me decía Alberto

Barrera, que, además de ser coautor de la biografía *Chávez sin uniforme*, escribe numerosos guiones de televisión.

Y ese *showman* quiso hacer un «más difícil todavía» en mayo de 2009, cuando para celebrar los diez años de vida de *Aló Presidente* prometió un programa de cuatro días. Una telenovela, por capítulos y en directo, emitida de jueves a domingo, según él mismo dijo.

Era algo heroico que aumentaba su imagen de fortaleza, la de un presidente que ni come ni duerme ni toma vacaciones. Finalmente, problemas técnicos, una baja audiencia u otras razones de índole personal hicieron que el programa se redujera, para regocijo de los periodistas, a tres intervenciones de varias horas en dos días.

—El Presidente es muy intenso —me decía el ministro de Información, Andrés Izarra, que ha sufrido en directo en varias ocasiones el enojo y la falta de paciencia de Chávez, ante un fallo de una cámara o un error en la programación—. Él vive en una intensidad de trabajo voraz y feroz. Yo dificulto que haya un presidente que trabaje como él. No sé cómo aguanta. Tiene una energía increíble, yo creo que le viene de la moral y la conciencia —opinaba el ministro.

No sé si alguna vez llegué a ver a Chávez como en realidad es. ¿De izquierda o de derecha, socialista o monarca absoluto, demócrata conciliador o tirano, humano o simplemente un actor interesado? Hay momentos en que su yo verdadero parece asomar, fugazmente, abriéndose paso en medio de esa figura en la que se ha convertido.

En los peores momentos de su enfermedad, cuando le sorprendió verse condenado a luchar por su vida, cuando se apagaban las cámaras en una rueda de prensa, cuando miraba a sus hijas o se enfadaba con un periodista.

«Crean un Chávez que no soy yo. Un Chávez asesino, antisemita, tirano y loco. Ese no soy yo. Es otro que crearon», se defendió el Presidente en una ocasión.

PARTE III
MUERTE

«Cada cadáver es una historia»

Lo dice Olga Romero. Su tono es casi de forense, pero está empapado de una enorme tristeza y de la angustia de girar en círculo desde hace años sin saber hacia dónde huir. Olga es una víctima más de la violencia ciega de Caracas, pero a diferencia de todos sus clientes, ella puede contar su historia. Y su historia es la muerte. La de otros, la de los muertos que nadie quiere.

Desde hace tres años, esta publicista dinámica y emprendedora abandonó su oficio para dedicarse a otro que parecía más rentable: preparar los cadáveres de personas asesinadas en Caracas, donde los homicidios pueden contarse por decenas en los fines de semana más sangrientos.

–Para nosotros, un tiroteado es ya una muerte natural. En nuestro mundo, en mi mundo, eso son ya las muertes naturales. Pero oye, por más que sea un matón o un ladrón tiene una madre o alguien que llora por él. Yo ayudo a que su familia pueda despedirse de la mejor manera posible.

Una ola de putrefacción acompaña sus palabras hasta hacerse insoportable, pero Olga ni la siente. Nuestra entrevista se realiza un lunes por la mañana a las puertas de la morgue de Bello Monte de Caracas, una fábrica de autopsias al por mayor a la que han ido llegando, una semana más, en un goteo insoportable, los asesinados del sábado y del domingo. Olga se mueve casi cómodamente en este lugar siniestro, al que viene prácticamente a diario. Conoce a todo el mundo, entra y sale sin que nadie le corte el paso y consigue los documentos necesarios en un tiempo récord para recuperar el cadáver y comenzar su trabajo.

En Caracas, hasta las funerarias más humildes comienzan a cerrar sus puertas a quienes mueren violentamente. La violencia que generan a menudo los velatorios, por los robos, el consumo excesivo de alcohol o los ajustes de cuentas entre bandas que llegan frente al féretro a «rematar» el cadáver de la persona que ya asesinaron, sumado al sinfín de quejas de los vecinos, pesan más que el dinero que se pueda ganar con el servicio.

La capital venezolana se ha convertido desde hace algunos años en una ciudad que bate récords de violencia en América Latina y probablemente encabeza la lista de las más inseguras del mundo. En 2010 fueron asesinadas en Venezuela entre 14.000 y 17.000 personas, dependiendo de quién y cómo se hagan las cuentas, y solo en Caracas, ha habido fines de semana en que los muertos violentos han superado el centenar. En 2011, el número de homicidios, según cifras extraoficiales, superó los 19.000.

Para Olga, este drama se traduce diariamente en olor a formol, reconstrucción de rostros destrozados por las balas, organización de velorios en las barriadas más peligrosas de Caracas y sobre todo en miedo. Miedo a no saber cómo dejar atrás su vida actual, a quedarse atrapada en un tiroteo, a que su marido, que ahora trabaja con ella en el «negocio», sea secuestrado al transportar un cadáver, y, sobre todo, miedo, cada día más miedo ante la posibilidad de morir prematuramente, generado por ese contacto cotidiano con la violencia más cruda, que ni su fe en Dios alivia.

–Hace poquito hicimos un servicio de un muchacho colombiano. Él era muy mala conducta, la familia no lo quería velar porque sabía que habría problemas. Pero los propios malandros los obligaron. ¡Qué compromiso! Porque yo no podía decir a la familia que no, cuando a ellos mismos los estaban obligando. Pedí ayuda a la Guardia Nacional pero me dijeron que no podían prestarme apoyo ese día.

La noche anterior se había producido un tiroteo entre los amigos del fallecido y la banda rival, que controlaba la parte alta del barrio de San Blas, al este de Caracas, y quería llegar ante el féretro y rematarlo. Casi de madrugada, Olga y su esposo sacaron el cuerpo de la casa a escondidas, en una camioneta particular, sin que nadie se diera cuenta de que estaban transportando un cadáver, y bajaron la barriada como ladrones, a toda velocidad, en medio de la noche y con la angustia de verse atrapados en cualquier momento bajo una lluvia de tiros.

—Y una dice: ¿qué me estoy ganando? No vale la pena, ni financieramente ni nada. Yo medio sobrevivo con esto, pero sin más. Lo que te queda no justifica lo que te pueda pasar.

Es una mujer guapa, con pelo oscuro, ojos grandes y sinceros pero se ha vuelto un ser apesadumbrado. El peso acumulado de tanta historia terrible le resulta a menudo insoportable. No le gustan las entrevistas y de vez en cuando mira con desconfianza la lucecita roja de la grabadora. Después de semanas en contacto, ha aceptado conversar y que la vea trabajar. Olga empezó repartiendo tarjetas de visita entre familias desconsoladas que llenaban las salas de emergencia de los hospitales públicos de Caracas los fines de semana. Hoy realiza 15 servicios al mes y rechaza encargos. Ya no necesita publicidad.

Por unos 5.000 bolívares o 1.162 dólares, según la tasa oficial, a mediados de 2011, su microempresa El Camino de Dios garantizaba un servicio «completo, moderno y responsable». «Digamos que yo me caso con el servicio: desde sacar el cadáver de la morgue hasta trasladarlo fuera del país. La necesidad me llevó a esto», explica con tono pragmático.

Y al día de hoy, después de haber limpiado, reconstruido y maquillado decenas y decenas de cadáveres, Olga tiene que pararse a pensar para recordar uno que hubiera muerto de forma natural. «La mayoría son puros jóvenes. Estamos hablando de 16 a 25 o 30 años, a lo sumo. A veces da la sensación de que toda la juventud se está muriendo», piensa en voz alta.

Según datos de organizaciones no gubernamentales y de derechos humanos, el homicidio sería hoy la tercera causa de los decesos registrados en Venezuela, por detrás de las enfermedades cardiovasculares y el cáncer. Sin embargo, entre los jóvenes varones de entre 15 y 24 años, la violencia sería ya la primera causa de muerte.

–Hace un par de meses había demasiada gente muerta. Ahora ha bajado un poco. Pero antes eran como 30 cada fin de semana así –explica, haciendo un chasquido con los dedos.

Olga se sienta con las familias a preparar sus «servicios» y empieza a involucrarse en cada historia, en cada muerto. Unos son malandros; otros, trabajadores que se opusieron a un robo y otros murieron de una bala perdida. Ella acaba siendo todos y viéndose en el rostro de cada uno de ellos. Además de miedo a pasar a formar parte de estas listas demasiado largas de asesinados, Olga también siente asco. Una repugnancia por lo que hace y lo que toca, que algunas noches le impide tomar en brazos a su hija pequeña, todavía un bebé.

–Ya me endurecí un poco, ¿oíste? Pero no te creas, no siempre. Hace poco tuve que hacer un servicio de una niña que quedó atravesada en medio del fuego y la mataron. Es fuerte, muy fuerte. Sin tú querer, te contagias del dolor de los demás, llegas a tu casa cargada de dolor –explica–. Para tocarlos tienes que bloquear la mente, liberarte de todo sentimiento, es como un botón que apagas. Cuando sales de ahí te olvidas de lo que ves. Mi esposo y yo terminamos de preparar a una persona, cerramos la urna y hablamos de otra cosa.

* * *

Olga no estudió Medicina Forense, pero habla de vísceras, formol y reconstrucciones de rostros desfigurados por las balas con un tono profesional y una frialdad médica que sorprenden. Nunca con desprecio.

Empezó en el negocio preparando los cadáveres en las casas de los propios fallecidos. Hoy en día, ese trabajo lo realiza en una funeraria que alquila por horas. «Ahí se hace todo el trabajo hasta ponerlo todo bonito, bañarlo, maquillarlo», explica con un cierto gesto de ternura. «Pero hay cadáveres que cuesta reconstruirlos porque llegan… En fin, esto no es una cirugía plástica. Se puede hasta cierto punto aminorar, pero una llega hasta donde puede. Esto es algo feo, disculpa», dice con pudor.

Pero el relato prosigue:

—Hay que cortar a la altura del cráneo. ¿Ves? —dice dibujándose una línea recta a lo largo de la frente—. Esto es como una tapa. Tú lo bajas y el rostro baja como una máscara y trabajas sobre la calavera, digamos. Se rellenan los tiros que han hundido la cara, se arregla todo y se vuelve a subir. Pero hay que hacerlo bien para que la cara de la persona no quede diferente. Uno hace hasta donde puede, pero si el rostro se desbarata totalmente no hay nada que hacer porque ya no hay piel donde agarrar. Y eso se cobra más.

Pese a dominar la técnica a la perfección, desde hace meses Olga evita manipular los cadáveres y prefiere subcontratar a alguien.

Recientemente, cuando falleció su madre, fue incapaz de rozar su cadáver. «Hay familiares que maquillan a sus muertos, los peinan y los besan. Yo no pude ni tocarla».

Respira y mira a su alrededor. Las dos contemplamos por un momento a la gente que nos rodea. Dos chicas jóvenes que parecen hermanas acaban de recibir un acta de defunción y se funden en un abrazo, sollozando ante la indiferencia del resto de personas que circulan por los alrededores de la morgue.

—Un cadáver es lo peor, se descompone así —continúa Olga, haciendo de nuevo un chasquido de dedos—. Yo digo que por eso uno tiene que vivir la vida al máximo y ser sencillo porque cuando nos morimos somos la misma gente, la misma carne que se pudre. La muerte es una mentira, al final estamos descompuestos y ya –piensa en voz alta–. Me volví una paranoica. Pienso que en cualquier momento nos puede pasar a nosotros. Por eso me aumentó la fe porque si no, no aguantaba. Pero me quiero retirar. Quiero algo que me dé otra alegría. Yo tengo a mi bebé y llego a casa sin ánimo ni de estar con ella. Vienes pensando en aquella gente, en todo ese dolor… Yo, Olga Romero, soy así.

Y con aire soñador habla de Colombia, de Madrid, de planes que tiene en la cabeza, de gente que conoce que estaría dispuesta a recibirla y a prestarle ayuda para comenzar desde cero.

Su esposo llega en una moto y espera paciente, a varios metros de distancia, el final de la entrevista. Es un hombre grandote, de manos generosas y sonrisa franca al que no le gusta hablar con los periodistas.

–Todo el mundo dice que la culpa de este desastre es de Chávez, pero yo creo que él no puede encargarse de todo –me dice Olga antes de ponerse el casco y montar en la moto.

Según cifras extraoficiales, en 1999, año en que Chávez comenzó a gobernar, hubo 4.500 homicidios en Venezuela, mientras que en 2011 los asesinatos superaron los 19.000. Entre 2001 y 2011 ocurrieron en el país más de 141.000 homicidios.

–Yo soy apolítica y creo que él debe delegar y que debe haber autoridades que se ocupen de esto. Chávez no estaba e igualito había inseguridad. Tú te has dado cuenta de que no te he hablado de Chávez. Te he hablado solo de mi país –se despide, apresurada, mirando el reloj. Un nuevo servicio la aguarda al otro lado de la ciudad.

Vida, pasión y muerte

Durante tres años y medio viví al lado de una funeraria, un pequeño tanatorio, como diríamos en España, que me inspiraba una curiosidad casi morbosa. Varias agencias inmobiliarias me habían desaconsejado alquilar un apartamento en este lugar, considerado de riesgo porque los velatorios en una ciudad como Caracas pueden degenerar muy rápido. El local estaba normalmente lleno de gente, incluso de madrugada. Al volver del trabajo, solía aminorar el paso, observaba a las personas que invadían la acera y parte de la calle formando atascos mayores que los habituales, y escuchaba pedazos de sus conversaciones intentando adivinar su historia.

Una amiga me explicó que yo residía en el conocido rincón caraqueño «Vida, pasión y muerte» porque casi pared contra pared se encuentran una funeraria, el Kamasutra, un conocidísimo *sex-shop* abierto hasta tarde y con luces de neón en su entrada, y una licorería de precios solidarios. Parece que en una misma noche se puede fácilmente transitar por los tres locales sin problema.

Los precios de la funeraria no eran caros y el negocio parecía funcionar viento en popa. Casi todos los días veía a personas más bien humildes que lloraban poco y tomaban la sopa ofrecida ya entrada la noche, con una gran resignación. No los vi molestar a nadie. Nunca presencié ni oí hablar de un enfrentamiento entre los presentes ni mucho menos un tiroteo.

Algunos de mis vecinos, empeñados en magnificar problemas o en vivir asustados por todo lo que les rodeaba, llamaron a la policía algunas noches, organizaron varios consejos de guerra al dueño del negocio mortuorio e intentaron convencer a todo el que quisiera escucharles de la necesidad perentoria de cerrar el local.

Aquella funeraria no aceptaba desde hace años personas que hubieran fallecido en enfrentamientos, salvo si eran policías asesinados.

En 2011, los muertos de dudosa reputación eran, por norma, rechazados en casi todas las casas de servicios fúnebres. Un familiar de un tiroteado debe a menudo recorrer la ciudad hasta encontrar un lugar donde velar el cuerpo o recurrir a personas como Olga Romero para que le organicen un servicio a domicilio.

* * *

En la funeraria San Pedro, a poca distancia de la plaza Venezuela, los muertos por herida de bala eran recibidos sin excepción pero, desde hace cuatro años y después de un sinfín de sustos, tiroteos y asaltos, la política de la casa ha cambiado y los gerentes imponen una selección, que no siempre funciona, para identificar los casos problemáticos y garantizar una mínima seguridad para trabajadores y vecinos.

–Hemos tenido bandas que han venido a rematar al muerto, secuestros en los velorios, tiroteos cuyos impactos aún se pueden ver en la fachada y un sinfín de robos, sin hablar de las borracheras y del consumo de drogas –enumera con tono lacónico Milagros Figuera, gerente de la funeraria desde hace 10 años.

Con aire de directiva de una empresa cualquiera, esta mujer de cerca de 40 años, vestida y maquillada con gusto y luciendo una manicura impecable, enumera los criterios de selección que aplica ahora el establecimiento: la denuncia ante la policía y el informe de autopsia son imprescindibles, si el fallecido tiene antecedentes penales o se enfrentó con uniformados es rechazado, si procede de algunas barriadas consideradas críticas tiene pocas posibilidades de ser aceptado, al igual que si es un preso que fue asesinado al poco de entrar en la cárcel ya que «fue muerto por encargo y el barrio entero vendrá al velorio» con ganas de vengarse.

La lista es larga y aun cumpliendo todos esos requisitos ninguna funeraria está a salvo de que una banda irrumpa en sus locales, remate al muerto, a veces con una bala de plata, y asesine o hiera a sus familiares y amigos. Responde a una venganza ciega, a un último acto de odio entre bandas rivales en el tráfico de drogas, a una superstición para que el alma del muerto no regrese nunca. Que cada uno elija su interpretación. A menudo la explicación no pasa del envalentonamiento de un grupo de malandros drogados y borrachos.

–No todo el tiroteado es mala gente, pero te lo digo honestamente, Petare, Cementerio y San Agustín casi no los estamos recibiendo –explica Figuera con aire profesional, casi como la gerente de una discoteca de moda, citando tres de los barrios más conflictivos de la capital.

Pero la selección es difícil y ocurre en cuestión de pocas horas. «A veces la familia es muy decente, pero los amigos son imposibles de controlar, llegan armados y empiezan a disparar cuando sale el cadáver, a modo de homenaje», detalla.

Las tres capillas de este establecimiento, humilde, están siempre llenas. En este lunes por la mañana, el público invade la calle de la funeraria y colapsa el tráfico ante la mirada recelosa de los transeúntes. Los cadáveres de una mujer ahogada, una anciana y un tiroteado comparten el local y congregan a un público heterogéneo, que se observa con desconfianza.

–Anoche vinieron dos casos, dos jóvenes de 16 y de 20 años. Los rechazamos. Esos casos, en esta franja de edad, son siempre los peores. Y hay gente que te pone el dinero en la mesa para que organices el velorio. Se ve de lejos que son malandros pero no puedes decir que los rechazas, porque te pueden matar ahí mismo y tienes que inventar que lamentablemente la funeraria está llena. Muchas veces pedimos el apoyo familiar para que nos ayuden porque si no, no se puede.

A Milagros ya la han amenazado con pistola para que no cierre la funeraria a las diez de la noche como está previsto y hay días en que para evitar daños mayores o que les peguen un tiro, el lugar debe permanecer abierto hasta el amanecer, con varios empleados impotentes y corriendo un riesgo innecesario, intentando controlar a una banda de jóvenes drogados y con deseos de «caerse a tiros».

Porque pese a las nuevas políticas de la casa, negocio obliga y un 70% de los cadáveres velados en esta funeraria sigue siendo de personas que han fallecido por disparos.

Y hasta en la muerte, las diferencias hacen daño. En 2011, el velorio de un muerto natural cuesta unos 6.900 bolívares y el de un tiroteado no baja de los 8.000. El precio sube dependiendo de la seguridad con la que haya que contar y del trabajo del patólogo, que debe adecentar el cuerpo, a menudo acribillado de balas.

—Hay que estar preparado de manera diferente —resume—. No te creas, esto no es nada fácil. Intento que lo que pase aquí no me afecte —explica—. Hay que ayudar a la gente en estos casos pero estamos pasando miedo. Si seguimos así el Gobierno va a tener que encargarse de estos muertos porque el riesgo para nosotros es demasiado alto.

Milagros Figuera, acompañada de su hija de unos 6 años, pasa el día en su oficina, con la puerta cerrada con llave, y solo abre una vez identificado el visitante. La seguridad es igual en todo el local. Los portones de la funeraria están abiertos durante el día pero la parte administrativa está protegida con rejas y cerraduras de seguridad.

Jenny Centeno, mano derecha de la gerente, es la única que permanece en la parte de abajo, en contacto con las familias y con los problemas, según ella. «Los mayores sustos aquí me los he llevado yo», dice con tono experto, citando tiroteos, amenazas, reyertas entre familiares o enfrentamientos con la policía. «Pero qué vamos a hacer. Es mi trabajo e intento hacerlo bien. Ponte tú en el lugar de esos padres. Ellos solo quieren enterrar a su muerto en paz».

«Aquí ya no creemos en milagros»

—Esto es peor que una guerra, ¿verdad? —pregunta el taxista que me ha conducido hasta la morgue—. Hay días en que aquí huele horrible —continúa, con tono de estar realizando casi una visita turística—. Yo creo que deberían construir una mayor —afirma.

—O hacer algo para que haya menos muertos, tal vez —me atrevo a apuntar.

—Aquí ya no creemos en milagros, mi amor. Todo el mundo hace lo que le da la gana —me responde con un cierto tono de superioridad, ante la extranjera que parece no entender nada sobre el funcionamiento del país.

La imagen es tristemente la misma cada lunes por la mañana. A las puertas de la morgue, unas 50 personas esperan horas o a veces días para recuperar el cadáver de un padre, hijo o hermano, impotentes ante un drama que les invade en medio de una peligrosa impunidad y hace mella en la popularidad del gobierno de Hugo Chávez.

Las desgracias se repiten y no conocen edad ni clase social: un robo que termina mal, un tiroteo, un ajuste de cuentas, una bala perdida… Por mucho que se vaya a la morgue, siempre pone la piel de gallina. Ese fin de semana de julio se pagó quincena y, en los barrios de Caracas, más dinero en la calle a menudo es sinónimo de más cadáveres al final del asueto.

A la salida del instituto forense, varios empleados, vestidos aún con sus batas blancas, hacen bromas, fuman y toman café, ajenos al olor que se filtra por los conductos de aireación. El personal médico mira con hastío a los familiares, que, aún incrédulos ante su suerte, piden informaciones sobre la hora de entrega del cuerpo o la causa de la muerte y se ven inundados por una burocracia y un papeleo que a veces logra anestesiar su dolor.

A pocos metros, esperan los periodistas de sucesos, que cada lunes en la mañana se agolpan a las puertas de la morgue para encontrar un forense exhausto que les dé datos para establecer ese conteo extraoficial de los homicidios del fin de semana. Los números oficiales siempre escasean, las causas de las muertes registradas se mezclan y muchas veces las cifras son incompletas y dudosas.

Un artículo publicado en el diario *El Universal* en diciembre de 2011, citando como fuente a un patólogo de la morgue de Bello Monte, apuntaba que cuatro forenses realizaron 472 autopsias en noviembre de aquel año. Las normas internacionales estiman que cada experto debería realizar cuatro autopsias al día como máximo para garantizar un trabajo bien hecho. Sin embargo, hubo patólogos de la morgue de Caracas que pudieron practicar hasta 15 en una guardia de fin de semana.

Saber que la inseguridad es la mayor angustia de los ciudadanos y no encontrar la receta para resolver el drama es un pesado fardo para Hugo Chávez. Si bien su gobierno no es el culpable directo de esta inseguridad que ya dura décadas, sí ha favorecido, para los expertos, un clima de impunidad y ha hecho gala durante años de un cierto laxismo, en su empeño de evitar que lo tilden de represor.

En 2011 y según cifras extraoficiales, los homicidios superaron los 19.000 mientras que en 2001 llegaron a 7.900. Es decir, en Venezuela se deben contar mil asesinados más cada año, desde hace una década.

—Es una lotería, cuando te toca, te toca —asegura entre lágrimas José, un obrero de Maracay que perdió a su hijo de 22 años cuando se resistió a un robo.

Beatriz Martínez, madre de Víctor, solloza rabiosa ante las cámaras de la televisión: «Unos tipos llegaron para robarle la moto, se resistió y le dispararon en la cabeza. Tenía dos hijos pequeños. Tiene que haber justicia, la muerte de mi hijo no puede quedar así».

El dolor es más soportable con una gran dosis de rabia contra unas fuerzas de seguridad que muchos venezolanos consideran ineficaces.

—Nunca pensé que iba a estar aquí un día. Matar en Venezuela es un deporte. Si se nos permitiera que cada uno tome su venganza, no creo que todos los fines de semana hubiera esta cantidad de muertos —afirma Miriam Zúñiga, cuyo hermano fue asesinado.

—Dicen que pueden tardar hasta dos días en entregar un cuerpo. ¿Ustedes saben algo de eso? —pregunta a los periodistas el familiar de un fallecido, buscando desesperadamente respuestas.

La mayoría de los venezolanos no calla sus desgracias y los testimonios recogidos en la morgue de Bello Monte son abundantes y desgarradores. Ante la muerte de un ser querido la impotencia, el deseo de denunciar lo ocurrido y de exigir justicia pueden más que el pudoroso dolor que primaría en otros países, menos acostumbrados a convivir con la desgracia.

Lo trágico es que, en Caracas, los testimonios de la violencia ciega se asemejan, se multiplican y son dolorosamente caducos: a un caso escalofriante le sigue otro peor, días después, y, finalmente, las desgracias dejan de dar escalofríos. La sociedad se anestesia, los nombres concretos acaban olvidándose y convirtiéndose en un número en las estadísticas semanales, mensuales y por último anuales.

***

Solo las desgracias con nombre y apellido escuecen. Rescatar de forma responsable historias concretas de esa larga fila de seres humanos asesinados, robados, secuestrados o extorsionados sigue siendo la única manera de no convertir la inseguridad en Venezuela en un problema abstracto, que no hace daño y puede ser obviado por cualquier autoridad pública.

Eric Rauseo es un nombre rescatado de esa fila interminable de víctimas. Probablemente, a esta hora, su caso ya fue cerrado, a su asesinato siguieron otros en el barrio y su nombre solo es recordado por sus padres y sus 14 hermanos.

Tenía 18 años y fue asesinado con un disparo en la cabeza por dos desconocidos en moto, un domingo a las 7 de la tarde en la carretera Caracas-La Guaira mientras conversaba con su novia en su automóvil. La chica salió ilesa.

Joel Rauseo, su hermano mayor que a menudo ejercía de padre, estaba leyendo el diario, justamente los sucesos del fin de semana, cuando sonó el teléfono de casa. Era la policía. Dos horas después, sin afeitar, sin bañar y sin creer nada de lo que le está pasando, aguarda a las puertas de la morgue que le entreguen el cadáver de su hermano.

Las ideas se mezclan confusamente en su discurso con el ánimo de buscar una explicación a la única certeza del día: Eric está muerto. Él mismo ha reconocido su cuerpo.

—Le dispararon, no le robaron nada, dejaron ir a su novia. No creo que anduviera en nada malo. Trabajaba en varias tiendas, estudiaba para mecánico –repite.

A pocos metros, el padre de familia, un anciano de cabello blanco impecable que cambió Cumaná por Caracas hace varias décadas buscando una vida mejor para sus hijos, llora desconsoladamente. La sorpresa se ha quedado estampada en su rostro. El silencio es demoledor. Los familiares se miran entre ellos y observan con tristeza al cabeza de familia, que no consigue pronunciar palabra desde hace horas. Su esposa ha debido quedarse en casa, sedada por un médico.

—Estoy pensando cómo hacer con mi papá y mi mamá cuando nos entreguen el cuerpo. Eso va a ser demasiado –explica Joel, ocultando las lágrimas tras sus gafas de sol.

Antes de llegar a la morgue ha recorrido cuatro funerarias hasta encontrar una que ha aceptado velar a su hermano después de un intenso cuestionario que finalmente ha hecho pensar a los gerentes que no eran gente «que va a dar problemas». Un empleado de la funeraria aguarda silencioso junto a la familia el acta de defunción para estar seguro de que las informaciones recibidas, comenzando por el número de disparos y las circunstancias de la muerte, son ciertas.

—Uno se siente desamparado. El gobierno dice que la inseguridad la inventa la prensa o la oposición, pero ellos son los primeros que no salen de casa si no llevan 40 o 50 policías custodiándolos –critica amargamente Joel–. Al Estado no se le puede pedir justicia. ¿Cuántos casos de estos se resuelven? –se pregunta señalando a las familias que aguardan como él la entrega de un cadáver–. Te apuesto que ninguno –se responde él mismo.

En enero de 2012, el ministro de Interior, Tareck El Aissami, explicó que su cartera iba a desplegar a 756 funcionarios policiales solo para investigar los homicidios en el área metropolitana de Caracas con el fin de reducir la impunidad, que sería del 90% según cifras extraoficiales.

–Yo hoy me siento impotente. No sé qué vamos a hacer en este país. Todos los fines de semana son iguales. Nos vamos a quedar sin juventud –se despide tristemente Rauseo.

Pobres matando pobres

La violencia en Caracas comienza por la falta de transparencia. El gobierno venezolano tiene mucho que reprocharse en el tratamiento del problema de la inseguridad, una cuestión que ignoró en su discurso durante años, que después pasó a reconocer, pero atribuyendo la responsabilidad a terceros, para finalmente intentar resolver por la vía fundamentalmente policial.

En lo que respecta a Chávez, este evitó durante años referirse en su discurso a la violencia, tal vez en un amago de no involucrarse en un drama ante el que se sentía impotente, tal vez aprovechando que gran parte de la población venezolana no le consideraba directamente responsable de este problema. Pero en 2010 ya no se pudo no hablar del tema. Chávez cambió su discurso y ya nadie volvió a escucharle decir que quienes aseguraban que Venezuela era más violenta que hacía 10 años decían una mentira del «tamaño de una catedral».

El Presidente reconoció que la inseguridad existía, era difícil de domar y representaba «una amenaza para la revolución bolivariana». Pero, ¿cuál es el origen de esta dramática situación?

Esperar un simple y claro mea culpa de Chávez es conocerlo mal. Los gobiernos anteriores, la prensa, la oposición que intenta desestabilizar el país, los movimientos paramilitares colombianos infiltrados en barriadas y zonas de frontera han sido algunos de los señalados como responsables por el jefe de Estado venezolano.

«Hay políticos que dicen: 'Tantos cadáveres en la morgue'. En primera plana se lee: 'Diciembre de sangre'. Bueno, tienen derecho, aquí hay libertad de expresión, pero cuando se averigua la verdad verdadera, un porcentaje son hechos violentos; otro, accidentes de tránsito; otros, hechos pasionales; otros hasta suicidios. Es doloroso pero no es político agarrar todo eso y decir: ¡el Gobierno! La violencia se convirtió en un problema estructural. No es culpa de Chávez. Pero ellos andan por allí diciendo Chávez esto y Chávez lo otro. Tienen una enfermedad que vamos a llamarla 'chavitis aguda'. Me quieren echar la culpa de todo», se quejó el mandatario ante el Parlamento en enero de 2012.

El Presidente tiene razón. Las cuentas están confusas, pero todo sería más simple si se divulgaran cifras oficiales sobre homicidios.

Curiosamente, la popularidad de Chávez pareció durante años invulnerable al drama de la violencia, la mayor angustia de los venezolanos. Pese a que sus adversarios políticos llevan años recalcando que el gobierno actual es, por su laxismo y su deje militarista, responsable de la inseguridad creciente, en los barrios más castigados de Caracas pocas veces se culpa al jefe de Estado directamente de esta violencia sin fin, algo que en países como el mío hubiera sido la primera frase que vendría a la boca del ciudadano harto.

Según Luis Vicente León, director de la encuestadora Datanálisis, la figura de Chávez sigue estando blindada ante este drama.

–En este país pasa algo paradójico. Cuando se pregunta a la gente quién es culpable de la inseguridad, la culpa está atomizada: la policía, los alcaldes, los gobernadores… Cuando preguntamos quién es culpable del desabastecimiento, de la falta de viviendas o del desempleo, la respuesta es Chávez. Entonces ¿qué pasa? Que cuando aumenta la sensación de inseguridad, los otros problemas, donde Chávez es considerado culpable, parecen reducirse. No porque estén resueltos sino porque quedan eclipsados. Por tanto, el costo político para el Presidente se reduce y su popularidad aumenta en momentos en que crece la percepción de inseguridad, aunque parezca increíble –me explica en una entrevista.

Siempre me pasmó esa resignación que hace creer que uno tiene lo que merece y que se respiraba entre los venezolanos más azotados por la violencia. Hacía falta ir a la morgue y encontrar a un padre desesperado con la herida de la muerte recién abierta, para oír pestes contra las autoridades. Durante años me sorprendieron también las escasas manifestaciones en las calles para pedir acciones concretas que comiencen a resolver este drama y me extrañó que a Chávez se le cuestionara tan poco sobre el tema en sus múltiples encuentros con ciudadanos, por ejemplo durante su *Aló Presidente* dominical, donde hay lugar para este tipo de quejas y el guión no está totalmente preparado.

Tal vez la coraza de Chávez ante este drama se agrietó o tal vez el jefe de Estado decidió plantar cara a este problema, pero finalmente el tema de la inseguridad encontró un gran lugar en la agenda política venezolana. El Gobierno ha implantado planes de lucha contra la violencia en los puntos más críticos de la capital y el resto del país y celebra una mejora de las cifras que ni la oposición ni las organizaciones no gubernamentales comparten.

«Muy a pesar de las declaraciones de los altos mandos del Ejecutivo nacional al respecto, se registra un incremento sostenido de la criminalidad. Hay una falta de capacidad del Gobierno para abordar de manera efectiva los graves problemas de inseguridad y una negativa a promover un diálogo nacional para abordar la situación», denunció en 2009 la ONG Programa Venezolano de Educación-Acción en Derechos Humanos (Provea).

*   *   *

En un ánimo de crear una «sensación ilusoria de seguridad», el gobierno venezolano no suministró durante años cifras globales de homicidios, recuerda Roberto Briceño-León, responsable del Observatorio Venezolano de Violencia (OVV).

Este organismo realiza un conteo de los homicidios anuales basándose en informaciones «oficiales obtenidas extraoficialmente» y se convirtió, ante la ausencia de balances gubernamentales, en la fuente más creíble de los periodistas que necesitamos cifras para ilustrar los reportajes sobre violencia.

–En los órganos del Estado siempre hay gente profundamente preocupada, responsable y honesta, que sufre con lo que le pasa a este país –se limita a decir este experto sobre el origen de sus datos.

Briceño-León recopila cifras de homicidios y analiza estas causas del aumento de la violencia en Venezuela en una modesta quinta de Santa Mónica, en Caracas, sede del OVV, rodeado de una colorida colección de iconografía popular venezolana que provoca un ensimismamiento casi infantil y poco tiene que ver con el mundo en que se mueve su dueño.

–Este gobierno hay días que asume que es gobierno y hay días que asume que es revolución. En los días que asume que es gobierno fortalece la institución, y los días que es revolución destruye y viola las leyes, plantea cosas completamente distintas –zanja.

Briceño-León es un sociólogo andino con aire de bohemio, con bigote casi a lo Dalí, apasionado y comprometido con el estudio de la violencia y la divulgación transparente de las estadísticas al respecto, pese a las críticas y desplantes que ha recibido de parte de miembros del Gobierno.

Según sus cifras, en los cinco años anteriores a la llegada de Chávez al poder, es decir entre 1994 y 1999, los homicidios se mantenían estables en una tasa de 20 asesinatos por cada 100.000 habitantes y hasta presentaban una tendencia a la baja. En 2011, según sus propias proyecciones, se registraron más de 19.000 homicidios, es decir, unos 65 por cada 100.000 habitantes.

–Chávez quiebra la institucionalidad y destruye el Estado. Entró violentando las leyes desde 1992[18]. En 1999 toma posesión sobre una Constitución «moribunda» y la cambia. Pero paralelamente a esta ruptura, el presidente decide no actuar, no reprimir, no aplicar la ley. Y lo hace por dos razones: una porque cree que el problema central es la pobreza y que con política social es bastante y dos porque no quiere aparecer como un gobierno represivo. Chávez en 1999 dice que si alguien tiene hambre, no está mal que robe y da a entender que la violencia

---

[18] Intento fallido de golpe de Estado por parte de Chávez contra Carlos Andrés Pérez en 1992.

es también una lucha de clases, un conflicto de pobres contra ricos. Pero en Venezuela lo que hay son pobres matando pobres.

En 2011, el ministro de Interior, Tareck El Aissami, admitió ante el Parlamento que en 2010 había habido 14.000 homicidios en Venezuela, es decir una tasa de 48 asesinatos por cada 100.000 habitantes. Un año después, reconoció que el Gobierno no conseguía doblegar este problema y la tasa de homicidios seguía siendo la misma, pero aseguró que hay muchos números manipulados. «No estamos ocultando cifras ni nuestro propósito es maquillarlas», dijo El Aissami, subrayando que el gobierno de Chávez «había heredado una cultura de violencia e impunidad» de gobiernos pasados.

Tal vez sin darse cuenta, como ocurren muchas cosas en Venezuela, el Gobierno reconoció, al divulgar estas cifras, que desde la llegada de Hugo Chávez al poder el número de homicidios, lejos de disminuir, se había multiplicado por más de tres. El ejecutivo también estaba admitiendo que la tasa de asesinatos de Venezuela es mayor que la de países que siempre llevaron la etiqueta de «peligrosos» en América Latina, como Colombia, que registraría 34 homicidios por cada 100.000 habitantes, o México, que rozaría los 14.

—En este momento, estos números son únicos en la historia del país y en América Latina. Venezuela multiplica sus cifras muy rápido mientras que nuestros vecinos las reducen y el punto de inflexión es 1999, la llegada de Chávez al poder —sostiene Briceño-León—. Pero creo —continúa— que la actitud de Chávez ha cambiado porque quiere ganar las elecciones de 2012 y las quiere ganar con una cierta legitimidad democrática. El Gobierno está buscando neutralizar el tema de la inseguridad, que no se exceda, o convertirlo en una responsabilidad colectiva. Chávez no hace nada que no tenga un rédito político.

Al día de hoy, el OVV ve cómo aumentan sus obstáculos para lograr las cifras oficiales de violencia, que sí existen pero no se divulgan o no se divulgan correctamente. Briceño-León explica que a los empleados públicos les están leyendo sus correos electrónicos y les controlan el teléfono. Muchas de sus fuentes cambiaron además de departamento.

—Ha habido una cacería de brujas desde que el diario *El Nacional* publicó una foto de cadáveres hacinados en la morgue y se filtró una encuesta anual del INE. Hubo un conflicto interno muy grande, porque yo creo que a Chávez no le habían dado la encuesta cuando salió publicada. Entonces hubo mucha gente que salió golpeada, la alejaron y la realidad es que cada vez menos gente tiene las cifras –explica.

En 2009, un estudio del Instituto Nacional de Estadística (INE) que se filtró a la prensa estimaba que 19.000 personas fueron asesinadas durante ese año. Briceño-León interpreta que en el Gobierno se apostaba por unos resultados más positivos y al ver el aumento de las cifras de homicidios y secuestros decidieron enterrar la encuesta y no dársela al Presidente, que terminó enterándose por el diario.

Esta actitud resume para Briceño-León el mayor de los errores: el Gobierno, para comenzar a resolver este problema, debe primero reconocerlo en toda su magnitud y hablar al pueblo más allá de diferencias partidistas.

Sin embargo, la política del Gobierno es otra. La oposición a Chávez e incluso los periodistas hemos sido señalados como cómplices de este drama y se nos ha acusado de provocar incertidumbre en la población engrandeciendo los hechos o simplemente inventándolos, de usar políticamente el sufrimiento y de intentar en definitiva desestabilizar al Gobierno.

«Para nosotros las víctimas no son cajones de madera que podemos alinear. Sabemos que nos falta mucho por realizar, pero hacemos el esfuerzo de combatir el hampa y crear condiciones de buen vivir que solo son posibles en socialismo», aseguró a principios de 2011 el vicepresidente Elías Jaua.

Escudarse en los ideales de un socialismo del siglo XXI y de una revolución bolivariana y pasar años sin asumir ni dar respuestas concretas a la violencia es pecado mortal para Briceño-León. «Venezuela tiene que aprender mucho de sus países vecinos. En los últimos 10 años, Colombia redujo a la mitad su tasa de homicidios, al igual que Brasil o México. En estos países ha existido una voluntad de actuar, de dar una respuesta al delito, se ha trabajado a favor del desarme y las políticas y no los intereses partidistas, se ha puesto por delante la vida de las personas», recalca.

* * *

Miguel Henrique Otero, director del diario *El Nacional*, se jacta de tener amigos en todas partes, dentro y fuera del país, en las más altas esferas, en el Gobierno y en el pueblo llano. Consciente de la comparación permanente con su padre, el gran escritor venezolano Miguel Otero Silva, este hombre pareciera vivir en un miedo constante a quedar en evidencia, en ridículo, a equivocarse. Pero publicar en primera plana del diario una fotografía gigante de la morgue de Bello Monte con cadáveres hacinados, unos sobre otros, y tirados en el suelo, en agosto en 2010, nunca lo concibió como un error.

–La foto fue tomada en diciembre de 2009. Uno de nuestros fotógrafos que estaba en la morgue aprovechó cuando se abrió la puerta de un garaje y la tomó. Al verla decidimos no publicarla porque era demasiado fuerte –me explica en su oficina en el diario–. Pero en agosto de 2010 ocurrieron varias cosas: las cifras de delincuencia se dispararon y en el canal de televisión estadounidense CNN hubo varios programas sobre la violencia en Venezuela. En uno de ellos, Roberto Briceño-León estaba en paralelo con el ministro de Información, Andrés Izarra, y este se burlaba, se reía a carcajadas. La gente estaba indignada. Sabíamos que teníamos la foto, supimos que ese día la morgue estaba colapsada, sin personal, que era un desastre, y decidimos publicarla –recuerda.

La imagen da la vuelta al país, traspasa las fronteras de Venezuela y es comentada por la prensa de todo el mundo, por lo que la reacción del Gobierno no se hace esperar.

La policía criminalista, el CICPC, va a la sede de *El Nacional* a detener al fotógrafo aunque los trabajadores del diario impiden el arresto.

—Si esa foto hubiera sido chiquita y hubiera estado en las páginas de sucesos tal vez no habría pasado nada, pero decidimos sacarla grande y en portada. Nos abrieron un juicio cuatro organismos públicos: la Fiscalía, la Defensoría del Pueblo, el CICPC y la Defensoría de la Mujer —explica Otero.

El director de *El Nacional* recuerda que ni siquiera recibieron la primera citación para declarar y al acudir a una segunda cita no les autorizaron a llevar pruebas por no haberse presentado en la primera ocasión.

—Les dijimos que no habíamos sido notificados y nos respondieron que podríamos haberlo sabido por la prensa. ¿Tú te lo puedes creer? Todo el texto estaba llenos de errores, de irregularidades. Por ejemplo, la citación estaba por error a nombre de mi padre. Les dije que una persona que había muerto hacía 25 años no podría comparecer y que la foto la había publicado yo. Me dijeron: «Bueno, no importa, son de la familia, ¿no?».

El juicio sigue abierto y *El Nacional* fue obligado a no publicar imágenes violentas o que hieran la sensibilidad del público, directiva que en un país como Venezuela es imposible respetar.

—Todo en Venezuela es muy discursivo. Palabras, palabras. La foto era para impactar y ahí tuvieron que moverse, poner más policías en diversos operativos de seguridad, poner orden en la morgue. Di por buena la publicación. No resolvió nada pero sirvió como revulsivo —resume Otero.

La propia Olga Romero, la organizadora de velatorios a domicilio y visitante habitual de la morgue, me confirmó que la fotografía de *El Nacional* marcó un antes y un después. «Todo allá abajo funciona más chévere», me dice señalando al lugar de la morgue donde almacenan los cadáveres.

—Desde que sacaron la foto todo está más limpiecito. Antes era horrible, pero ya no, aunque sigue desbordada por la cantidad de cadáveres que hay.

Morir es fácil

Daniel llega muerto al Pérez de León, uno de los grandes hospitales públicos de Caracas, situado a las puertas de Petare y al que acuden numerosos tiroteados del fin de semana. Las ambulancias no pueden, no se atreven, no quieren o no les da tiempo de subir hasta lo más alto de la barriada, donde se mueren abandonados muchos de estos heridos y Daniel irrumpe en el hospital transportado de cualquier manera en el asiento trasero de un automóvil, donde ha terminado de desangrarse.

–¡Viene muerto, viene muerto! –grita el personal médico que lo traslada rápidamente a la sala de operaciones con una ínfima esperanza de salvarle la vida. Pero minutos después, solo se puede constatar su defunción y su cadáver, cubierto con una sábana blanca raída y aún con los ojos muy abiertos, casi con una mirada de sorpresa, aguarda solo al final de un pasillo a que alguien abra las puertas del depósito del hospital, desde donde será trasladado a la morgue.

Tuvo casi tantos disparos como años de vida. El camillero levanta la sábana y comienza a contar para mí. «Uno, dos, tres, cuatro, en el pecho, uno, dos, tres en la pierna, dos en el rostro… Quien lo hizo quería matarlo de verdad», dice, con gesto consternado.

Según estudios recientes, un 80% de los muertos por bala en el país tienen más de cinco disparos y el rostro desfigurado por los tiros. En Venezuela ahora se mata con saña.

El día en que murió Daniel, a mediados de marzo de 2010, Caracas registró su fin de semana más violento del año, con 67 asesinatos en tan solo dos días, según cifras extraoficiales.

A las puertas del hospital, su madre, sola, mira a su alrededor como atontada y aún jadeando por el pánico, esperando que alguien le confirme la noticia que ya sabe. Su alarido de dolor se escucha al otro lado de la avenida, por la que circulan, ajenos a todo, automóviles con la música a todo volumen.

–Esto no es culpa del Gobierno, es culpa de las familias, un problema cultural, no se esfuerzan para que sus hijos estudien. El Gobierno más bien pone todos los medios para que esto no siga ocurriendo –afirma un oficial de policía que custodia la entrada al hospital, con los ojos fijos en mi grabadora.

Otros heridos llegan en moto, en coches particulares que irrumpen en la entrada del hospital e incluso caminando, algunos embadurnados con su propia sangre y aún con una botella de alcohol todavía sin terminar en la mano.

El Pérez de León es vigilado por diversos cuerpos policiales que deben proteger a los heridos, calmar los ánimos de los familiares, impotentes y fuera de sí ante la muerte de un ser querido, impedir la entrada de hombres armados o borrachos.

El personal médico está separado del público por rejas, como si fuera un banco de alta seguridad. Dentro hace frío, aunque afuera la temperatura supere los 25 grados. Las paredes descamadas, las puertas desencajadas del marco y el suelo pringoso de suciedad chocan con la imagen de pulcritud esperada. Puedo pasar sin ningún tipo de permiso y sin que nadie me dirija la palabra hasta llegar a la gran sala de urgencias donde huele a sangre, desinfectante y sudor. Varios heridos se alinean, apenas separados por una cortinilla, mientras al fondo de la habitación un médico intenta cortar una hemorragia de un paciente apuñalado y empieza a suturar a toda velocidad.

Las enfermeras hablan de la falta de recursos, de sus salarios ridículos, de la necesidad de enviar pacientes a otro hospital por falta de insumos, lo cual conlleva la muerte del paciente en ocasiones.

–Los fines de semana, sobre todo cuando la gente cobra, son los más difíciles –me explica Haydé Rada, responsable de enfermeras en la emergencia del centro médico.

Esta mujer de cerca de 50 años lleva diez en este complicado puesto del Pérez de León y, cuando echa la vista atrás, las imágenes terribles se le amontonan. El suelo de la sala de urgencias está manchado de sangre de los primeros heridos de esta noche de viernes que promete ser larga.

–Tengo 23 años de experiencia pero sigo siendo un ser humano y uno a veces se siente impotente, sin poder hacer nada, cuando ve todo esto –asegura emocionada.

Además de sus dramas cotidianos, el hospital Pérez de León es también un escenario de la politización que invade todos los rincones de la vida en Venezuela. La gestión del hospital recae en el alcalde de oposición del municipio Sucre, Carlos Ocariz, mientras la ampliación del centro médico en un edificio contiguo, envuelta en acusaciones de corrupción que hicieron que el proyecto se congelara en numerosas ocasiones, está a cargo del gobierno central.

En 2010, Chávez postergó una entrega de recursos para estas obras del hospital, creyendo que estaban administradas por la alcaldía de oposición. Una alcaldía «escuálida» como dijo ante las cámaras. Pero tuvo que rectificar días después y conceder la dotación prometida.

Ocariz afirma que pese a la falta de medios económicos, ha mejorado de manera importante este hospital, mientras que el gobierno de Chávez, con más de 50 millones de dólares invertidos en la construcción del nuevo centro médico, no ha podido terminarlo.

—El Gobierno debe entender que la salud no puede esperar —ha manifestado el alcalde.

El Ejecutivo afirma que a finales de 2011 el hospital estará terminado. La obra seguía sin concluirse en esa fecha.

*＊＊

El contexto de creciente violencia en Venezuela se ve agravado por la impunidad, otra asignatura pendiente del Gobierno. Según el Observatorio Venezolano de Violencia (OVV), actualmente en Venezuela queda sin castigo más de un 91% de los asesinatos. Mientras que en 1998 se arrestaron a 5.017 personas en relación con 4.500 homicidios, en 2009 se detuvieron a 1.491 personas para una cifra de homicidios más de tres veces superior.

Los venezolanos en este momento no tienen razones para no matar o para no cometer un robo más allá de la propia moral que cada uno pueda tener.

–En este país la gente cumple la ley por gusto. El venezolano tiene un comportamiento de respeto a las normas y a la institucionalidad mucho mayor que lo que la realidad le impone –recalca el responsable del OVV, Roberto Briceño-León.

Este organismo apunta que entre 1999 y 2010 se cometieron 123.000 homicidios en Venezuela y en las cárceles había un total de 26.000 reos condenados por todo tipo de delitos. En 2011, la cifra de presos pasaba de 45.000, pero la mayoría de ellos purgaba penas por tráfico de droga y delitos menores.

Esta impunidad ha sido incluso admitida por autoridades oficiales. «Consideramos que parte de la batalla contra la delincuencia tiene que ver con la lucha contra la impunidad, que impacta negativamente sobre la seguridad de las personas y sobre la confianza en el sistema de justicia», admitió en 2011 el entonces director de Prevención del Delito del Ministerio de Interior, Edwin Rojas.

Un estudio del OVV apunta que un 39% de los venezolanos considera que tiene derecho a tomarse la justicia por sus manos y un 45% apoyaría actividades al margen de la legalidad llevadas a cabo por la policía como alternativa para acabar con la delincuencia.

Pero pese a estos signos inquietantes, el venezolano no es un pueblo violento. «Este pueblo no se va a matar a tiros», sentencia Alejandro Moreno.

Este salesiano español, nacido en Toledo hace 78 años y venezolano de corazón desde hace 60, ha dedicado gran parte de su vida a estudiar los orígenes de la violencia y la delincuencia en este país.

Es psicólogo y doctor en Ciencias Sociales, pero sobre todo Moreno conoce bien el alma de esos venezolanos que fueron dejados de lado por numerosos gobiernos. Desde hace años, vive en una barriada de las afueras de Caracas. «No digo dónde por seguridad».

En su vehículo destartalado ha llevado heridos de bala al hospital público Pérez de León, adonde llegan muchos de los baleados de las zonas desfavorecidas. «Yo creo que hasta en Gaza las cosas estarán a menudo mejor que aquí, ¿no te parece?».

El «padre» es conocido por no tener pelos en la lengua y hablar claro a todo el mundo. «Llegas cinco minutos tarde», me ha lanzado a modo de saludo, escondido entre pilas de libros y apuntes, en su despacho de un centro juvenil que gestiona en Caracas.

Moreno vive de donaciones de gente de bien, no cree en gobiernos, en policías, «la mayoría una banda de malandros», ni en cifras oficiales de asesinados. El hecho de denunciar sin tapujos a unos y a otros le ha hecho ser amenazado de muerte. «Afortunadamente, uno siempre tiene amigos que le avisan».

–Hay una asociación errada entre violencia y pobreza que el mismo Gobierno incentiva. Pero en Venezuela es el Estado quien es miserable, no la gente, que siempre acaba resolviendo. Y como el Estado es miserable, no sabe dar respuestas a la población, entre ellas al drama de la violencia –considera.

Moreno es coautor de un extenso estudio sobre la delincuencia venezolana de origen popular. Dos tomos titulados *Y salimos a matar gente* son un perturbador recorrido por numerosas vidas entretejidas a través de las cuales se intenta llegar un poco más allá en el origen de la violencia en el país, un complicado cóctel entre inmigración, éxodo rural, drogas y descomposición familiar.

–El lenguaje de Chávez fomenta la agresividad, pero este pueblo tiene una estructura de valores clara, pese a la violencia política que pueda existir. Creo que a Chávez hasta le gustaría que algo estallase, pero a él mismo cuando habla se le ve la blandura. Nosotros, los españoles, aunque queramos ser dulces, no conseguimos hablar sin dureza. A Chávez le pasa exactamente lo contrario.

Moreno alterna entre la indignación y el puro estudio sociológico de la violencia y recuerda la Caracas de hace 50 años, un amanecer desde el Ávila, «un valle maravilloso, el de Caracas. Si lo hubieras visto… Y ahora parece solo un violento valle de cemento».

–Chávez no ha hecho nada en el tema de la inseguridad. Ahora ha empezado a hablar algo, ante el deterioro de la situación, pero no obra para resolver el problema. Él es así: o todo o nada, y como la culpa de todos los males es del capitalismo pues concentra su lucha en eso y no en lo concreto y urgente.

Moreno se crispa al hablar de Chávez, al recordar cómo cita textos bíblicos y define a Jesucristo como el primer socialista de la historia. «Chávez cambia la Biblia y lo que le haga falta. Pero la gente está acostumbrada, está como anestesiada. Hasta yo me sorprendo cuando las cosas me impresionan cada día menos», lamenta.

* * *

La visión negativa del futuro propio y del país impera en buena parte de la sociedad venezolana, independientemente de por quién se vote.

La alegría innata del pueblo caribeño se ve a menudo empañada por la desilusión, la agresividad, la desconfianza y el miedo. La inseguridad es sin duda la circunstancia que hace que hoy en día los venezolanos vean el futuro más negro y sobre todo más corto. El tema está omnipresente en las conversaciones en el ascensor, en la oficina, en la carnicería, en el gimnasio, en los paseos por el Ávila o en las tascas. Deja las calles vacías cuando anochece pero llena las salas de espera de los consulados europeos en busca de un visado; enriquece a las empresas privadas de seguridad y es garantía de éxito para las nuevas discotecas de moda, escondidas en centros comerciales y protegidas por una decena de guardias de seguridad.

La violencia que en la mayoría de los casos ni se ve pero se va acercando peligrosamente con vecinos secuestrados, amigos asaltados o desconocidos tiroteados en la puerta de casa, acaba arruinando la vida social, borra como por arte de magia las terrazas y la vida espontánea de calle existente en cualquier ciudad.

«Robaron a la secretaria», «Secuestraron al doctor», «Amenazaron al jefe con una pistola para robarle el carro», «Me robaron la cartera en el metro». ¿Quién puede vivir una semana en Caracas sin escuchar al menos una historia de este tipo?

Por miedo, el caraqueño y todo aquel que vive en la capital venezolana acaba renunciando al espacio público y cede las calles. No necesariamente a los criminales sino al silencio, a un vacío desolador que lo llena todo y se respira tras los barrotes de los apartamentos.

«Uff, esto antes no era así». Era la frase que estaba siempre en boca de muchos amigos.

Nunca tuve muy claro cuándo era ese «antes» y cuándo comenzó el fatídico «ahora». En su libro de crónicas *Cuando era joven e indocumentado*, Gabriel García Márquez retrató una Caracas próspera pero ya caótica y agresiva allá por los años 1957 y 1958.

En mis primeros meses en Venezuela quise llevar una vida normal: entrar y salir libremente, caminar de noche 150 metros sin darme la vuelta cada 20 segundos, dar un paseo por el Ávila sola durante la semana, ir al centro en metro un sábado por la mañana, circular con las ventanillas bajadas o mirar vitrinas sin rumbo.

Con el paso del tiempo, después de devorar diariamente las páginas de sucesos de los periódicos y de escuchar muchos regaños de amigos («Estás loca, cómo pudiste hacer eso, un día te va a pasar algo»), yo misma fui mudando mis hábitos sin darme cuenta y mi vida diaria acabó empobrecida y mutilada al incorporar todas las precauciones de una caraqueña normal.

Una solo se da realmente cuenta cuando se marcha de Caracas y se lleva en la maleta esos hábitos que tardan meses en desaparecer y que parecen a menudo ridículos: caminar con el bolso cerrado y desesperadamente pegado contra el cuerpo, sobresaltarse cuando alguien se acerca demasiado en la calle, esconder el teléfono al escuchar que se acerca una moto, poner las llaves de casa y las tarjetas de crédito en un bolsillo separado por si nos roban la cartera, verificar varias veces que la puerta está bien cerrada... La lista podría ser larga.

Así como es absurdo obsesionarse demasiado con la inseguridad, es igualmente injusto describir la violencia en Venezuela como una mentira o una histeria colectiva porque los muertos están ahí, para quien quiera contarlos. En los últimos diez años, se calcula que un millón de venezolanos, la mayoría clase media y con estudios, ha dejado el país debido a la inseguridad. Ese país que desde los años 50 se acostumbró a recibir inmigrantes de todo el mundo y fue una tierra sinónimo de prosperidad, esperanza y alegría de vivir.

Según cifras del consulado español en Caracas, de 2000 a 2010 unos 140.000 españoles (nacidos en España o hijos de inmigrantes) han retornado al país y a ellos se añaden más de 60.000 venezolanos sin pasaporte español que emigraron legalmente en busca de una mayor calidad de vida.

Pocos son quienes salen del país por causa del actual gobierno y la revolución bolivariana. Los motivos de este exilio son sobre todo experiencias traumáticas de robo o secuestro, una muerte trágica en la familia o simplemente la necesidad de tener una vida normal.

Una policía invisible

Una parte importante de las muertes de cada fin de semana en Caracas se produce en Petare, barriada del municipio Sucre, al este de la capital. Con más de un 1,5 millones de habitantes estimados, esa inmensa mole de casas, apiladas las unas sobre las otras, impone, intimida, avergüenza.

Desde fuera, cuando se contempla su avance implacable por la montaña, visible mes tras mes, la imagen desoladora puede significar para algunos la derrota de una revolución que no ha podido hacer retroceder la pobreza. Desde dentro, Petare es un hormiguero de historias interesantes, una microVenezuela, donde se concentran los problemas, las virtudes y las divisiones internas de este país. Y también algunos logros de esta revolución.

–Vayan a beber a sus casas. Saben que la morgue está llena de gente como ustedes –el inspector Estilwan Duque se dirige a un grupo de jóvenes que bebían en una plaza del barrio de San Blas, dentro de Petare, un viernes por la noche. Los caraqueños acaban de recibir el pago de su quincena y el vallenato se mezcla con la salsa en cada esquina. Dinero es sinónimo de fiesta, alcohol y peleas. El número de muertes sube tristemente en esos momentos del mes.

Durante varias horas acompañamos a Duque y a otros siete policías, a pie, por la barriada de San Blas de Caracas en una redada en busca de delincuentes, armas y droga.

Cada cierto tiempo solicitábamos realizar estas patrullas con las policías que aceptaban periodistas. A menudo el resultado era frustrante por lo poco real que resultaba y más de una vez me encontré pidiendo a oficiales o a responsables de la prensa que no prepararan nada y explicándoles que lo que más nos interesaba era verlos trabajar como siempre, con las fallas, la escasez de equipos, los problemas y el miedo de cada día. Parecía ser algo difícil de entender y a menudo me daba la sensación de formar parte de un circo donde todo era ilusorio.

Aquella noche, sin embargo, teníamos la suerte de patrullar con policías que parecían no haber recibido ninguna instrucción sobre lo que debían mostrar y lo que no y que les importaba poco si nos caíamos en el barro o no podíamos seguirles el ritmo cerro arriba.

Ningún vehículo hubiera cabido en estas callejuelas improvisadas en la montaña, atravesadas por cascadas, selva y toneladas de basura. Cascadas en medio de Petare. Caracas siempre tiene esa facultad de sorprender.

Las patrullas a pie son la única solución aunque a veces se han convertido en verdaderas trampas mortales para los policías, peor armados que sus adversarios, castigados por una corrupción endémica y poco dispuestos a jugarse la vida por un miserable salario.

—Desde allí arriba nos dispararon hace poco. Nos acorralaron —explica el inspector Duque, señalando un cerro, donde se veían varias casas sin luz.

Ese sábado por la noche, las únicas protecciones de esta patrulla son una pistola por oficial y el conocimiento de este oscuro laberinto, que sufre en carne propia las cifras récord de violencia en Venezuela.

—Ser policía, en cualquier lugar de este país, es de alto riesgo. Sales a trabajar pero no sabes si regresas —afirma como si hubiera aprendido la frase de memoria el inspector jefe José Durán, un oficial con mirada de tipo duro, forrado de músculos y con la cabeza rapada. En la última semana, se han contado 12 homicidios en esta zona, una cifra nada alentadora para los policías que patrullan a pie.

—La mayoría fueron ajustes de cuentas entre bandas —me aclara Durán, como si el dato le tranquilizara–. El problema es que hay mucha gente armada por aquí, gente con antecedentes que tiene una pistola en casa. Cuando los niveles de violencia suben tanto, hacen falta más funcionarios, mejores equipos. Debe haber un patrullaje constante porque cuando logramos calmar una zona del barrio, surgen otros delincuentes y el ciclo comienza de nuevo.

Sin distraerse, la patrulla avanza rápido por la barriada, sube y baja escaleras intentando sorprender a grupos de delincuentes. El salario de muchos de estos agentes, algunos oriundos de barrios marginales como este, no llega a 3.000 bolívares o 700 dólares. A menudo ellos mismos compran sus chalecos antibalas.

Hacía pocos meses, en otro reportaje realizado en Petare en el que el Gobierno cambió pistolas de juguete por bicicletas, un comisario de la zona, que se reivindicaba chavista, empezó a contarme, medio avergonzado, cómo muchos de los agentes bajo sus órdenes «completan» su escaso salario de formas poco ortodoxas para poder comprarse un precario chaleco antibalas de segunda mano e incluso municiones.

Él mismo había tenido que ahorrar para comprarse el suyo. Cuando le volví a llamar para hacer la entrevista prometida sobre el tema, se arrepintió y decidió no dar ninguna declaración.

A media voz, esta patrulla que recorre Petare este sábado por la noche también lamenta la corrupción que corroe la policía y critica que el drama de la inseguridad se politice tanto. En aquel momento faltaba poco más de un mes para las elecciones legislativas de septiembre de 2010 y la cuestión de la violencia era usada sin pudores por oficialismo y oposición para desprestigiar al adversario.

–Falta coordinación con otras policías y una justicia más adaptada al momento que vivimos para atacar el verdadero foco del problema y no solo correr a los delincuentes de un lugar para otro –afirma Duque, desencantado, ya pasada la medianoche y mientras vamos avanzando por las calles oscuras y prácticamente desiertas que provocaban un sentimiento de nervioso desamparo.

En una zona de Caracas pueden perfectamente coincidir en la misma noche varios cuerpos de policía dirigidos por diferentes regiones o alcaldías. Es un desorden crónico avivado por la falta de comunicación y coordinación entre municipios o estados de tendencias políticas opuestas. Paralelamente, esa misma noche, existirán numerosos puntos de la barriada totalmente desasistidos por las fuerzas de seguridad y cuyos habitantes se sientan a la deriva.

Aquella madrugada de agosto, en Petare, los vecinos parecen pasarse la voz y avisar del recorrido de los policías. El efecto sorpresa es inexistente. Al irrumpir los agentes solo encuentran, en el mejor de los casos, un grupo de jóvenes con aire inocente tomando cerveza y escuchando vallenatos. Después del control de identidad, tal vez un poco exagerado para impresionarnos, cero detenidos, cero armas confiscadas.

–A veces uno no puede evitar un grado de frustración, pero el trabajo hay que hacerlo. Es necesario hacerlo –afirma Durán.

* * *

Esa misma semana, al otro lado de la ciudad, en la barriada de Catia, los corresponsales internacionales fuimos invitados a acompañar a la Policía Nacional Bolivariana (PNB), creada siete meses antes. En Caracas convites tales solo se producen cuando se es un periodista de un medio oficial, cuando tu producción es demasiado complaciente o cuando el Gobierno necesita transmitir un mensaje que vaya más allá de las fronteras venezolanas.

Esta invitación parecía responder a la última de las razones.

La PNB sustituyó en 2008 a la Policía Metropolitana, que pasó, de estar a las órdenes de la Alcaldía Mayor de Caracas, a depender del Ministerio de Interior.

El gobierno venezolano quiso presentarla como un cuerpo mejor formado, bien pagado y sobre todo como la solución para terminar con los altos índices de violencia.

Luis Fernández, el máximo responsable de la PNB en persona, fue el encargado de dirigir esta visita guiada de unos 40 corresponsales extranjeros, cada uno montado en una flamante y reluciente moto, conducida por un oficial educado y experimentado.

Las virtudes de esta policía recién nacida se exaltaban tanto por el Gobierno que parecía un cuerpo de superagentes de serie norteamericana más que un grupo de oficiales que por aquel entonces empezaba a controlar una pequeña zona de la capital.

Hacía pocos días, el diario *El Nacional* había publicado su terrible foto de la morgue de Caracas y los gestos del ejecutivo para echar por tierra esa información y mostrar los frutos de su lucha contra la inseguridad se multiplicaban. El recorrido fue previamente preparado y casi hasta esterilizado, el discurso de la gente que íbamos encontrando en cada parada del camino resultaba aprendido y falso. Escoltados siempre por un oficial, salirse del itinerario marcado para intentar obtener alguna declaración diferente resultaba prácticamente imposible.

—Esta era una zona que estaba sitiada por los delincuentes, era un polígono de tiro. Aquí la comunidad no podía estar. Ahora, a estas horas de la noche, ustedes están viendo que hay madres de familia, niños, niñas, gracias a la confianza que tienen en la policía. En estas calles, de casi 50 homicidios por 100.000 habitantes pasamos a 17. Este es un proyecto estratégico. De 1958 a 1998, poco o nada fue lo que se hizo en materia de seguridad. Y ahora esta policía se perfila como la mejor del país, la mejor de América Latina –dice Fernández sin titubear.

La entrevista se realiza en una cancha donde pese a la hora tardía se juega al fútbol, las mujeres conversan a la puerta de casa y los «perrocalenteros» aprovechan la expectación que ha creado esta visita.

Varias motos se quedan involuntariamente atrasadas del grupo principal y se pierden por las callejuelas durante 10 minutos hasta encontrar de nuevo el recorrido establecido. En los lugares por los que no pasaba la prensa, no se veía un alma y reinaba un silencio sepulcral. Esa parecía ser la vida real de un viernes por la noche en una barriada pobre del oeste de Caracas: el mismo miedo detrás de cada puerta y ventana.

–Por primera vez en la historia de este país, un presidente ha asumido el problema de la violencia con seriedad. Quienes hemos tenido relación con organismos de seguridad sabemos que ahora sí se invierte en policía y se dignifica la carrera policial. Aquí vamos a dar seguridad independientemente del credo y de las ideas políticas –continúa Fernández.

La cuestión de las cifras de inseguridad, de homicidios, el número que todos los periodistas en Caracas desean oír de fuentes oficiales sale a relucir en diversos momentos del recorrido.

Visiblemente incómodo pero sin perder el aplomo, Fernández responde:

–No solo es un tema venezolano. Fíjate. Por ejemplo, ciudades importantes de los Estados Unidos como Nueva Orleans tiene una tasa de 76 homicidios por cada 100.000 habitantes, Detroit tiene una tasa de 46, Baltimore de 45, Washington de 31 y una capacidad de esclarecimiento de crímenes del 17%. Muy baja, por cierto. En América, de acuerdo con la Comisión Interamericana de Derechos Humanos, la tasa se ubica en 25 homicidios por cada 100.000 habitantes. Medellín tiene 7 homicidios al día; Cali, 5. Esto es un problema del continente. Estamos trabajando en el tema con mucha seriedad y contundencia –cita, bien informado.

–Perdone que insista, pero en Caracas ¿cuál es la cifra de muertes violentas? –repregunto.

—Nosotros teníamos 49,6 por cada 100.000 habitantes. Compárala con Nueva Orleans, por ejemplo. Ahora estamos en 17.
—Pero esa cifra de 17 ¿es de Caracas?
—Es de aquí.
—De aquí, ¿de dónde?
—De la zona de Catia donde estamos. No, la cifra de Caracas yo no la manejo. Ni la del país tampoco. Esta es la cifra que yo manejo, la del sector donde trabajamos, que era el sector más violento de América Latina.

Ser el responsable de la Policía Nacional Bolivariana, tener tan claras las cifras de Nueva Orleans y Baltimore y no poder dar el número de asesinatos en Caracas me pareció tomar por tontos a los periodistas que uno tiene frente a sí.

Conforme iba pasando la noche, la indignación de los colegas iba en aumento. Creo que muchos hubiéramos preferido el tradicional portazo en las narices al que muchos entes estatales nos tenían acostumbrados antes que participar en esa farsa.

Pero la entrevista prosigue:

—¿Usted no cree que hace falta más coordinación policial, no piensa que las divisiones políticas provocan que las policías no se hablen entre sí y finalmente quienes pagan el precio son los ciudadanos?

—Debe haberla, sí. Vemos con preocupación que los gobernadores de oposición, que critican la falta de seguridad, retiren a su policía de un plan de seguridad general aceptado por todo el país.

El responsable se refiere al Dispositivo Bicentenario de Seguridad (Dibise), lanzado por el gobierno de Chávez en todo el país desde 2010 y al que, según el ejecutivo, no se sumaron las policías de regiones como Miranda, dirigida por la oposición.

—En este momento el tema de la violencia está sobredimensionado y se ha tomado como bandera política. Los números no corresponden a la realidad. Por ejemplo, se incluyen entre los homicidios las muertes que se deben a suicidios, accidentes de tráfico o a personas enfermas que fallecieron y fueron autopsiadas. Las cifras se abultan –denuncia Fernández.

El director de la Policía Nacional Bolivariana se refiere a las cifras que aparecen cada lunes en la prensa local, que se basan en los cuerpos que han entrado en la morgue, único dato del que la prensa dispone ante la ausencia de informaciones oficiales. Esta cifra global incluye todos los autopsiados, independientemente de las razones de su muerte.

–Nosotros no desconocemos que existe un problema y se aborda con mucha responsabilidad, pero se ha creado una sensación de amenaza y de inseguridad que difiere de la realidad del país –garantiza Fernández.

Más que hablar de politización de la violencia, según Roberto Briceño-León, uno de los errores del Gobierno ha sido «politizar a la policía, concretamente a la PNB». Pese a que fue creada al servicio de todos, Chávez se apresuró a decir que era un cuerpo de seguridad antiimperialista y que serviría al pueblo y no a la burguesía.

–Esto le hace perder legitimidad y fuerza. El país no necesitaba crear un nuevo cuerpo sino coordinar los ya existentes –se lamenta.

En 2009, el propio ministro de Interior, Tareck El Aissami, admitió que un 20% de los delitos en Venezuela era cometido por policías. «Como dice un refrán de los Andes venezolanos, cómo estará el infierno cuando el diablo dice Ave María», dice Briceño-León, dando a entender que la cifra real podría ser bien superior a la reconocida por el Gobierno.

En 2010 y según cifras oficiales, la PNB redujo en 44% los homicidios, en un 66% los robos y en un 62% las lesiones en la zona oeste de Caracas donde operaba. Dos años después de su creación, había 37.000 aspirantes a entrar a formar parte de la PNB en el país y su radio de acción se iba extendiendo poco a poco, aunque muy por debajo de los planes oficiales.

Aquella noche, tras el recorrido con la Policía Nacional Bolivariana, viendo los datos recogidos me di cuenta de que no tenía cómo publicar un reportaje honesto.

El miedo del Gobierno a que los periodistas utilicen un acceso excepcionalmente brindado a la fuente para publicar una información contraria a la deseada por el ejecutivo o por el propio Presidente hace que se produzcan situaciones inéditas como la de esa madrugada.

Lo que podía haber sido una crónica positiva para el Gobierno, en la que se mostraran los primeros pasos de una iniciativa todavía incipiente, que aspira a frenar los altos índices de violencia, acabó siendo una comedia mal preparada.

Al día siguiente contemplé en varios medios oficiales el reportaje que el gobierno venezolano hubiera esperado de nosotros y lamenté una vez más la desconfianza y el miedo del Estado hacia aquellos que pueden, haciendo uso de su libertad, diferir de la versión oficial de los hechos.

***

Entre el permanente conflicto con Chávez y el pragmatismo, Pablo Pérez eligió lo segundo. El gobernador opositor del estado Zulia, una de las zonas más prósperas del país y tradicionalmente antichavista, y el gobierno de Chávez ensayaron durante meses un inédito diálogo y un trabajo conjunto para luchar contra la inseguridad, dejando de lado los cruces interminables de insultos y las divisiones políticas aparentemente insalvables.

Por aquel entonces, ni Chávez ni su ministro de Interior, Tareck El Aissami, y tal vez ni siquiera el propio Pérez se imaginaban que este presentaría su precandidatura para las presidenciales de 2012. Un hecho que lo cambiaría todo.

En enero de 2011, dos años después de haber sido elegido al frente del estado, el gobernador presumía en una larga entrevista que hicimos en su despacho de que, a diferencia de otros líderes opositores, a él el ministro de Interior sí se le ponía al teléfono.

–Tengo buena comunicación con él. La verdad es que para mí en este momento es más fácil comunicarme con Tareck El Aissami que con el encargado del CICPC (policía criminalista) en el Zulia.

Secuestros, hurtos, extorsiones y otros delitos se multiplican en este estado fronterizo con Colombia y se ven agravados por el hecho de que el Gobierno estatal y la Alcaldía de Maracaibo, segunda ciudad del país, están desde hace años en manos de los opositores al Gobierno. La complicada distribución de competencias y recursos favorece la inacción y la ineficacia.

En las calles de Maracaibo, los ciudadanos se dicen rehenes de esta división política, critican la falta de policía, hablan de presencia de guerrilla a pocos kilómetros de la ciudad y, como ocurre en la mayor parte de Venezuela, lamentan no poder llevar una vida mínimamente normal.

—Todos juntos tenemos que participar en mejorar el tema de la seguridad que no pasa solo por tener más pistolas —me decía Pérez—. Ellos tienen la Guardia Nacional, la policía municipal de sus alcaldías, el CICPC y la inteligencia militar. Nos invitaron a formar parte del Dispositivo Bicentenario de Seguridad (Dibise) y por supuesto estamos participando.

Dos años y medio antes, en 2008, cuando todo apuntaba a que Pérez, considerado el delfín del excandidato presidencial Manuel Rosales, por aquel entonces gobernador del Zulia, sustituiría a este en el cargo, Chávez, en un viaje a la región, no se mordió la lengua.

«Rosales quiere poner en la gobernación a un imbécil que no sabe ni hablar. Pobre del Zulia si cae en manos de esos dos elementos», dijo el mandatario refiriéndose a Pérez.

El actual gobernador se tragó los insultos, demostró que sí sabía hablar y que tenía sus propias ambiciones más allá de los planes trazados por Rosales, hoy acusado de corrupción y exiliado en Lima.

Hasta hace nada desconocido fuera de las fronteras del Zulia, tachado por muchos de ser un hombre sin carisma y un político a la sombra de Rosales, el nombre de Pérez comenzó a sonar poco a poco con más fuerza en el panorama político nacional y los venezolanos empezaron a sentir curiosidad por este abogado maracucho discreto que se parecía tanto al ciudadano de a pie.

A principios de 2011 el ministro de Interior, Tareck El Aissami, reconoció que Pérez estaba mostrando una «corresponsabilidad» para resolver el drama de la inseguridad y consideró que el trabajo de la policía del Zulia era bandera y modelo para el resto de estados opositores.

Pero la luna de miel terminó en cuanto Pérez mostró sus aspiraciones presidenciales y se convirtió en precandidato de lo que Chávez llama la «derecha apátrida».

En ese mismo momento, el ministro de Interior enterró los halagos y lo acusó de ser el primer responsable de un aumento de 20% en los homicidios en el Zulia, de intentar sabotear los planes de seguridad del Gobierno, de estar en una «carrera desesperada» por el poder y de ser incapaz de garantizar la seguridad de los zulianos.

Pérez no sería elegido candidato de la oposición en febrero de 2012, cuando los venezolanos escogieron al gobernador del estado Miranda, Henrique Capriles, en unas primarias, pero sus relaciones con el ejecutivo ya estaban definitivamente descompuestas.

–Desde 2008, los crímenes, sobre todo el hurto y el secuestro, han ido disminuyendo poco a poco. Sabemos que sigue habiendo policías corruptos, sabemos que en la frontera con Colombia existe un mundo paralelo de contrabando, tráfico de drogas, de vehículos. Pero nosotros no podemos llegar hasta allá –insiste Pérez.

El gobernador no se cansa de repetir que las fuerzas de seguridad a las órdenes del gobierno central reúnen a unos 20.000 efectivos mientras que los agentes bajo sus órdenes no superan los 5.000.

En el momento de realizar esta entrevista, en enero de 2011, los responsables de seguridad del Zulia ni siquiera tenían claro cuántos asesinatos o secuestros se habían perpetrado en su territorio en los últimos meses.

–Calculamos que en 2010 bajó un 25% la comisión de diferentes delitos en el Zulia –explica prudentemente la secretaria de Seguridad del estado, Odalys Caldera.

—Pero ¿usted sabría decir cuántos asesinatos hubo en Zulia el año pasado?

—Nosotros tenemos nuestros números, pero no son completos. Cada organismo tiene una competencia y esas cifras oficiales las lleva el CICPC. Por ejemplo, nuestros oficiales llegan, la persona puede estar herida y no sabemos si murió. O está muerta y desconocemos las causas. No nos atrevemos a dar una cifra.

Me mira visiblemente incómoda e intenta pasarme un mensaje de otra manera.

—Mira, la policía del Zulia tiene mucho valor, pero necesita equipos, para trabajar mejor y salvar vidas. También es vital que las policías estatales, municipales, la Policía Nacional Bolivariana, el CICPC y la Guardia Nacional sigan articulando esfuerzos porque si no, seguiremos agotando al personal sin que los resultados sean los deseados.

Magia para exorcizar la violencia

—Él me cuida. Creo más en él que en los órganos de seguridad porque he visto demasiados crímenes que pasan ante los ojos de la policía y ellos no hacen nada.

Quien habla es Omar Alonso, un joven santero de mirada intensa y serena, visitante habitual de un peculiar grupo de tumbas del Cementerio del Sur, en Caracas, un destartalado e inmenso camposanto rodeado de barriadas poco aconsejables y mercados de ropa al por mayor.

«Él» es Ismael Sánchez. Son las 8 de la mañana de un día cualquiera y alrededor de su tumba las plegarias, las ofrendas y el fervor se multiplican: «Ayúdame a hacer este trabajo, mi santito bello». «Gracias por haber sacado a mi hijo de la cárcel». «Consiguió que tuviera una camioneta nueva». «Le hemos venido a pedir protección para la familia». «Nos dio una casa nueva y queremos agradecérselo».

La imagen de este peculiar santo, una estatua de cerámica de unos 80 centímetros con gafas de sol, gorra de medio lado y revólver en la cintura, representa a un ladrón caraqueño, fallecido hace algunos años. Leyenda y realidad se mezclan en su vida y en su muerte. Tanto que ni siquiera se tiene certeza de que el famoso «Ismaelito» esté enterrado en esa sepultura, florida y rociada con anís, que es sin duda una de las más concurridas del cementerio.

La desprotección ante la violencia acongoja a las familias venezolanas sin distinción de raza ni clase social. Algunos se refugian en la magia de lo invisible ya que lo real y palpable, es decir, las diferentes autoridades, parecen no saber cómo frenar este drama que diezma al país.

Desde hace años, un grupo de ladrones fallecidos en los años 70 y liderados por Ismael Sánchez, muerto probablemente a manos de la policía, se ha convertido en objeto de devoción. Son los llamados «Santos malandros» o delincuentes santos, que son presentados, en las historias que corren de boca en boca, como una tropa de Robin Hood, que robaban a los ricos para repartir el botín entre los pobres de sus comunidades.

Mito y realidad se confunden pero, para bien o para mal, Ismael Sánchez, su novia Isabelita, Ratón, Petróleo Crudo y otros ladronzuelos conforman ya la «corte malandra», uno de los eslabones más bajos, junto con los homosexuales y las prostitutas, del culto a María Lionza, divinidad principal de la santería venezolana.

En esta particular jerarquía de semidioses, los santos malandros estarían en el purgatorio, muy cerca del pecado y las tentaciones de los mortales, y para limpiar sus faltas echarían una mano a los hombres.

Algunos visitantes del cementerio parecen entrar en trance ante sus tumbas. Muchos dicen que escuchan mensajes y la mayoría asegura recibir finalmente una especie de serenidad que el Estado no sabe darles.

Omar mira a las personas a su alrededor y lamenta que muchas estén mal aconsejadas y pidan cualquier cosa.

Un hombre y su hijo, de unos 20 años, llevan varios minutos ante la tumba de Ismaelito. Hablo con ellos por separado y caigo en la cuenta de que el padre reza para que este santo tan particular saque a su vástago del crimen, sin saber que su hijo pide una ayuda para cometer un nuevo delito, el último si todo va bien.

A su lado está la familia Ferrera, que ha recorrido 300 km desde cerca de Barquisimeto para venir hasta el Cementerio del Sur a cumplir varias promesas. Ante la mirada complaciente de sus padres, hasta su hija e hijo, aún adolescentes, fuman su puro con gesto serio y beben anís con fervor frente a la imagen de Ismael, un ladrón «de los buenos», de los que ya no quedan, repiten. La chica, con camiseta blanca, gorra y gafas de sol al estilo Ismaelito, me mira con gesto fastidioso mientras escupe en el recipiente en el que almacena saliva y ceniza.

El olor penetrante del tabaco a tan temprana hora resulta insoportable. Abejas y unas moscas negras y torpes, atraídas por el azúcar del alcohol, se pegan a la ropa y atacan sin piedad pies y brazos.

Raúl, el primogénito de la familia, consiguió su automóvil «gracias» a este particular santo y ahora viene a pedir protección.

—En una barriada como la nuestra, mi carro es una tentación. Pueden matarme para robármelo y vengo a pedir protección a Ismael —asegura, mientras es sometido a una ceremonia de «limpieza» con flores de colores y paños blancos por parte de los miembros de su familia, adeptos al espiritismo desde hace años.

La familia se dice cristiana, cree en Dios y en la Virgen María, pero considera a estos «santos malandros» una coraza adicional que les protege frente a los males de este mundo.

Ismaelito es prácticamente un «santo» a gusto del consumidor. Este ladrón elevado a los altares ayuda para cometer un atraco, «el último si Dios quiere», dicen muchos bandidos que le rezan, interviene para que un ser querido salga de la cárcel o en el sorteo de la lotería, protege a los hijos descarriados o los libra de la violencia de la barriada.

Para todas las súplicas o agradecimientos el ritual es el mismo y los presentes lo cumplen escrupulosamente: un cigarro encendido en la boca del santo, velas y flores de colores a sus pies, una salsita suena en el radiocasete portátil y la tumba de Ismael es finalmente regada con anís y envuelta en el humo del puro que el visitante fuma y lanza con los ojos cerrados hacia la imagen del venerado.

–Ahorita el malandro es el policía. Yo no confío en ellos porque hay demasiada corrupción y el Gobierno no sirve para nada. Pero estos santos nunca me han dejado morir –me explica Jenny, espiritista que asegura entrar en contacto con Ismael y sus acólitos.

Los visitantes de otras tumbas miran con desconfianza y con cierto recelo al grupo colorido y desvergonzado que venera cada día a la corte malandra. Muchos aceleran el paso al pasar por las tumbas malolientes y pringosas de anís.

Meses después de esta visita al Cementerio del Sur, volví a las tumbas de la corte malandra. Nada más sacar la cámara, apareció una patrulla de la policía que nos exigió un permiso especial y terminamos en el despacho de una responsable del cementerio, quien, sin dejar de rociarse con repelente de mosquitos, nos explicó el «nuevo procedimiento».

El problema parecía ser que algún periodista venezolano había divulgado imágenes de tumbas en mal estado, lo que hacía pensar que el cementerio era mal dirigido o estaba abandonado.

–Y eso no puede ser –zanjó, sonriente, la responsable. La prensa necesitaba pedir permiso para entrar y explicar dónde quería filmar exactamente. Si obtenía la autorización, una patrulla lo acompañaría al lugar del cementerio donde solicitó trabajar.

Es la burocracia a la venezolana. El fin de la espontaneidad. Paralelamente, las decenas de personas que se emborrachan y entran en trance ante la tumba de Ismaelito parecen no suponer ningún problema para las autoridades.

* * *

Lejos del Cementerio del Sur, perdido en un laberinto de callejuelas y casuchas en el corazón de la zona de San Blas, en la barriada caraqueña de Petare, Ángel Chávez celebra sus ceremonias semanales en honor de la corte malandra.

Son las 10 de la mañana y este cuarentón con apariencia de cantante de rap y modos de ladronzuelo apesta a alcohol. Su casa, pobre, endeble y con paredes desnudas, tiene como únicos adornos varios altares consagrados a las figuras de la santería.

María Lionza, el Negro Primero o Negro Felipe, que luchó en las guerras de Independencia, y el cacique indio Guaicaipuro, una especie de santísima trinidad del culto, comparten espacio con libertadores, vikingos y finalmente los malandros, los «santicos» más solicitados por sus clientes.

Chávez aprendió a contactar con el «más allá» gracias a su abuela y se gana la vida haciendo ceremonias en las que invoca a diversos espíritus. De Ismaelito habla con respeto y temor, mientras muestra una enorme cicatriz que le ha deformado el antebrazo. Un castigo del santo, según él, que no apreció una ceremonia en su honor demasiado sencilla. «Me mandó que metiera el brazo en una vitrina y lo hice. Él hace trueques, se encarga de hacer justicia muchas veces. Saca a los jóvenes del malandreo, de la droga. A veces los ayuda a cometer un delito una última vez y pide a cambio que dejen ese mundo para no morir o acabar presos», explica. A su casa vienen mujeres pidiendo recuperar a sus maridos, ladrones solicitando protección, o madres rogando que sus hijos salgan de la cárcel. Ángel se convierte entonces «en el cuerpo que los espíritus usan para volver a ser materia».

—Ismael es un malandro bueno y ayuda en todo. Él cumple siempre y pide algo a cambio para ir ganando luz —me describe, convencido.

***

La misma devoción a la corte malandra se respira en la montaña de Sorte, en el estado Yaracuy, en el norte de Venezuela, donde la semana del 12 de octubre miles de venezolanos acuden pidiendo protección, salud, consuelo a María Lionza y a otras deidades más inferiores como Ismaelito.

En esta montaña impregnada de selva, agujereada por minúsculos senderos, riachuelos y rincones escondidos convertidos en improvisados altares donde se celebran impresionantes rituales, se apareció María Lionza, según sus devotos, y el lugar está lleno de fuerza porque la diosa de las aguas y de los bosques sigue viviendo allí.

Dicen que por las noches es tanta la energía que las raíces de los árboles desprenden luz.

Habíamos salido de Caracas antes del amanecer y llegamos casi cinco horas después al pie de esta montaña, situada a 300 km de Caracas. Desde el primer momento me sentí extraña. Observada.

El altar mayor de María Lionza recibe al visitante. La reina, esbelta, sonriente, bella y con una tez inexplicablemente blanca en un país de mestizos parece más un maniquí de unos grandes almacenes que una diosa. Luce un vestido blanco largo y una corona dorada sobre un pelucón negro algo ridículo. Está rodeada de flores, frutas y perfumes y de lejos su imagen aparece desdibujada por una especie de nube de vapor que la rodea. Es el humo que le arrojan decenas de personas que fuman puros a su alrededor, mientras escupen y tiran la ceniza en unos pequeños recipientes que llevan consigo.

Las consignas dentro del altar mayor dan una idea del ambiente que se respira en Sorte: «Prohibido fumar, ingerir licor o hacer que menores beban alcohol, prohibido entrar con ropa descotada o mojada, prohibido poner ofrendas florales en jarrones sin agua y prohibido regar por el suelo el alcohol cuando se hace un brindis».

—Ven a ver a la abuela de la montaña –repite, esforzándose en vocalizar, un borracho con el torso desnudo, que sin darme tiempo me arrastra del brazo hasta conducirme ante una anciana en silla de ruedas que fuma pausadamente un habano y me mira con gesto sonriente.

Soy incapaz de calcularle la edad y ella es incapaz de decírmela.

—Ella es la abuela de la montaña. María Lionza la cuida y ella cuida a María Lionza —me dice el hombre, intentando mantenerse en pie agarrado a la silla de ruedas.

La señora Nerbis lo mira con gesto divertido y me explica que antes ni siquiera podía dar un paso. Para demostrarme su curación se pone en pie y avanza con dificultad un par de metros.

—Ya perdí la cuenta de los años que hace que vengo. Me he quedado muchas veces solita aquí con mi reina y los espíritus. A ella le debo todo, hasta mi curación —me dice, señalando otra imagen de María Lionza, situada antes de cruzar el puente sobre el río en que se bañan decenas de personas buscando purificarse.

La reina aparece aquí en su imagen más conocida, que también se encuentra en la autopista del Este en Caracas, a la altura de la Universidad Central de Venezuela: semidesnuda, atlética, sentada sobre un tapir macho, animal venerado por los indígenas, con el cabello al viento y sosteniendo con los brazos extendidos un hueso de pelvis femenina, símbolo de la fertilidad.

La diosa está escoltada por el cacique indio Guaicaipuro y el Negro Felipe.

Subiendo hacia la cima de Sorte, resuenan gritos, tambores y cánticos repetidos mecánicamente hasta provocar el trance, ayudado por una buena dosis de aguardiente.

Numerosos santeros parecen azotados por terribles convulsiones, se clavan cristales en el cuerpo, escupen sangre y saltan con los ojos en blanco, mientras los clientes esperan semidesnudos, tendidos en el suelo con los brazos abiertos y rodeados de flores, frutas y velas.

Metida en el agua hasta la cintura una mujer negra se mueve frenética al ritmo del tambor, con los ojos vacíos, coreada por un grupo de santeros, todos vestidos de rojo. Ninguno quiere hablar con extraños, con profanos al culto, y menos si llevan una cámara.

—Sin fe nada ocurre, con fe todo puede curarse. Yo ya he puesto de pie a seis inválidos. Tengo muchos pacientes en Sorte —me explica Edson, un santero homosexual de 53 años, exhausto tras una ceremonia de curación.

El santero me pide por favor que descruce los brazos porque eso significa que estoy cerrada a lo que estoy viendo y no dejo que nada cale en mí.

Cuando se le habla de la corte malandra, no puede reprimir un gesto de asco.

—La montaña se ha degradado bastante. Mucha gente viene a tomar alcohol y tiene falta de fe, pero tratamos de hacer lo posible por mantenerla —explica.

Pero los más viejos aseguran que Sorte ha cambiado mucho y que es difícil preservar el verdadero culto a María Lionza entre delincuentes, borrachos y aquellos que se dedican a negociar con el sufrimiento ajeno.

Para los creyentes, la energía de Sorte viene de los ríos, donde todos se bañan, y de la tierra, sobre la que caminan descalzos. Hace seis años, a Yaneida Vega le diagnosticaron un cáncer de útero que ya había afectado el colon. Devota de la santería, esta mujer humilde de unos 45 años se sometió a numerosas curaciones paralelamente a su tratamiento de medicina tradicional.

—Los médicos me anunciaron que debían operarme de urgencia para sacarme el útero. Al despertar de la anestesia solo habían extirpado un tumor porque todos los órganos habían sanado milagrosamente. Ellos no se lo explicaban pero yo sí: fue mi reina María Lionza —me dice sonriente, mientras contemplamos, ella con mirada serena, yo algo escéptica, la transfiguración de una espírita en Manuelita Sáenz, el gran amor del Libertador Simón Bolívar.

Una jueza en el banquillo

Está sentada al lado de la ventana. No es una cárcel pero esta ventana también tiene rejas, como tantas otras en Caracas. Pasa horas mirando la calle, el estacionamiento que hay debajo, los vecinos que van a trabajar, a estudiar y regresan en la tarde, o el verde de los árboles. Vive así desde febrero de 2011.

Desde esa misma ventana también ve todos los días un cartel que cuelga en un balcón del edificio contiguo: «Jueza Afiuni, honestidad y valor».

Si en algún momento logra distraerse con el paisaje y pensar en otra cosa, ese mensaje de solidaridad le devuelve a la realidad: «Me llamo Lourdes Afiuni, tengo 48 años, soy jueza, estoy presa por el capricho de un hombre: el presidente Hugo Chávez», pensará.

A diferencia de todos los momentos descritos en estas páginas, este testimonio es imaginado. Fui a su casa en Caracas, conversé con su familia y simplemente la observé. La jueza venezolana María Lourdes Afiuni tiene por ahora prohibido dar entrevistas si no quiere perder el beneficio del arresto domiciliario que le fue otorgado por razones de salud.

Tras salir del ascensor, ante la puerta de entrada a su apartamento, tres guardias nacionales que no pasan de los 25 años vigilan y anotan los nombres de las visitas. En total, 16 oficiales están encargados de que la jueza no se escape.

–Antes eran 22. Hubo que cederles un espacio del edificio, abajo, pero nuestros vecinos se han portado muy bien y han aceptado su presencia. Depende quién esté de guardia las cosas van mejor o peor. Hay algunos que irrumpen de sorpresa para ver si está, creen que se puede fugar y quieren revisar la azotea porque piensan que hay un helicóptero –explica con cierto hastío Elina, la madre de la jueza.

Pero la magistrada no parece tener planes de fuga, tampoco salud ni ganas de intentar una tontería semejante.

Está vestida de blanco, peinada impecablemente, con las uñas recién arregladas y ligeramente maquillada. Es un ritual que sigue cada mañana aunque nadie venga a verla. Pero es raro que no tenga visitas.

Afiuni fue detenida en diciembre de 2009, horas después de otorgar el beneficio de ser juzgado en libertad al banquero Eligio Cedeño, acusado de irregularidades financieras y presunta estafa y aún a la espera de juicio tras pasar tres años encarcelado. La jueza aplicaba así una recomendación del grupo de trabajo sobre la detención arbitraria de la ONU. Algo le decía que iba a causarle problemas.

Cedeño, que se decía un preso político, huyó del país horas después a Estados Unidos donde está asilado. Afiuni concedió esta prerrogativa sin fiscales presentes y según la acusación sabía de esta fuga y probablemente recibió algún beneficio por ello. Aquella mañana ella sospechó que la decisión que iba a tomar podría acarrearle algún problema, pero no imaginó que le cambiaría la vida brutalmente.

Días después, Chávez apareció en televisión llamándola bandida y delincuente y pidió para ella 30 años de cárcel, la pena máxima. Recordó que en tiempos de Bolívar a los jueces corruptos se les podía incluso «pasar por las armas».

«Yo exijo dureza contra esa jueza, incluso le dije a la presidenta del Tribunal Supremo, a la Asamblea Nacional, habrá que hacer una ley porque es mucho más grave un juez que libere a un bandido que el bandido mismo», clamó el jefe de Estado.

Meses después, Chávez aseguró en una entrevista que el poder judicial, en el caso de la jueza, había actuado de forma autónoma.

Afiuni ha revisado en su cabeza una y otra vez la película de los hechos de aquella mañana de diciembre de 2009. Se repite a sí misma que solo cumplió la ley, que días antes había liberado a tres personas de clara tendencia chavista que también llevaban tres años presas de manera irregular y nadie le pidió ninguna explicación. Se dice incesantemente que era la decisión que había que tomar, aunque cada día sienta que al liberar a Cedeño ella pasó a ocupar su lugar.

«Pero hay algo personal en esta historia, hay algo detrás», piensa de nuevo. «El Presidente apareció en televisión con una ira y un odio desconocidos. No consigo una explicación lógica. No liberé a un homicida, no liberé a un tipo que puso una bomba. En su expediente no había nada. Era un hombre a quien no se le pudo demostrar el delito. ¿Qué pudo pasar entre el Presidente y Eligio Cedeño para que yo lleve presa tanto tiempo?», se pregunta internamente, día tras día.

Si Chávez no hubiera hecho aquella intervención tras el arresto de la jueza, Afiuni habría pasado desapercibida. Habría sido una funcionaria más acusada de corrupción y encarcelada. Pero el propio Presidente provocó que dentro y fuera de Venezuela hubiera gente que se interesara por el caso de esta magistrada.

Desde entonces, organismos de derechos humanos, la ONU o voces con peso como el intelectual estadounidense Noam Chomsky han querido saber más sobre el caso Afiuni y han solicitado su liberación por considerar que hay una indebida interferencia política en el asunto.

Entre bastidores, poco a poco, comenzó a moverse una diplomacia silenciosa, una frágil arquitectura de contactos con gente con voz y poder para llegar poco a poco y con paciencia a quienes toman las decisiones, es decir al entorno más cercano de Chávez. El objetivo era lograr que Afiuni saliera de la cárcel, donde había caído enferma y había sido objeto de amenazas por parte de presas a las que ella misma había condenado, y después de lograrlo, que fuera indultada o se retiraran los cargos contra ella.

* * *

No he venido a verla para formarme una idea sobre su inocencia o culpabilidad. Ni ella ni su familia intentan tampoco convencerme de nada.

«Me da rabia que piensen que hice esto por dinero, pero al día de hoy las acusaciones sobre un presunto beneficio económico o una promesa financiera que yo hubiera recibido no han podido demostrarse. No hay sustento, no hay nada», ha dicho en muchas ocasiones la jueza a sus familiares.

Tiene la mirada perdida en sus pensamientos. Se le ve agotada y aún enferma.

Durante los 14 meses que pasó en la cárcel le fue practicada una histerectomía y su recuperación fue muy lenta. Tiene pendiente una pequeña operación en la vejiga y le han detectado un quiste aparentemente benigno en la axila y una formación sospechosa en un seno que merecería también una intervención quirúrgica.

Pero ella está cansada de que el juez le elija los médicos, se niega a ponerse en manos del Hospital Militar y por ahora retrasa la nueva cita con el quirófano.

En su cabeza, su problema de salud está directamente vinculado con lo que le ha pasado. «La cárcel te roba algo que no vuelve después», dice la magistrada a los suyos.

Al igual que sus citas médicas, el juicio contra Afiuni también lleva meses parado. La magistrada se ha negado a comparecer ante los dos jueces que han sido sucesivamente encargados de su caso por considerarlos parciales y sentirse condenada de antemano.

En diciembre de 2011, Chomsky, en una carta abierta pidió de nuevo a Chávez que interviniera para liberar a Afiuni, debido al deterioro físico y psicológico sufrido durante su encarcelamiento. «Después de más de dos años de detención, no hay garantías de un juicio justo e imparcial», escribió Chomsky apelando a Chávez a obrar conforme a los valores humanitarios predicados por la revolución bolivariana para «reparar una injusticia».

Poco después de recibir esta misiva, Chávez dijo en televisión que Afiuni no es una presa política sencillamente porque en Venezuela no hay presos políticos. El Presidente subrayó que a él no le compete inmiscuirse en las tareas del poder judicial, pero pidió que si la acusada estaba enferma, su caso se estudie.

En el pasado, Chávez no se ha mordido la lengua para lanzar órdenes o indirectas a otros poderes sobre sus actuaciones, lo que daba, de puertas para fuera, la sensación de que finalmente todo era manejado a su antojo por el mandatario.

Sobran ejemplos. En 2010, Chávez instó a la Fiscalía y al Tribunal Supremo a «hacer algo» con las propiedades del presidente de la televisora privada Globovisión, Guillermo Zuloaga, declarado prófugo de la justicia y que había pedido asilo en Estados Unidos.

Para el Presidente, era inadmisible que Globovisión atacara a diario a su gobierno mientras que Zuloaga se pasea por Estados Unidos repitiendo que Venezuela vive bajo la dictadura de un tirano.

Sus declaraciones abrieron la veda para estrechar el cerco legal contra el canal de televisión.

En julio de 2011, poco después de que se hiciera público que Chávez sufría un cáncer, el Presidente pidió que se estudiaran los casos de presos enfermos para darles si era preciso algún beneficio. Pocos días después, la justicia acató esa sugerencia como si fuera una orden y varios prisioneros por razones políticas, como Alejandro Peña Esclusa, acusado de posesión de explosivos, o el excomisario Lázaro Forero, condenado a 30 años por las muertes sucedidas durante el fallido golpe de Estado contra Chávez en 2002, fueron puestos en libertad condicional.

«Yo no soy el dictador que va a dar órdenes aquí a los demás poderes, pero sí me atrevo a hacer un exhorto de mi corazón humanitario al poder judicial», dijo Chávez en aquella ocasión.

* * *

El único momento en que Afiuni sale de su casa es cuando es trasladada cada 15 días al tribunal ante el que se niega a comparecer. Ese día, de madrugada, la vienen a buscar 30 funcionarios además de los 16 guardias nacionales que custodian su domicilio normalmente. Le ponen un chaleco antibalas y viaja esposada.

Una semana antes de mi visita, el convoy, escoltado y dirigido por oficiales armados se abría paso en la autopista en el mismo momento en que un grupo de ladrones cometía un asalto a punta de pistola a varios automóviles atrapados en el tráfico. Al oír las sirenas, los ladrones pensaron que era la policía y los militares que custodian a la jueza creyeron que era un grupo que trataba de liberarla.

En el tiroteo, Afiuni descubrió que el carro que la transportaba no estaba blindado pese a lo que le habían garantizado.

En los demás días, el tiempo pasa muy despacio y la monotonía se instala. Afiuni sigue muy pendiente de la actualidad judicial para no oxidarse y estar al día en su carrera, convencida de que un día podrá volver a ejercer.

Pero internet, sobre todo Twitter, es su tabla de salvación. En febrero de 2012 la jueza tenía casi 90.000 seguidores. Son sus «Wilsons».

Una noche desde su celda en la cárcel de mujeres de Los Teques, a las afueras de Caracas, la jueza escribió en Twitter que quería una pelota que le hiciera compañía, como la que tenía Tom Hanks en la película *Náufrago*, a la que llamaba Wilson. Un twittero le dijo que todos sus seguidores eran sus Wilsons. Y así se quedó.

Los días en la cárcel no fueron fáciles. Afiuni sufrió amenazas e intentos de agresión de parte de varias presas. Otras le pidieron que revisara sus expedientes y sus condenas y hubo algunas que se ofrecieron incluso a hacerle la manicura.

«Cambié. Ahora tengo serias dudas de que el sistema penitenciario sirva para rehabilitar a nadie. Antes decía: 'Usted cometió un delito, tiene que pagar en la cárcel' y ahora me planteo si alguien se merece pasar por esas vejaciones, por esa tortura», se dice a sí misma.

—Quédate tranquila que ahora ya estás en tu casa —le dice su padre constantemente. La parsimonia de este hombre no consigue ocultar una gran aflicción. Los padres de Afiuni se enteraron por la televisión de que su hija había sido detenida. Su casa fue registrada por la policía de arriba abajo en busca de pruebas. Fueron días terribles, recuerdan. La hija de la jueza, Geraldine, de 19 años, es quien más ha crecido con esta historia.

«Muchas personas no entienden la impotencia que una siente en esta situación. Saber que tu libertad depende de una sola persona y que por mucho que tú hagas, estudies o pruebes no vale de nada genera una enorme frustración y una gran soledad», se dice la jueza.

Afiuni también se siente muy sola al ver la escasa solidaridad de sus excolegas jueces, a menudo traducida en un papelito deseándole ánimo o en una llamada a escondidas. Todos temen perder su trabajo o, peor aun, de verse en la misma situación que ella. «El miedo nos tiene atrapados a todos», piensa.

Hubo jueces que le han negado algunas solicitudes y luego le mandan un mensaje disculpándose porque no podían hacer de otra manera, me cuenta su familia.

«Me intento poner en su situación. ¿Cómo reaccionaría yo? Es muy duro. Son 25 años de graduada, toda la vida trabajando en el medio judicial y todo eso quedó lejos de mí de un día para otro», se repite Afiuni.

En 2010, la Comisión Interamericana de Derechos Humanos mostró su preocupación por las informaciones recibidas sobre «presuntas injerencias del poder ejecutivo en las decisiones judiciales» en Venezuela.

Según la comisión, la independencia y la imparcialidad del poder judicial en el país sudamericano estarían mermadas, el poder punitivo del Estado se estaría usando para sancionar a personas en virtud de sus opiniones políticas y la designación de jueces sería poco transparente debido a la ausencia de concursos públicos, y su destitución también.

Un estudio de la organización de derechos humanos venezolana Provea concluyó que un 96% de las denuncias presentadas contra organismos del Estado, sea el Presidente, el Parlamento, la Fiscalía o el Tribunal Supremo, entre otros, no prospera.

Afiuni llevaba años dándose cuenta de que había jueces afines al proceso chavista que decoraban sus despachos con afiches gigantes del Presidente, vestían camisas rojas y se encargaban de muchos casos políticos.

También vio cómo magistrados que ingresaban sin experiencia ni credenciales necesarias tenían una carrera fulgurante, mientras otros eran destituidos de la noche a la mañana porque eran de derecha o porque habían firmado a favor de que el Presidente dejara el poder en 2004. Ella se iba manteniendo.

«Algunos me dicen chavista, otros opositora. Yo ya estaba en la administración pública cuando el Presidente ganó. La verdad es que no voté por él pero no pensé que eso podría afectarme. Jamás en mis años de carrera me preguntaron por quién votaba».

Pero Afiuni se pronuncia poco sobre Chávez. «Porque no soy objetiva: él ordenó que me metieran presa», ha dicho a menudo.

Viendo al presidente enfermo y debilitado, la jueza prefiere más bien sentir compasión por otras personas que están presas y tienen cáncer. «Chávez es un hombre que ha hecho mucho daño, sin querer o queriendo, pero lo ha hecho», repite a sus familiares.

Si el chavismo sigue en el poder, su única esperanza es que la presión internacional logre un indulto.

«Mi proceso está viciado. Yo sé que las denuncias que he presentado, internamente, no van a llegar a ningún lado», piensa Afiuni.

«Cuando salga libre» es el inicio de muchas de las frases de la jueza. En ese momento, la lista de cosas que quiere hacer es larga, pero hay una que le obsesiona: que esto no vuelva a ocurrir.

«Nadie puede esconderse detrás de la excusa de que fue una orden presidencial y las personas que se han hecho cómplices tienen que responder ante la ley de alguna manera. Hay que evitar que a nadie más se le juzgue por cumplir con la ley, porque si no, si pierde Chávez y vienen otros, pasará lo mismo pero al contrario. Y yo no estaría de acuerdo en que a un juez que ha obrado contra mí le juzguen sin cargos y con pruebas falsas», ha repetido a los suyos.

Un barril de pólvora que el Estado espera que estalle

«Hijo, estamos en la lucha contigo». El mensaje ha sido escrito con prisa en la espalda de la camiseta rosa de una mujer de piel oscura, sentada inmóvil en el borde de la carretera y ajena al calor y el olor nauseabundo de la montaña de basura que se pudre a pocos metros, frente a la entrada de la prisión de El Rodeo.

La señora no habla con nadie, solo mira angustiada su teléfono móvil, esperando a que suene y a que la voz de su hijo consiga desanudar la angustia que le oprime el estómago desde hace un par de días.

Es junio de 2011 y en la última semana al menos 25 personas han perdido la vida en un motín que estalló en la cárcel de El Rodeo, situada a unos 40 km de Caracas. Las informaciones que llegan desde dentro del penal son dantescas e imposibles de verificar: un número de muertos muy superior al que se admite, cadáveres descomponiéndose, presos tomados como rehenes por los cabecillas de la revuelta, tiroteos constantes y una preocupante falta de agua y comida.

Los familiares de buena parte de los 4.700 presos llevan días sin tener noticias de sus seres queridos y aguardan, con el alma en vilo, la lista con los nombres de los fallecidos.

–Están intentando tapar la sangre –me dice un grupo de mujeres, tras una improvisada oración celebrada este caluroso domingo de junio en la carretera que lleva al penal.

Impotentes, muchas familias han pasado la noche ante la barrera de policías que les impide llegar hasta los portones de la prisión. Hay quienes han intentado en vano acercarse a la cárcel por una colina cercana, hasta toparse con un muro o con un control de la Guardia Nacional. La víspera, los oficiales no dudaron en usar gases lacrimógenos y agua a presión para hacerles retroceder.

Con la esperanza de presionar al Gobierno, algunas personas optan por hablar ante las cámaras de las televisoras privadas y medios extranjeros, que también tienen el paso cortado en el mismo punto que ellos y no reciben más información que la que difunde el canal oficial Venezolana de Televisión (VTV).

Cuando la barrera policial se abre para dejar paso a una ambulancia o un autobús que sale del penal, los gritos de pánico de algunas mujeres se oyen a varios metros de distancia, mientras otros familiares intentan bloquear el paso del vehículo para ver quién es trasladado y en qué estado se encuentra. Entretanto, el sonido de las ráfagas de las ametralladoras que llega desde el interior de El Rodeo provoca lágrimas de rabia y desesperación.

—Cada disparo que escucho se me encoge el corazón y pienso que podría ser el que mate a mi chamo —me dice Mariana Jiménez. Su hijo lleva cinco años preso esperando un juicio por extorsión. Es un caso desgraciadamente común. De los más de 45.000 presos que hay en Venezuela, un 70% no ha sido sentenciado.

—Mi hijo está entre dos fuegos: el de los militares y el de los pranes —describe el padre de otro de los presos.

Los «pranes» o líderes de los presos son los señores de las cárceles. La palabra «pran» viene de Puerto Rico y tendría que ver con «pram», cochecito de bebé en inglés. Según Carlos Nieto, director de la ONG Una Ventana a la Libertad, consagrada a la situación carcelaria venezolana, su existencia es relativamente nueva.

—Hace ocho años no existían los pranes. Sí había reclusos que tenían más dinero, y por tanto más poder, y que pagaban para estar más cómodos o por tener un televisor, pero nada más. Ahora los pranes controlan todo. Las cárceles son como un microestado paralelo donde mandan ellos —explica.

El ingreso de armas sofisticadas en las prisiones tampoco tiene más de 10 años. «Eso no quiere decir que las cárceles son ahora muy malas y antes eran muy buenas. Siempre han sido malas», matiza Nieto.

En los años 90, los reclusos se defendían con «chuzos», una improvisada arma blanca de fabricación casera para defenderse. Luego llegaron los «chopos», pistolas muy precarias fabricadas con un tubo, una liga y un clavo que hacía de percutor. «Eso sí, les ponían balas facilitadas ya por los funcionarios», recuerda Nieto.

Y en 2012, un preso venezolano tiene granadas y una ametralladora, además de drogas, alcohol y teléfonos de última generación.

—Yo soy de los que digo que los verdaderos pranes son los funcionarios que permiten que los presos tengan semejantes medios y semejante poder —considera el director de Una Ventana a la Libertad.

—Escuchándole pareciera que todos los males se agravaron desde hace 10 años. ¿Culpa a Chávez de esa degradación?

—El agravamiento de la situación tiene más que ver con la desidia y la falta de atención hacia el sistema penitenciario que con gobierno alguno. Hace 20 años, nuestras cárceles tenían ya muchos problemas, pero Chávez prometió cambiar eso e introdujo una Constitución donde hay un artículo, el 272, que define el sistema penitenciario y nos habla de cárceles descentralizadas, a cargo de gobiernos estatales, con espacio para el deporte, la recreación, la educación, la rehabilitación y la reinserción. Esto es algo novedoso. Es decir, Chávez tuvo las condiciones que no tuvieron gobiernos anteriores para solucionar el problema carcelario pero no lo hizo, y tampoco buscó gente que lo ayudara a hacerlo.

Y la situación se tornó insostenible e imposible de ocultar. Tras el motín de El Rodeo, la respuesta del ejecutivo al caos carcelario fue la creación del Ministerio de Servicios Penitenciarios, dirigido por Iris Varela. Por su parte, en su plan de gobierno, la coalición opositora Mesa de la Unidad Democrática (MUD) retoma el artículo 272 de la Constitución, promete aplicarlo y ampliarlo con otras promesas concretas, como bloquear la señal de los teléfonos celulares en las prisiones o separar a los presos entre condenados y procesados, así como por grado de peligrosidad.

ONGs como Una Ventana a la Libertad han tendido la mano a la ministra Varela y le han pedido en vano que se deje ayudar, porque resolver el problema es más importante que cualquier diferencia política. «Yo no critico la creación de un ministerio porque el de Interior y Justicia ya no podía con todo. Mi crítica es que la persona a la que nombraron ministra no tiene ningún tipo de conocimiento sobre el tema. Al no saber ella de nada y haberse rodeado de gente que aun sabe menos, el caos ha aumentado», dice Nieto.

Los números hablan por sí solos. En 2010, murieron violentamente en las cárceles venezolanas 476 presos. En 2011, la cifra subió a 560. Entre 1999 y 2011 se registraron más de 5.000 reos muertos, cifras que superan las registradas en países como Brasil, Colombia o México, según cifras de ONGs.

En términos de capacidad, en las prisiones de Venezuela hay lugar para unos 14.000 reclusos, aunque la cantidad total de privados de libertad es más de tres veces mayor. Es decir, el hacinamiento supera el 350%.

* * *

Humberto Prado, expreso y actual responsable del Observatorio Venezolano de Prisiones (OVP) es una de las fuentes más fiables de los periodistas en el tema carcelario. Su ONG es una referencia dentro y fuera de Venezuela por realizar un seguimiento estricto de la situación de los derechos humanos en las cárceles y llevar un cuidadoso y exhaustivo registro del día a día de los centros de reclusión.

Según Prado, en Venezuela se necesitan 30 nuevos centros penitenciarios que faciliten 15.000 lugares adicionales. La ministra Varela anunció que ocho nuevas cárceles estarán listas en marzo de 2013.

—Las cárceles son un barril de pólvora y el Estado está esperando que estallen —repite Prado a la prensa.

—Yo diría que la situación en 2012 es peor que la de 2011. No en número de muertos y heridos, porque las de 2011 son cifras únicas en la historia venezolana y si las superamos sería gravísimo, pero el hacinamiento ha empeorado, siguen ingresando armas, alcohol y drogas en las cárceles, el control lo tienen los presos y el retraso en los procesos judiciales sigue ahí. Al Estado no le interesa hacer nada. Hay mafias ahí que producen mucho dinero. Y esas mafias funcionan si la cárcel está mal. Parte del negocio es el caos –afirma Nieto.

Por ejemplo, estas ONGs nunca obtuvieron información oficial de lo ocurrido en El Rodeo en junio de 2011. Más de un año después del motín no se sabe cuántos presos se fugaron, cómo quedó la situación dentro o qué cantidad de armas y dinero fueron confiscados.

–Nosotros creemos que la fuga de algunos presos fue una parte de las negociaciones que se hicieron con Diosdado Cabello. Él parece que tiene buenos contactos con toda esa gente –apunta Nieto, refiriéndose al que meses después de ese motín se convirtió en presidente de la Asamblea Nacional o Parlamento venezolano.

Por declaraciones como esta, el gobierno venezolano consideró a las dos ONGs instigadoras de la violencia dentro de las cárceles. En el caso de Humberto Prado, el ministro de Interior, Tareck El Aissami, estimó que su organización estaba financiada por Estados Unidos y su función era poner en la cuerda floja al sistema penitenciario.

En internet, ciertos exacerbados pidieron la pena capital contra el abogado y en la televisión oficial VTV no se escatimaron los ataques contra él y su familia. Organizaciones internacionales de derechos humanos pidieron al gobierno de Chávez que le brindara protección y, finalmente, Prado salió del país por un tiempo por su propia seguridad.

Nieto también ha disfrutado de medidas de protección de la Corte Interamericana de Derechos Humanos durante más de seis años, hasta que le fueron revocadas en 2009. Recibe amenazas diarias y cuando es criticado por el Gobierno la tormenta arrecia.

–Las amenazas son el pan nuestro de cada día. Iris Varela dice que todo es culpa de nosotros, de Una Ventana a la Libertad y del OVP. En mi caso, nunca se ha concretado nada. Pero para desgracia de Iris Varela tengo muchos amigos en ese ministerio que me avisan de lo que se está preparando contra mí. Aunque en Venezuela ningún defensor de los derechos humanos está libre hoy de que le den un tiro en la calle y culpen al hampa –recalca.

Una Ventana a la Libertad nació en diciembre de 1997, a raíz de la muerte de 27 internos de la cárcel caraqueña de La Planta, que fallecieron asfixiados por los gases lacrimógenos. «Fuimos las primeras personas que entramos a una cárcel a dar un taller sobre derechos humanos a personas privadas de libertad. Nos acusaron de alborotar a los reclusos por hablarles de sus derechos. Hace 15 años eso no era tan frecuente».

Durante una década, la ONG tuvo acceso a las cárceles, pudo organizar numerosas actividades destinadas a la educación y reinserción y prestó asistencia jurídica a los internos, hasta que hacia 2009 las puertas de las prisiones se cerraron también para ellos.

–El gobierno no apreció ciertas cosas que decíamos. Pero bueno, la realidad es que hace 15 años nadie se preocupaba si moría un preso y hoy sí. Actualmente, los estudiantes en la universidad hacen cola la noche entera para inscribirse en una materia que se llama «Cárceles y Derechos Humanos» y hay personas que nos saludan en la calle y nos dan las gracias porque estuvieron presas y las ayudamos. Esas son finalmente las grandes satisfacciones, lo que nos hace pensar que finalmente tan mal no lo estaremos haciendo –piensa en voz alta.

Para los periodistas el acceso a las prisiones está igualmente cerrado. Sin contar el apartamento de la jueza María Lourdes Afiuni, objeto de un arresto domiciliario, solo pude entrar en dos cárceles en Venezuela: el penal de mujeres del INOF, en Los Teques, para hacer un trabajo con la orquesta penitenciaria, y la prisión de Ramo Verde, para militares y policías, donde visité al general Raúl Isaías Baduel. Soy consciente de que ninguna de estas dos visitas sirve para ilustrar la situación carcelaria en el país.

–Nosotros tampoco entramos, pero gracias a la tecnología se puede ver todo sin estar dentro. Los presos tienen un BlackBerry, en realidad tienen de todo, están metidos en las redes sociales, filman videos y nos los mandan. Estamos bien al tanto de lo que pasa, más al tanto que si nos permitieran entrar. Cuando ocurre algo, yo me entero incluso antes que los responsables de la cárcel –me garantiza Nieto.

Un discurso que separa

En 2009, más del 57% de los encuestados por el Observatorio Venezolano de Violencia (OVV) creía que Chávez tiene un discurso que fomenta la violencia.

Un lenguaje militar y la necesidad permanente de tener un enemigo, el desprecio del adversario, las consignas de muerte repetidas por el Gobierno y decisiones como el minuto de silencio en honor del exnúmero dos de las FARC, Raúl Reyes, son ejemplos de esta «pérdida de la norma como mecanismo regulador» que se siente en el comportamiento del jefe de Estado, según esta institución.

«Vamos a seguir acorralándolos en todo el país», «Al enemigo, ni agua sucia», «Esta es una revolución que está armada», «El pueblo está dispuesto a defender el proceso revolucionario venezolano», «A lo mejor voy a terminar sacando los tanques para defender al gobierno revolucionario». Todas son frases del Presidente, quien también amenazó con hacer «desaparecer del mapa político» y tirar «por el barranco más alto» a líderes de expartidos aliados. En el capítulo de insultos célebres, Chávez llamó «burro» y «borracho» a George W. Bush, quien desprendía, según él, un sospechoso tufillo a azufre en la ONU; tildó de «pendejo» a José Miguel Insulza, secretario general de la OEA; de «lacayo» y «paramilitar» al expresidente colombiano Álvaro Uribe; se refirió a Barack Obama como al «hombre negro» y consideró un «bandido y mafioso» a Manuel Rosales, su adversario en las presidenciales de 2006. Al rey de España le recordó que cuando iba al baño hacía lo mismo que el resto de los mortales y mandó a varios detractores políticos a «lavarse el paltó», una expresión venezolana que en el fondo significa «váyase a limpiar el trasero».

—No es que uno tenga piel de cocodrilo, pero también sabemos que el Presidente no tiene límites a la hora de difamar. Agrede a cualquiera: pelea con el rey de España, con la canciller alemana Angela Merkel, con George W. Bush… Chávez sufre incontinencia verbal y es maleducado por un problema de formación. No respeta al prójimo y eso es algo muy peligroso —me dice Antonio Ledezma, alcalde metropolitano de Caracas desde 2008, que ha sido blanco de los ataques del Presidente y vio cómo las prerrogativas de su cargo caían en picado nada más derrotar a Aristóbulo Istúriz, candidato que el Presidente había presentado para el cargo.

En agosto de 2010, un mes antes de las elecciones legislativas en las cuales Chávez perdió la mayoría absolutísima que tenía en la Asamblea Nacional desde 2005[19], cuando la oposición no se presentó a los comicios parlamentarios y cedió lamentablemente el espacio al oficialismo, el Presidente pisó el acelerador y lanzó la Operación Demolición. «¡Me los demuelen! Esa es la orden, demolición. Más nunca permitiremos que la patria de nuestros viejos, que la patria de nuestros hijos sea explotada por la sanguijuela de la burguesía apátrida, podrida, corrupta y parásita. No se lo permitiremos, por ninguna vía, oigan bien, por ninguna vía, la podrida burguesía venezolana volverá a gobernar». Con palabras así, aunque solo sean eso, palabras, Chávez deja perplejos a muchos dentro y fuera del país.

—Uno tiene indicadores que hacen pensar que Chávez habría querido que hubiera un cierto grado de violencia en Venezuela,

---

[19] Tras las elecciones de septiembre de 2010, la Asamblea Nacional venezolana (parlamento unicameral) está compuesto por 98 diputados del Partido Socialista Unido de Venezuela (PSUV), liderado por el presidente Hugo Chávez, y 67 de formaciones opositoras (la coalición Mesa de la Unidad Democrática, que obtuvo 65, y Patria Para Todos, escindido del chavismo, que obtuvo dos).

que los cerros bajaran a la ciudad, porque eso habría demostrado que hay lucha de clases, pero no ha sido así. Yo no creo personalmente que él quiera fomentar el delito. Sería injusto decir eso. Creo que él hace todo esto por razones ideológicas, pero sus actos tienen consecuencias –explica Roberto Briceño-León, responsable del Observatorio Venezolano de Violencia (OVV).

Las encendidas declaraciones del jefe de Estado, lo que él califica como «pasión patria», pueden ser a menudo sacadas de contexto o tomadas al pie de la letra por ciudadanos que quieren ser más chavistas que Chávez y harían cualquier cosa para agradar al jefe de Estado. En agosto de 2009, en plena campaña del Gobierno contra la televisora privada Globovisión, un grupo radical que se autodefinía como chavista, dirigido por la militante Lina Ron, atacó la sede en Caracas de la empresa con bombas lacrimógenas por considerarla «objetivo revolucionario». Ron, hoy fallecida, acabó en la cárcel y Chávez tuvo que distanciarse de ella, calificándola de incontrolable. Meses después, ante su ataúd, el jefe de Estado aseguró que detrás de esos regaños, siempre había habido amor. El grupo La Piedrita, con sede en la barriada caraqueña del 23 de Enero, es otro ejemplo de esta exacerbación o malinterpretación del chavismo.

–Creo que a Chávez se le ha ido de las manos y que el Gobierno apostó por una postura equivocada. El país hay que pacificarlo y hay que favorecer la convivencia, pero se está operando al contrario –continúa Briceño-León.

* * *

El lingüista Germán Flores lleva largos años estudiando lo que él llama la lengua de Chávez, sus discursos, más concretamente su «idiolecto», es decir su forma de usar, transformar y apropiarse del castellano.

A sus más de 80 años, este veterano profesor ha terminado *La lengua de Chávez*, un libro que espera publicar y en el que analiza más de 10 años de discurso del mandatario y de su entorno más cercano. Coloquial y a veces hasta grosero, vulgar y obsceno, doméstico, personalista, patriotero, racista y una caricatura de lo bolivariano son algunos de los adjetivos que usa para describir esa forma de hablar de Chávez.

Flores empezó a trabajar en su proyecto desde el día en que el Presidente tomó posesión del cargo en 1999, extrañado cuando le vio jurar que cumpliría su deber sobre una «moribunda Constitución».

–Noté que no era tan solo un uso abusivo de la lengua, sino toda una estrategia, que al principio parecía no tener mayor importancia, pero que luego se convertiría en una sustitución paulatina del idioma castellano por el idiolecto del Presidente. El lenguaje violento, belicoso e insultante ha acompañado a Hugo Chávez toda su vida; él mismo ha manifestado una suerte de desengaño por no haber sido un guerrillero, un Manuel Marulanda o un Che Guevara: «Si me toca terminar mi vida con un fusil en la mano, en una montaña venezolana o una calle venezolana, aquí estoy», ha dicho él mismo –me explica.

Es verdad que con gran paciencia y destreza, Chávez ha ido cambiando el significado de palabras como «escuálido», «amor», «guerra» o «patria», ha acuñado apelativos como «dignificados» en lugar de «damnificados», ha transformado símbolos históricos como la bandera y el escudo, ha adoptado el color rojo como sinónimo de pertenencia chavista, provocando que sus detractores lo desechen de su guardarropa, y ha modificado el nombre de numerosos lugares, comenzando por la República Bolivariana hasta calles, parques, instituciones públicas, ministerios o postales emblemáticas de Venezuela como el Salto Ángel o el Ávila, la gran montaña que reina sobre Caracas.

Flores ve en esta actitud la de un Adán del siglo XXI, que según la Biblia dio nombre a las cosas para entrar en posesión de ellas. «Y de lo que Chávez no habla, es como si no existiera, comenzando por la inseguridad. El mejor ejemplo es su enfermedad, que ha prohibido el uso en Venezuela de la palabra 'muerte'. Si no se nombra, no hay muerte para Chávez, que seguirá viviendo».

Personalmente, no creo que se pueda definir al presidente venezolano como un ser violento pese a su lenguaje provocador, arrogante, desvergonzado y agresivo.

A lo largo de su historia personal ha demostrado que el uso de la violencia no le interesa y que no quiere pasar a la historia como un jefe de Estado represor. Escuchándole hablar durante horas, meses y años, siempre me pareció que al presidente venezolano le perdían sobre todo sus formas.

No es lo que dice, sino cómo lo dice.

Acusar a Estados Unidos de tener una doble moral en su política internacional y creerse el gendarme del mundo, reivindicar la identidad del pueblo palestino o considerar que los países europeos que recibieron a Muamar Gadafi como el rey de los beduinos y luego bombardearon Libia son unos hipócritas representa el sentir de miles y miles de personas de este planeta.

Otra cosa es que para expresar ese sentimiento haya que insultar, denigrar y dividir el mundo entre buenos y malos. El hecho de que el régimen de Gadafi fuera bombardeado por la OTAN no convierte automáticamente al exlíder libio en un santo, en un «hermano», como lo definió el jefe de Estado venezolano.

Pero violento o no, el discurso del Presidente cala en la gente porque él se parece mucho a esa gente. Chávez es un venezolano que en directo y por televisión canta y baila joropos, lanza carcajadas o vomita insultos, habla de sus novias y desamores de juventud, explica cuál es su postre preferido, cuenta qué está leyendo cuando no consigue dormir y hasta describe con detalles sus problemas digestivos.

El obrero de Boconó, la señora que limpia casas en Altamira, el taxista de Catia, la secretaria de Chacaíto y la empleada de Metrocable de San Agustín sienten que es un presidente cercano, que les habla a ellos, usando palabras claras y pareciendo conocer sus problemas.

Ese desparpajo de Chávez, más estudiado de lo que podría parecer, le hace hablar durante largas horas y logra que la gente le escuche también durante horas.

—Cuando se pide a los venezolanos que describan las cualidades de un líder político hablan de factores insólitos en un país como este, que tiene problemas críticos que impiden a la gente mejorar su calidad de vida. Las variables no son las mismas con las que se mide teóricamente a un líder y hay un tema emocional y una identificación con Chávez que juegan un papel importante. Las personas dicen que el Presidente es como ellos, se preocupa por los problemas cotidianos y que aún no ha tenido suficiente tiempo para consolidar la revolución. Algunas son ideas espontáneas, otras las ha colocado Chávez en su pensamiento –señala Luis Vicente León, responsable de la encuestadora Datanálisis.

Además, el estilo del mandatario provoca un contagio generalizado, una imitación por parte de simpatizantes y opositores. No es fácil decir si el Presidente habla como los venezolanos o son los venezolanos quienes están hablando como él.

Porque desde hace años, Chávez consigue imponer sus formas. Es común escuchar las expresiones usadas por el jefe de Estado en la calle, en la televisión y en los titulares de los diarios, independientemente de su orientación política.

—La lengua oficial de Venezuela no es actualmente el castellano sino el idiolecto del Presidente y todavía los venezolanos no han reaccionado a esta imposición. No se dan cuenta de que cuando perdamos nuestra lengua perderemos la independencia –resalta tristemente Flores.

Pese a estas críticas, en boca de compañeros de partido, detractores políticos, sociólogos, profesores o periodistas, los elogios a la capacidad de comunicar del jefe de Estado son inagotables y la idea de que Chávez tiene un don fuera de lo común para dirigirse a la gente no se pone desde hace años en entredicho.

Los venezolanos conocieron al que años después sería su presidente justamente por las palabras que pronunció en televisión en febrero de 1992, cuando asumió la responsabilidad del golpe de Estado fallido contra el presidente Carlos Andrés Pérez.

En un breve discurso de apenas un minuto, Chávez cambió su destino. El famoso «por ahora» pronunciado aquel día cuando asumió que había fracasado en sus objetivos en aquel momento, es repetido hasta hoy.

—Como acto de habla significaba que la pelea sigue, como en efecto siguió. Y mucha gente dijo «este es el hombre» —dice Flores.

Chávez ante su propia muerte

Todo cambió el 30 de junio de 2011, la noche en que Chávez anunció a los venezolanos que estaba luchando contra un cáncer. Los planes del Gobierno, los de sus acérrimos detractores, los de algunos países vecinos, los de Estados Unidos y sobre todo los del propio Chávez dieron un giro aquel día. Y un elemento olvidado, la muerte, entró a formar parte del juego político de Venezuela.

Esa muerte con la que Chávez terminaba siempre sus discursos, a la que se refería de forma poética y con la gallardía que inspira creerse lejos del fin, dejó de ser una palabra hueca y se convirtió en una posibilidad real, en un temor cercano para un mandatario que, según confesaría días después, había dedicado poco tiempo a pensar en su destino irremediablemente caduco.

Los rumores habían ido en aumento en los días anteriores, alimentados por un extraño silencio de Chávez, internado en un hospital-búnker en Cuba tras haber sido operado de un misterioso absceso pélvico, cuya gravedad era una incógnita y daba pie a todo tipo de especulaciones.

Las idas y venidas a La Habana de los más cercanos colaboradores del Presidente, declaraciones vagas y contradictorias de su hermano mayor Adán Chávez, de varios diputados e incluso de ministros sobre su estado de salud y su fecha de vuelta tenían en vilo al país y despertaban ya una gran atención más allá de sus fronteras.

Para nosotros, los periodistas, ese silencio era el peor de los escenarios. Peor que un discurso presidencial de ocho horas. Chávez no nos había acostumbrado a ese vacío.

Durante días escribimos páginas y páginas sobre esta gran ausencia, dando palos de ciego y sin saber qué estaba pasando realmente. Los análisis políticos en los medios venezolanos se multiplicaban, las declaraciones desafortunadas de algunos miembros del Gobierno y las previsiones funestas de futurólogos antichavistas bien conocidos por todos llenaban páginas.

Asistí como espectadora alucinada a una lluvia de rumores que parecían retroalimentarse: desde liposucciones en Cuba hasta una gran mentira inventada por el Gobierno para aumentar la popularidad del mandatario, ¿quién da más? Deben de ser las telenovelas, sumadas a la curiosidad morbosa y malsana que despierta Chávez, las que hacen que el venezolano tenga esa imaginación inagotable.

En ese clima de incertidumbre, de secretismo y de avidez de información, una noche nuestra oficina en Caracas envió por error a nuestros clientes una información extraída de una cuenta falsa de Chávez en Twitter, en la que el Presidente decía a los venezolanos que su enfermedad era más grave de lo esperado.

Fue un fallo humano a la hora de consultar la red social, probablemente provocado por la paranoia que reinaba en el país en esos días.

Nada más comprobar que nos habíamos equivocado gravemente, la información fue anulada, pero esos breves minutos en que estuvo en nuestro servicio provocó que fuera reproducida por varios medios de comunicación e internautas. Una cascada de críticas se nos vino encima.

Por poco profesionales, por irresponsables, por ser un medio que fomentaba la inestabilidad y servía a intereses ajenos a nuestra profesión. Aún me veo sentada frente al televisor, atontada todavía por el fallo y sus consecuencias, odiándome a mí y al mundo entero, rabiosa por ver cómo habíamos caído tan tontamente en ese error, cuando aparece Mario Silva, presentador del programa *La hojilla*, de la televisión del Estado, sonriendo maliciosamente, feliz de tener aquella noche carne fresca a la que someter al escarnio público.

El gobierno de Chávez no cree en los errores inocentes de quienes no están con ellos o al menos así lo hace creer.

Comprobé varias veces, afortunadamente no siempre en primera persona, que prefieren apostar por la tesis de la conspiración, del enemigo actuando para desprestigiar a Chávez, que en un simple y desgraciado fallo humano.

Así se lo dije al ministro de Información Andrés Izarra, cuando me llamó aquella noche para pedirme una explicación. «Puedes creer que somos agentes del imperio como dice Mario Silva o puedes creer que nos equivocamos, como te estoy explicando yo. Lo dejo a tu elección».

Creo que debió imaginarme, por mi voz, dándome cabezazos de rabia contra la pared y prácticamente fue él quien acabó deseándome ánimo. Nuestra conversación fue respetuosa y civilizada pese al estrés que vivía el Gobierno aquellos días. Porque si nosotros no teníamos ni idea de lo que le estaba pasando a Chávez, el 99% del ejecutivo tampoco lo sabía.

Y así llegamos al 30 de junio. La cadena nacional, anunciada con varias horas de antelación en un país donde hay agenda y casi nada se anticipa, hacía presagiar algo importante.

A las nueve en punto, con una puntualidad poco usual, Chávez aparecerá visiblemente más delgado, demacrado y con el rostro amarillento. Será un mensaje grabado con antelación en una habitación austera, tan solo vestida con una imagen de Bolívar a su izquierda y una bandera venezolana a su derecha. Rarísimo en él, leerá y no improvisará, de pie detrás de un ambón de madera típico de las iglesias. Tendrá la boca pastosa, como si le costara mucho decir lo que tiene que decir.

Ese montaje a la cubana, como los propios miembros del Gobierno definieron esta intervención presidencial, provocó una inesperada compasión y conmovió hasta a quienes odian a Chávez, al menos durante algunos días. Varios amigos profundamente críticos con el Presidente me confesaron al día siguiente la lástima que sintieron, otros me contaron que rezaron por él.

Parecía que Chávez estaba aún sorprendido y no terminaba de creerse la mala pasada que la vida le estaba jugando. Se veía asustado ante algo imprevisto que no podía controlar, predecir, ocultar ni mucho menos resolver por sí mismo.

Aún no había tenido tiempo y salud para interpretar ese bache de manera constructiva, para transformarlo y tornarse más fuerte en la dificultad, como acostumbra a hacer. Aquella noche era solo un hombre enfermo.

Fue la segunda vez en la vida en que las manos me temblaron al enviar una información a nuestro servicio, segundos después de escuchar a Chávez anunciando que sufría un cáncer.

Todos los escenarios, los análisis políticos y las previsiones electorales quedaban en la cuerda floja.

El líder de la revolución bolivariana estaba gravemente enfermo. Había que repetírselo varias veces para creerlo.

Cuando se vive en Caracas uno se contagia de ese lado sentimental y trágico de los venezolanos. Hay noticias que parecen una verdadera hecatombe y las decisiones de Chávez producen convulsiones nacionales.

Los venezolanos viven permanentemente con el alma en vilo y cara de asombro por lo que ocurre, pero sobre todo por lo que podría ocurrir, bien por las decisiones de una revolución enloquecida, bien por los designios de un imperio descarnado. Todo depende de a quien tengamos como interlocutor.

Por ende, desde la capital de la revolución bolivariana pareciera que el planeta entero está mirando a Venezuela, que el mundo se paró porque Chávez tenía cáncer y que la humanidad estaba en vilo esperando las noticias de la salud del Presidente. Puede sonar ridículo pero es así.

Pero al día siguiente, después de varias notas escritas frenéticamente y de decenas de llamadas telefónicas, el mundo no se había venido abajo, las calles estaban en su sitio y el enorme trabajo también. Un nuevo capítulo lleno de preguntas sin respuesta comenzaba en Venezuela.

No sé quién escribió el discurso de Chávez de aquel 30 de junio. Quiero pensar que fue el propio Presidente quien eligió qué tenía que decir y cómo lo tenía que decir. En cualquier caso fue una intervención de las que se recuerdan. De menos de 15 minutos, intensa, bien escrita y con la dosis justa de emoción y confianza.

Dentro de su debilidad, Chávez garantizó que hablaba a los venezolanos «no desde un sendero abismal, una oscura caverna o una noche sin estrellas, sino con el sol del amanecer» que le iluminaba en el empinado camino de retorno. «Viviremos y venceremos» fue su despedida.

* * *

Aquel día, la consigna «Patria, socialismo o muerte. Venceremos», que ya se había modificado a «Patria socialista o muerte. Venceremos», quedó oficialmente fuera de circulación. Pronunciada desde hacía años por el Presidente, sus seguidores, miembros del ejecutivo y Fuerzas Armadas, escrita hasta la saciedad en los muros de organismos oficiales y usada como colofón de discursos y de panfletos del partido de Chávez, la frase pasó a la historia.

La razón responde a una sola persona: Chávez. Y a una sola circunstancia: su enfermedad.

Hizo falta que el jefe de Estado estuviera enfermo y reflexionara sobre su propia muerte para darse cuenta de que tal vez la había mentado demasiado sin darse cuenta del verdadero significado.

En mi estancia en Venezuela fueron denunciados varios intentos de asesinar a Chávez: En 2008 por parte de militares instigados por la oposición; en 2009, durante una visita que el presidente realizaría a El Salvador y que fue anulada, y en 2010, un funcionario público fue detenido por instar al magnicidio vía Twitter.

Algunos de estos casos se saldaron con la detención de personas, de las que luego se dejaba de hablar de la noche a la mañana, otros quedaron en acusaciones poco claras lanzadas por Chávez. Siempre fue difícil saber dónde estaba la verdad en todo eso.

No dudo de que haya gente, dentro y fuera de Venezuela, que quiera ver al mandatario muerto, pero tal vez esas personas no desean que Chávez se convierta en un mártir y han entendido que es mejor esperar a que un día el pueblo decida en elecciones un cambio de gobierno.

—No puede ser que se esté continuamente denunciando invasiones o magnicidios que nunca se producen. Desde 1830 hasta 2011 hubo solo un magnicidio en Venezuela, el de Carlos Delgado Chalbaud[20] y parece que se produjo porque a uno de sus captores se le escapó un tiro. Pero ahora no pasa un mes sin que Chávez denuncie que están planificando un magnicidio sin aportar pruebas. Hace años la izquierda y la oposición abandonaron la idea del golpe de Estado y más aun en las condiciones internacionales actuales que hacen desaconsejable cualquier salida de este tipo —recordaba el exguerrillero Américo Martín.

Pero en julio de 2011, la muerte salió del vocabulario de Chávez.

«Aquí no habrá muerte, tenemos que vivir y vencer. No podemos elegir entre vencer o vivir. Por eso propongo otro lema: Patria socialista y victoria… Viviremos y venceremos», puntualizó Chávez.

Días después, el mandatario volvió sobre su decisión y consideró que era más lógico decir «Independencia y patria socialista. Viviremos y venceremos».

Paralelamente, la frase «Me consumiré gustosamente al servicio del pueblo», inspirada en una carta de San Pablo y que tanta polémica provocó cuando Chávez la rescató del Nuevo Testamento, también se evaporó de la noche a la mañana.

---

20 Presidente de la Junta Militar entre 1948 y 1950.

Como conclusión de este ir y venir de consignas, los adeptos del Presidente necesitaron meses para aclararse sobre cómo debían clausurar sus actos públicos, sobre qué se debía proclamar y qué no se podía ya decir.

—Todo es una sinrazón. Lo peor es que la mayoría de las cosas ya no nos sorprenden. Da risa y dolor que un país pueda depender tanto del capricho de una persona. Vamos a un precipicio cuya profundidad nos sorprende —clamaba el historiador Elías Pino.

—No busques una explicación. La lógica es la persona del Presidente. Como él está enfermo, se elimina «muerte» y ya está. Punto. Elimínese. El componente personalista que esto tiene atenta incluso contra el proyecto mismo. En este momento en Venezuela el Estado está dando vueltas alrededor del lecho. Eso es contrario al siglo XXI y nada tiene que ver con el socialismo. Yo no soy socialista, pero seamos serios —apuntará Ramón Guillermo Aveledo, coordinador de la coalición opositora Mesa de la Unidad Democrática (MUD).

La palabra «muerte» pudo haber desaparecido del discurso del Presidente, pero planea con fuerza por primera vez en la mente de los venezolanos. La desaparición física de Chávez era algo que no estaba en el guión.

—La enfermedad es un quiebre, una inflexión porque el Supermán es tan solo un ser humano. La política tocó tierra. No estamos ante un superhéroe sino ante un hombre que abusó de su cuerpo y la vida le pasó factura. Chávez estaba desbocado en una gesta heroica, tratando de imponer un proyecto que no es viable. Y el cuerpo le tocó la puerta —explicaba la historiadora Margarita López Maya.

La enfermedad de Chávez sirvió también como revulsivo para mostrar otras realidades: su miedo a la muerte, el secretismo absoluto que rodea su persona, la ausencia real de herederos políticos, la desorientación de gran parte de la oposición, acostumbrada a hacer política con relación al Presidente, y por encima de todo la realidad de que el chavismo es Chávez y de que el chavismo sin él, algo sobre lo que los periodistas hemos escrito páginas y más páginas, simplemente no parece existir.

* * *

Pero Chávez decidió que se iba a curar y a ganar las elecciones de octubre de 2012.

«Hemos iniciado el retorno», gritó Chávez, casi sin aliento, ante centenares de seguidores, desde el balcón del pueblo del palacio presidencial de Miraflores el 4 de julio de 2011, horas después de aterrizar en Caracas desde Cuba, donde fue operado.

Abajo, la alegría se desbordaba por ver de nuevo al Presidente en casa. Después de horas de angustia, la fe en la total curación de Chávez comenzó a crecer entre los suyos. El Presidente transformó su propia enfermedad en la enfermedad de todos sus seguidores, del pueblo, de «nosotros». «Vamos a vencer», «Viviremos y venceremos», «Nosotros ganaremos esta batalla», repetía.

Para lograr ese simbólico ascenso hasta el (monte) Chimborazo que había prometido cuando anunció su cáncer, Chávez cambió de ritmo de vida y junto a él todos cambiamos de rutina y de horarios. De acostarse a las 3 de la mañana y dormir hasta tarde, Chávez pasó a levantarse al amanecer y hacer una llamada a la televisora estatal prácticamente diaria. El Presidente quería tranquilizar a sus seguidores y asegurar que se iba recuperando, pero sobre todo parecía necesitar decírselo a sí mismo y repetírselo para convencerse de que efectivamente todo marchaba por el buen camino.

Chávez siempre ha hecho catarsis en público, con mandatarios amigos, ministros, seguidores anónimos o periodistas internacionales. Es un ejercicio necesario en el mandatario: purgar interpretando, burlándose o relativizando en público las cosas que le disgustan o le angustian.

En esas intervenciones telefónicas en el canal de televisión estatal, Chávez contó los pormenores de su operación, su angustia, sus dolores, sus conversaciones con Fidel Castro, sus pensamientos antes de entrar en el quirófano. Los venezolanos tuvieron derecho a saber de qué tamaño era el tumor, cuántas horas duró la operación, quién le anunció la noticia, cómo reaccionó él, cuánto come, cuándo hace deporte, el cuadro que está pintando, pero jamás se mostró un parte médico oficial ni se dijo exactamente dónde estaba el tumor maligno.

La curación de Chávez parecía ser cuestión de fe.

–Estamos en manos de los cubanos que nos trazan la estrategia, que deciden hasta cuánta información se nos da. Es algo inédito. Es un país que tiene su soberanía depositada en la isla de Fidel y su hermano –lamentaba Margarita López Maya–. Pero sobre todo el país es quien está enfermo, viviendo una división innecesaria. Chávez quiso gobernar por encima de la Constitución y el país está hecho trizas, viviendo una división innecesaria –agregaba la historiadora, aún impactada por la noticia del cáncer de Chávez.

Pobre de aquel medio de comunicación, experto médico, columnista o líder político que asegure saber qué tipo de cáncer tiene el mandatario o apunte incluso el tiempo que le resta de vida. Será criticado, desmentido y humillado en público y recibirá la furia de los insultos del Gobierno y del propio Chávez. Sin embargo, el ejecutivo no acallará de una vez por todas esas versiones que se multiplican con un parte médico oficial claro y definitivo de los expertos que tratan al mandatario.

Ante la falta de información, en las tascas, en las oficinas, en los ascensores, en los autobuses se reproducen los oncólogos aficionados y sin título que aseguran saber dónde tiene el cáncer el mandatario y cuánto tiempo de vida le queda. Nunca los venezolanos habían conocido tanto sobre la región pélvica, los órganos que allí se encuentran y la importancia de cada uno para sobrevivir.

–La enfermedad de Chávez no nos ha aliviado, al contrario, queremos que esté bien para derrotarlo. Puede que algunas personas se hayan hecho una ilusión de debilidad del chavismo, pero es problema de ellas. No podemos trabajar con base en ese escenario. No queremos que la agenda la siga marcando el Presidente. Ni siquiera con el tema de su enfermedad, en donde va generando una novela por entregas muy arriesgada y contradictoria –me decía, meses después de conocer la noticia de la enfermedad de Chávez, Ramón José Medina, coordinador de Política Exterior en la coalición opositora Mesa de la Unidad Democrática (MUD).

Poco a poco, Chávez empezó a parecerse un poco más al presidente que solía ser, aumentó su agenda, caminaba erguido, los ojos le volvían a brillar, era capaz de hablar durante horas improvisando y de pie, como en los viejos tiempos, e inició prácticamente su campaña electoral.

Paralelamente a su fortalecimiento físico, su popularidad iba en aumento.

Para dar gracias por su curación visitó ermitas y santuarios y para fortalecerse fue bendecido por chamanes, santeros, curas e indígenas venezolanos.

Hasta que pronunció la frase que hizo tambalearse de nuevo las esperanzas de sus seguidores y mostró que el Presidente tenía por delante una batalla más importante que ganar a Henrique Capriles Radonski.

«No soy inmortal». La gran verdad, obvia para todos, sonó en boca de Chávez, en febrero de 2012, como si el líder venezolano acabara de descubrir, atónito, su triste destino.

Como si hubiera estado preocupado por otras cosas sin darse cuenta de lo esencial: se le había olvidado su propia muerte, creía que eso era algo que le pasaba siempre al prójimo y no a él.

Había creído derrotar la enfermedad en la primera embestida, como ha vencido casi todo en la vida, pero ahí estaba de nuevo, más fuerte, más peligrosa y más dolorosa.

Asistí a ese rebrote del cáncer desde el otro lado del mundo, seguí a distancia sus idas y venidas a Cuba y la multiplicación de los rumores sobre la debilidad, metástasis e incluso muerte del mandatario, sentí a miles de kilómetros de distancia la angustia mal escondida de amigos cercanos al Gobierno y la incertidumbre y una cierta rabia de una parte de la oposición, deseosa de centrar el debate en el futuro de Venezuela y de derrotar a un Chávez poderoso, que no diera lástima.

La verdad es que nadie, salvo un pequeñísimo grupo de personas, tiene información 100% certera de cómo evoluciona el cáncer del Presidente y puede responder si está desahuciado, si erró al poner su vida en manos de un hospital cubano o si mantiene sus planes políticos.

Es frustrante para un periodista admitir que no sabe qué está pasando en realidad. Pero en este caso, no sabemos.

Pero ver cómo a Chávez se le saltan las lágrimas durante una misa en su ciudad natal cuando su madre le toma de la mano hace pensar que su estado está lejos del «viviremos y venceremos» que proclama.

—Basta que se muestre humano o tenga un gesto así con su mamá para que los rumores se multipliquen —quitaba peso a la cuestión un alto funcionario del Gobierno.

En conversaciones con periodistas, diputados, empresarios, políticos o analistas políticos el mensaje que se repite es que Chávez morirá en un periodo relativamente corto. Afirmaciones basadas en datos más o menos fiables, a menudo en intuiciones.

Las declaraciones del cirujano Salvador Navarrete, que asegura haber tratado al mandatario y a su familia, contribuyeron a reforzar esta hipótesis.

El especialista, analizando las informaciones que posee, el cuadro clínico del mandatario que conoció en su día y uniendo otros elementos, consideró que el tumor era grave y a Chávez podrían quedarle dos años de vida. Dos días después de que la entrevista[21] fuera difundida en una publicación mexicana,

---

[21] Entrevista realizada por el periodista Víctor Flores, en octubre de 2011, para la publicación mexicana *Milenio Semanal*.

Navarrete escribió una carta a los venezolanos explicando las razones éticas y de amor por el país que le movieron a realizar estas declaraciones y tomó apresuradamente un avión a Madrid.

Nadie le detuvo en el aeropuerto pese a que estaba claro que su detención, al menos para un interrogatorio, era inminente.

—Yo creo que la posibilidad de que Chávez muera rápido es muy alta. Navarrete tiene la información que tenemos los demás. Hemos hablado con compañeros de los médicos que lo trataron, hemos visto las declaraciones de Roger Noriega[22] diciendo que se iba a morir pronto. Él no va a inventar eso. Nadie ha dicho que esa sea la solución, que conste. Eso es más bien el salto al vacío —me decía Miguel Henrique Otero, director del diario *El Nacional*.

El doctor Navarrete está en España. No ha vuelto a dar ninguna declaración desde que envió su carta explicándose.

Desde el Gobierno se le ha tachado de casi todo. Chávez lo llamó «gran embustero», aseguró que le habían pagado para decir que se estaba muriendo y un grupo de médicos del Presidente salió por televisión para desmentir su diagnóstico.

Amigos cercanos a él me han garantizado que es un hombre honesto, extremadamente profesional y bueno en su especialidad, corroboran que fue cercano a Chávez, política y humanamente, y sí atendió durante años a la familia del Presidente

Estas personas aseguran que Navarrete actuó solo y que no lo hizo por dinero sino más bien por un sentido del deber. Tal vez se le fue de las manos, tal vez la entrevista que concedió no fue lo que él esperaba y su efecto menos aún, tal vez obedeció órdenes de alguien cercano a Chávez, pero en cualquier caso el médico no se ha desdicho en ningún momento de lo esencial: su diagnóstico sobre la salud del Presidente.

Su figura es intrigante.

—Él se explicará cuando pase todo esto. Entonces sabremos qué paso, pero yo pongo mi mano en el fuego por su profesionalismo y honestidad —me dijo una persona que lo conoce bien.

---

[22] Exembajador de Estados Unidos ante la Organización de Estados Americanos (OEA).

***

Si el lenguaje del Presidente crea imitadores, su enfermedad también tuvo un efecto parecido.

«A Chávez le pasa, a mí también me puede pasar», debieron decirse muchos venezolanos. Y días después llenaron las salas de espera de todos los especialistas en órganos de la zona pélvica, donde el Presidente había dicho que tenía su tumor.

Urólogos, proctólogos y médicos del sistema digestivo, entre otros, vieron cómo su trabajo aumentaba. Un amigo que fue a hacerse una revisión de rutina me describió la cantidad sorprendente de hombres que encontró esperando a someterse a un examen para descartar el cáncer de próstata.

El urólogo se lo confirmó: el rumor de que el Presidente podría sufrir este tipo de cáncer hizo que las consultas se multiplicaran.

En el Gobierno, la noticia de la enfermedad de Chávez, además de sus consecuencias puramente políticas, tuvo humanamente un efecto devastador.

Días después del retorno del Presidente de Cuba, fui a almorzar con el ministro de Información, Andrés Izarra, a la sede del canal del Estado, VTV, en Caracas.

Los pasillos de la sede de la televisora estaban cubiertos de los mensajes de apoyo que Chávez había recibido por Twitter, impresos en sencillas hojas blancas. Se podían contar por centenares y se repartían las paredes, intercalados con grandes fotografías del presidente. Era una sensación impresionante, casi fúnebre.

Me pareció que el ministro había envejecido de repente. Más canoso, con ojeras y gesto de cansancio, parecía vivir desde hacía días en ese despacho de la presidencia de VTV.

Siempre aprecié que pudiéramos hablar de otras cosas que no fueran la revolución, sus enemigos y las bondades del Gobierno. Él tenía una vida más allá de Chávez. Sin embargo, aquel día el tema fue uno.

—Ayer fue un día horrible —me recibe, dejándose caer en su sillón, suspirando, y sin perder ojo de la gran pantalla de televisión donde Chávez realiza una intervención en directo y en cadena nacional.

–¿Por qué? ¿El Presidente se sintió mal?

–No, no, estaba nervioso por varias cosas –dice, sin entrar demasiado en detalles sobre el estrés del día anterior.

Almorzaremos frente a la televisión, siguiendo atentamente la intervención del «jefe». Es algo surrealista, los dos mirando la pantalla, mientras Izarra vigila con atención si el sonido se escucha bien, si la imagen se pierde o hay interferencias.

No sería la primera vez que el mandatario le regaña duramente en público por problemas técnicos.

Su menú y el mío no tienen nada que ver. El ministro sigue un régimen especial desde hace unos días. Nada de pasta, cero dulces y el pan eliminado.

–Me estaba matando a mí mismo, comiendo porquerías y luego viene el colesterol, los problemas en el colon… –me cuenta.

Le hago la reflexión de que son prácticamente las palabras usadas por Chávez al explicar la negligencia con que trató su salud durante años e Izarra se ríe. «Pero es verdad, uno no se cuida suficiente».

El ministro es la segunda persona cercana a Chávez que sigue un régimen especial y que ha comenzado a prestar atención a su salud casualmente después de la operación del Presidente.

Al escucharle, me doy cuenta de que el Gobierno aún se está acostumbrando a la idea de un presidente enfermo y que ellos tampoco saben el alcance de su enfermedad.

Izarra me explicará que la televisión del Estado venezolano no participó en absoluto en la grabación del discurso más importante de Chávez en los últimos años, cuando anunció su enfermedad.

Tampoco él fue informado de su retorno sorpresivo al país días después, en medio de la noche. Solo un equipo de la televisión cubana pudo filmar las imágenes de ese retorno y un pequeño grupo de elegidos del Gobierno lo esperaba en el aeropuerto.

Izarra me dirá también lo duros que han sido estos días y me dará a entender que Chávez cayó de muy alto cuando supo que estaba enfermo.

Estamos a mediados de julio de 2011 y el ministro me asegura que el jefe de Estado no duda de su candidatura en las elecciones presidenciales de 2012.

—Él va a luchar hasta el final —me garantiza, convencido.

No le pregunto qué es el final para él.

***

El cáncer de Chávez liberó el fantasma de su vulnerabilidad y creó un vacío que obligó a los venezolanos a pensar sin querer en quién podría sustituirlo llegado el momento.

Desde que el Presidente estaba convaleciente en Cuba, varios hombres fuertes del Gobierno adquirieron una importancia mayor y comenzaron a aparecer más en televisión llenando la ausencia dejada por Chávez: el vicepresidente Elías Jaua; el hermano mayor del mandatario, Adán Chávez; el ministro de Relaciones Exteriores, Nicolás Maduro, o el actual presidente de la Asamblea Nacional, Diosdado Cabello.

Pero mirándolos detenidamente, ninguno de ellos parece suscitar la seguridad, la emoción, la confianza o la complicidad que despierta el líder de la revolución. Es como si cada uno representara un pedacito diferente de la personalidad de Chávez, pero solo un pedacito, lo cual no basta para convencer a sus seguidores.

Al mismo tiempo, ¿cómo se sustituye a un presidente tan asentado en el poder, seguro de sí mismo, con una personalidad arrolladora, un carisma indiscutible, una fuerte conexión con el pueblo y una notable influencia regional? No basta con solo imitarle burdamente para dar una idea de continuidad. En este tema, los venezolanos también prefieren el original y rechazan las copias.

Ante la enfermedad de su líder, el gobierno intenta dar señales de unidad y se preocupa por nombrar a Chávez en todo acto público, con mayor frecuencia si cabe de lo habitual, para que el pueblo no olvide que él sigue al mando. Sin embargo, lo que se transmite es más bien una gran negación ante lo que está ocurriendo y una acefalía que paraliza, acompañadas de signos evidentes de tensión interna en el chavismo, que pone nerviosos a sus protagonistas y a quienes les observan.

«No me considero imprescindible», señaló el mandatario tras saberse enfermo. Pero la verdad era otra. Ni siquiera en los momentos en los que se ha visto más mermado, pudo, quiso o supo delegar temporalmente en su vicepresidente y hombre de confianza, Elías Jaua. Incluso cuando se le estaba operando durante largas horas en La Habana, Chávez era el presidente de Venezuela y seguía ostentando todos sus poderes, deberes y derechos.

La Constitución venezolana prevé que el vicepresidente supla al jefe de Estado en ausencias menores a 90 días. Pero desde sus primeros pasos en la presidencia, Chávez no ha aprendido a dejar que sus colaboradores existan por sí solos y ha preferido controlar hasta donde le da el cuerpo, que era mucho decir hasta hace pocos meses.

El mandatario quiere estar seguro de que las cosas se hacen a su manera. Él mismo cuenta que Fidel Castro le dijo un día que no podía ser el alcalde de toda Venezuela y ocuparse desde las relaciones internacionales del Estado hasta el asfaltado de la carretera o el hospital de un pueblo perdido. Pero parece que no ha conseguido poner en práctica lo que su mentor político quiso transmitirle en aquella ocasión.

–Chávez es imprescindible en este momento y esto debe ser una alerta. Convencidos de que al Presidente le queda mucho tiempo en la política, ese tiempo debe invertirse en construir una generación de relevo que continúe este proyecto político más allá de un liderazgo –me advertía en una entrevista Nicmer Evans, columnista cercano al Gobierno y profesor de Teoría Política en la Universidad Central de Venezuela (UCV).

Para muchos observadores, las divisiones dentro del Gobierno han comenzado ante la fragilidad de su columna vertebral, es decir, de Chávez, y el hambre de poder se ha exacerbado.

—¿Quiénes son ahora los líderes del chavismo sin Chávez dentro del Gobierno? (...) Si se convocara a unas primarias para las presidenciales, en el PSUV habría como diez candidatos –apuntaba por aquellas fechas José Albornoz, secretario general del partido Patria Para Todos (exaliado de Chávez).

Ante la posibilidad de una desaparición súbita del Presidente hay también quienes evocan la posibilidad de una transición militar para Venezuela.

—Hay sectores militares fuertes dentro del chavismo que piensan que el relevo va a ser militar si la desaparición del Presidente ocurre de forma intempestiva y debido a la falta de gobernabilidad que existe, a la descomposición y a la violencia social, que es muy fuerte. Sería un escenario extremo, por supuesto –pensaba en voz alta Margarita López Maya.

Pero al día de hoy y pese a su enfermedad, Chávez sigue aglutinando, calmando y evitando que el tema de la sucesión se ponga claramente sobre la mesa, mientras crece el misterio sobre su verdadero estado de salud. Él es el Presidente, el candidato preferido, el líder del partido en el poder y el motor de la revolución.

La muerte de Simón Bolívar

Era la madrugada del 16 de julio de 2010 cuando los restos de Bolívar fueron exhumados del Panteón Nacional. Era la fiesta de la Virgen del Carmen, que en el culto yoruba está representada por Oyá, la diosa que tiene el poder sobre el espíritu de los difuntos.

Los venezolanos se despertaron y a todos les sorprendió la noticia. El Presidente lo había anunciado enviando un mensaje de madrugada desde su cuenta en Twitter. Hugo Chávez, que durante años había mencionado que tenía sus dudas sobre las causas de la muerte del Libertador y pensaba que podría haber sido envenenado, quiso salir de dudas y ordenó abrir la tumba del mayor símbolo de la patria. Él mismo estuvo en el Panteón aquella noche, para ver de cerca el esqueleto.

El mandatario diría después que al acercarse al féretro sintió una llamarada, fue como si desde el fondo de la calavera unos ojos le miraran y vio a su padre Bolívar como un niño, al que sintió ganas de abrazar. Entonces pidió a Dios que repitiera el milagro de Lázaro y lo hiciera levantarse y andar antes de darse cuenta de que el Libertador seguía vivo entre su pueblo.

«Yo he tenido algunas dudas, y no soy el primero, a lo largo de estos años. Pero anoche viendo los restos de Bolívar, no sé, el corazón me dijo: 'Sí, soy yo'. Lloramos, ¿quién no va a llorar? Bolívar es más que un esqueleto. Es Bolívar vivo y luchador que hoy se ha puesto al frente de esta revolución y de este pueblo». Chávez estaba visiblemente emocionado y conmovido. No era para menos.

Las imágenes de un grupo de personas, científicos, miembros del Gobierno y guardias de honor, fundamentalmente, vestidos con trajes blancos y máscaras de protección, alrededor del esqueleto del Libertador, héroe de la independencia de la región, dieron la vuelta al país. Una y otra vez durante varios días.

No me pareció que en Venezuela la cuestión de la muerte de Bolívar quitara el sueño a demasiadas personas. Pero desde 2007, Chávez había dado a entender que las causas del deceso del Libertador a él sí le impedían dormir y estaba planeando una exhumación. Tres años después, finalmente, sus huesos iban a ser analizados para determinar si los venezolanos estaban realmente venerando en el Panteón a Bolívar o a un desconocido. Además, los estudios científicos permitirían establecer qué mató al Libertador: si fue la tuberculosis, como ha dicho hasta el día de hoy la versión oficial, o tal vez un envenenamiento o incluso un disparo.

Para el Gobierno solo había por tanto razones de felicitarse.

Sin embargo, la forma en que se llevó a cabo la exhumación de la figura histórica más emblemática de Venezuela y de otros países de la región como Colombia, quitó entusiasmo al asunto y lo tiñó de dudas de inmediato. Es verdad que pocos actos y decisiones de Chávez se escapan de las críticas y del recelo, muchas veces injustificados.

Pero en este caso, las dudas podían tener un sustento por la manera en que se realizó la exhumación: en medio de la noche y sin avisar a los venezolanos, a los representantes de todos los poderes públicos o a los descendientes del Libertador. Una vez más, son las formas las que juegan contra Chávez.

En aquellos días, un *graffiti* que decía «Déjame descansar en paz. Firmado: Bolívar» apareció en varias calles de Caracas. El Libertador, casi 200 años después de muerto, seguía despertando iguales o mayores pasiones que las que provocó en vida.

—La imagen de Chávez encerrado en el Panteón con los restos de Bolívar es perturbadora. Yo no hablaría de profanación, pero para mucha gente sí lo fue. Actuaron como ladrones. El Panteón Nacional para nosotros es como una iglesia. Si se va a hacer un acto allá debe avisarse a los venezolanos. Sin embargo, ¿qué resultados dio esa penetración nocturna con alevosía? Nada. Chávez sale en televisión horas después y dice que una llamarada le indica que es Bolívar. Si es Bolívar, ¿para qué carajo lo mandó a sacar? –se desespera el historiador Elías Pino, meses después al recordar el episodio.

Para el Gobierno la investigación era «histórica», «necesaria» y se realizó con el mayor respeto hacia el Libertador. Carmen Bohórquez, historiadora y en ese momento viceministra de Cultura, explicaría que el Gobierno habría sido irresponsable si no hubiera comprobado científicamente que los restos pertenecían realmente al Libertador.

Una vez más, las decisiones de Chávez eran rápidamente avaladas por los expertos en la materia cercanos al Gobierno, que con una capacidad nada despreciable las presentaban como actos pensados para el bienestar, la soberanía y la felicidad del pueblo. Sea la nacionalización de una empresa, la ruptura de las relaciones internacionales o la exhumación de Bolívar, siempre me sorprendió esa facilidad de encontrar argumentos válidos y esa persuasión eficaz que calaba rápidamente en la gente que quiere y sigue a Chávez.

* * *

En el caso de los restos del Libertador, los rumores no se hicieron esperar. Uno de ellos cobró especial fuerza: todo tendría un símbolo. Chávez habría elegido a conciencia la fecha, día de la Virgen del Carmen, y la hora, tres de la madrugada y un momento preciso del ciclo lunar, para realizar un acto de brujería dentro del Panteón Nacional.

Entre los hombres vestidos de blanco habría «paleros», que realizaron un ritual para dar más fuerza política al mandatario, y los restos del Libertador habrían servido para una ceremonia de santería.

«No lo toqué. Dicen que hicimos brujería. Ellos son locos. Solo fui a ver. No podía no hacerlo, tenía que ir», respondió Chávez, casi justificándose.

—Es una hipótesis peregrina, pero es verdad que con Chávez este culto que era marginal antes se ha popularizado mucho. Y la tentación de pensar en ritos mágicos no deja de tener sentido —admitió Pino.

Los paleros son los iniciados en un culto que llegó a países del Caribe, sobre todo Cuba, con los esclavos de África. Esta variante de la santería es a menudo criticada por su oscurantismo y por basar sus prácticas en establecer relaciones con los difuntos.

Más allá de brujería y magia, Blas Bruni Celli, eminente patólogo venezolano y estudioso de la muerte del Libertador, prefiere concentrarse en los hechos. Para él no hay duda de que Bolívar falleció en Santa Marta (Colombia) debido a las complicaciones de una tuberculosis muy avanzada, que al final de su vida había infectado incluso la laringe y no le dejaba hablar. La autopsia realizada en 1830 por su médico, el francés Alejandro Próspero Reverend, minucioso hasta el final, «no deja ninguna duda» al respecto.

—El hecho de que fuera Bolívar no le exime de tener la enfermedad más común del mundo en esa época —dice con serenidad este hombre de 85 años, que está lejos de ser un anciano y tiene una lucidez, una cultura y una memoria que producen una sana envidia.

La entrevista con él, en julio de 2010, cuando la exhumación de Bolívar daba mucho que hablar, fue una clase magistral de medicina forense, alejada de connotaciones políticas y centrada sobre todo en hechos históricos y constancias médicas.

Me ha preparado copias de diversos documentos públicos que según él darían respuesta a las preguntas de Chávez sin necesidad de proceder a una exhumación.

En los años 60, los mejores patólogos de Venezuela, financiados por el Estado, estudiaron las causas de las muertes de los presidentes del país. Sin ánimo político, solo por curiosidad histórica. En sus conclusiones sobre Bolívar, basándose en sus antecedentes familiares, su cuadro clínico y el examen de su cadáver realizado con esmero y precisión por su médico, no cabe la menor sospecha de asesinato: la muerte se produjo por una tuberculosis.

Para responder a la segunda pregunta de Chávez, sobre si es Bolívar quién está enterrado en el Panteón Nacional, bastaría leer, según Bruni Celli, el informe del doctor José María Vargas, un documento público, que está en el Archivo Histórico de la Nación y describe con todo lujo de detalles el traslado de los restos de Bolívar desde Santa Marta a Caracas, como era su deseo, entre noviembre y diciembre de 1842.

En este texto, apasionante para cualquiera que se interese en la figura de Bolívar, se cuenta cómo se recuperó el cadáver de la catedral de Santa Marta, donde reposaba en una tumba común y un sobrio ataúd desde 1830. El féretro se descubrió en presencia del médico del Libertador, Reverend, que había realizado la autopsia, y de Manuel de Ujueta, amigo personal de Bolívar y político colombiano, además de representantes de todas las autoridades locales.

Tanto el médico como el amigo de Bolívar reconocieron el esqueleto, ya muy deteriorado por la humedad. Su ropa y otros accesorios de su atuendo y las inconfundibles señales de la autopsia no dejaban lugar a dudas de que ese era el cadáver del Libertador. A partir de aquel momento, los restos fueron colocados en una nueva urna y custodiados hasta su llegada a Caracas.

En Santa Marta, Bolívar fue despedido con honores. Todas las campanas de las iglesias de la ciudad sonaron al mismo tiempo cuando fue exhumado. Tres tiros de cañón indicaron el momento en que se abría la losa que protegía el ataúd. La catedral se había quedado pequeña para recibir a tanta gente porque centenares de personas anónimas vestidas de luto riguroso vinieron a rendir homenaje al Libertador.

Por acuerdo mutuo entre las autoridades colombianas y venezolanas allá presentes, el corazón de Bolívar, separado del cuerpo en el momento de la autopsia, junto a otras entrañas quedará para siempre en Colombia, en una pequeña urna guardada en algún lugar de la catedral de Santa Marta hasta hoy. Un precioso guiño histórico.

Y, días después, el barco con los restos de Bolívar llegó a Venezuela. Fermín Toro, humanista y diplomático venezolano, detalla en una extendida y colorida crónica los honores recibidos por el Libertador a su llegada al puerto de La Guaira: desde el llanto emocionado de excompañeros de batalla hasta los majestuosos homenajes de Caracas, vestida de gala y arrojada a la calle para recibir los restos de Bolívar.

El mito de Bolívar ya estaba en marcha.

No se puede evitar pensar en todo ese jolgorio popular que presidió aquel momento histórico sin compararlo con la sorpresiva y secreta exhumación del Libertador en 2010.

Es verdad que la urna del Libertador ya había sido abierta antes. El ex presidente Rafael Caldera, en los 70, introdujo en ella una bandera del país. Los venezolanos lo supieron mucho después y no se puede afirmar a ciencia cierta si en aquel momento se procedió a algún examen del esqueleto o no. En cualquier caso nunca hubo un informe oficial sobre las conclusiones de algún estudio practicado. Para colmo, la bandera que colocó Caldera fue hecha por manos extranjeras y llevaba una etiqueta «Made in England», como criticaría Chávez en 2010.

Los rumores dicen que la urna de Bolívar habría sido abierta también en otras ocasiones. Algo imposible de confirmar.

—Nunca tenían que haber tocado esos restos. Era algo sagrado. ¿A quién se le ocurriría hoy en Francia recuperar los restos de Napoleón o exhumar a Franco en España? A nadie. Esa gente son símbolos y ya —explica Bruni Celli.

En 1842, el doctor Vargas no terminó su trabajó trayendo los restos del Libertador, sino que reparó el esqueleto, lo limpió con cloruro de sal, unió huesos con alambres de plomo y plata y cubrió todo con un barniz preservativo.

—Y lo hizo tan bien que desde 1842 esos restos no habían sufrido ningún deterioro. Lo vimos en las cámaras de televisión. Están tal y como los dejó Vargas. El Gobierno no va a poder preservarlos mejor, como argumenta —dice seriamente Bruni Celli.

En el silencio de su sala de trabajo, una biblioteca inmensa y llena de tesoros en la parte baja de una casa situada al pie del Ávila, solo se oye el runrún del aparato que controla la humedad de la estancia y garantiza el buen estado de los libros.

—El Gobierno demuestra una ignorancia muy grande porque todos estos documentos son públicos, están en los archivos de la nación. Todo lo que ha pasado aquí es porque el Presidente y los que le rodean son unos ignorantes y además una gente que no se asesora —me dice tranquilamente este experto—. Porque si Chávez me llama a mí, por ejemplo, yo le digo: «Mira, chico, léete los documentos que no dejan lugar a dudas. Léete la autopsia bien leída y sin pasión». Chávez es tonto, no es ningún malvado. Llega cualquiera y le dice una teoría sobre la muerte de Bolívar y empieza este proceso inútil —resume Bruni Celli, sin falsos modales. Privilegios de la edad.

***

La Academia Nacional de la Historia de Venezuela consideró esta exhumación innecesaria e injustificada y el «irrespeto más grave que se haya hecho al Libertador y con él al símbolo más genuino de la Patria».

Colombia, en aquel momento presidida por Álvaro Uribe y con quien reinaban pésimas relaciones bilaterales, no abrió la boca al respecto, aunque bien podría haber reclamado que lo correcto habría sido consultarles antes, siendo Bolívar un patrimonio compartido.

—La historia es susceptible de varias miradas, nadie tiene el patrimonio exclusivo de su interpretación. El problema es cuando tú pretendes que tu lectura sea aquello que todo el mundo debe ver —decía en una entrevista la historiadora Inés Quintero, autora de varios libros y escritos sobre Bolívar y su familia y la independencia de Venezuela.

—Uno, como historiador, se pregunta por qué Chávez tiene esa loca necesidad, esa desenfrenada necesidad de demostrar su versión de la Historia: el imperio tiene desde antiguo el propósito de fastidiar a América Latina y metió la mano en la muerte de Bolívar. Demencial —según Elías Pino.

Días después, el 24 de julio de 2010, en el 227º aniversario del nacimiento del Libertador, el sepulcro volvió a cerrarse. Un nuevo ataúd de madera de los llanos venezolanos y una bandera de ocho estrellas, bordada por mujeres del país, fueron su nueva vestimenta. Casi un año después, el gobierno presentó sin dar demasiado bombo al asunto unas conclusiones sobre los estudios realizados tras la exhumación, que confirmaron que se trataba del esqueleto de Bolívar, gracias a pruebas de ADN realizadas y comparadas con las de una hermana del Libertador. Sin embargo, no se llegó a conclusiones definitivas sobre las causas de su muerte.

«Siento mi alma liberada», dijo Chávez, tras publicarse el informe.

Para el Presidente, Bolívar es más que nunca su compañero de viaje y su tutor y, en su honor, la República Bolivariana está levantando un nuevo panteón.

—Una nueva tumba exclusiva y excluyente —apunta, irónico, Elías Pino.

Este profesor ha dedicado mucho tiempo a pensar esta relación entre Chávez y Bolívar. Sería demasiado simplista y facilón pensar que el actual presidente venezolano se cree Bolívar, una especie de reencarnación del Libertador. Los historiadores prefieren pensar en qué separa a los dos hombres y no en qué les asemeja.

¿Pero qué toma Chávez de Bolívar además de un Libertador a su medida como han hecho hasta ahora prácticamente todos los presidentes venezolanos?

—Creo que Chávez se ha leído las cartas y los documentos de Bolívar casi como ningún historiador y de ellos ha sacado la parte autocrática del Libertador. Chávez encuentra en Bolívar los elementos que le van a permitir un gobierno sin frenos ni contrapesos y que congenian con el proyecto de país que él debe tener en algún lugar de su cabeza: la monarquía sin corona, el presidente vitalicio o la creación de un poder moral. Chávez habría hecho una lectura a su manera orientada al total control de la sociedad. Ese es el lado bolivariano de Chávez —explica Pino.

Es una veta casi inexplorada, un tema que daría para escribir páginas y páginas.

En el discurso de Angostura en 1819, Bolívar proclama la ineptitud del pueblo venezolano para caminar solo por los senderos de la democracia y la libertad. «Un pueblo ignorante es un instrumento ciego de su propia destrucción, un pueblo pervertido si alcanza su libertad muy pronto vuelve a perderla», dice el Libertador.

Bolívar usa el mito de la caverna y compara a los venezolanos con un pueblo que sale de la oscuridad, del yugo español, pero se deslumbra y es un gigante ciego al que hay que enseñarle a caminar. Porque la libertad es un alimento suculento de difícil digestión, considera el Libertador, parafraseando a Jean-Jacques Rousseau.

—Bolívar sabe cómo enseñar a ese pueblo, cómo darle moral y luces poco a poco. Él se propone ser como un pedagogo, alguien que va a decir al párvulo venezolano, que no sabe ser republicano, cómo desarrollarse y cómo vivir. Chávez también nos dice a nosotros, párvulos, cómo ser socialistas, cómo saldremos del agujero. En eso es muy bolivariano —dice Pino.

Mirando y escuchando durante horas a Chávez, intentando adivinar la idea que tiene de sí mismo, pareciera latir en él el deseo de gloria que inspiraba en sus acciones al Libertador. Pero quién sabe si el presidente venezolano no ha confundido gloria con poder.

«Aunque yo perdiera todo sobre la tierra, me quedaría la gloria de haber cumplido mi deber al extremo y esta gloria será eternamente mi bien y mi dicha», dice Bolívar en una de sus cartas.

Para el Libertador, la gloria era preferible al poder. Su preocupación por obtenerla y porque otros la reconocieran definía su carácter y explicaba su inquebrantable tenacidad.

Por su parte, Chávez parece vivir y actuar movido por el lugar, de preferencia glorioso, que quiere ocupar en la Historia. Seguro que el presidente venezolano ya sabe cómo quiere ser recordado, qué definición le darán en los libros de texto, qué dirá su lápida, cómo se reproducirá su rostro, con qué uniforme estará vestido en las paredes de Caracas, qué canciones contarán su vida o qué calles llevarán su nombre. Pero nadie escribe su propia historia y hay un factor azaroso y hasta arbitrario en el acontecer de las cosas. Ha sido el caso con la enfermedad de Chávez.

El prestigioso historiador Germán Carrera Damas asegura que el periodo político actual de Venezuela se compara a una indigestión de la democracia. «Muy molesta pero pasajera. Nadie recuerda, pasado un tiempo, una indigestión».

PARTE IV
VENCEREMOS

Salvada de un cuarto oscuro

Por momentos, su mirada chispeante y aún algo infantil tras unas gafas de montura color berenjena se pierde en la gran sala hasta encontrar de nuevo la figura, siempre borrosa, del director de la orquesta que dirige el ensayo. Segundos después, sus ojos vuelven a anclarse en la partitura que tiene delante. Piensa que dentro de unos años se acordará de ese momento, de cómo le costó memorizar en orden esas notas.

La segunda sinfonía de Beethoven. Lorena Rodríguez sumerge la cabeza en esos pentagramas y sigue, tras su lupa, cada corchea, cada silencio, cada entrada.

—Es que aún no me la he aprendido de memoria —dice en voz baja, como disculpándose. Solo Claudio, de pie a su lado, la escucha, mientras más de 100 músicos avanzan cuidadosamente por la sinfonía. En la siguiente entrada del tímpano, él le toca suavemente la espalda para que no vuelva a equivocarse. Es un gesto casi tierno pero sin compasión alguna de este veinteañero desgarbado y de cabello revuelto, el otro percusionista de la Orquesta Sinfónica Juvenil de Caracas.

—¡Ay, Dios mío!, no veo nada. Esto va muy rápido —protesta de nuevo ella. Y ambos se ríen sin hacer ruido, para que el director no les regañe. A partir de esta tarde de octubre, a Lorena le queda una semana exacta para memorizar la sinfonía entera antes del concierto. El tiempo justo.

Beethoven la acompañará en el metro, en los descansos de sus clases en la universidad, en la camioneta que la lleva a su casa en la barriada del 23 de Enero o en la cama antes de dormir.

—¿Dónde estaría yo sin la música? La verdad no sé. No habría sabido quién era Beethoven, tocaría «Compadre Pancho» con el cuatro, en el mejor de los casos. Supongo que estaría encerrada en casa, sin hacer nada, como una inútil. A otros, la música les salva de la delincuencia o la droga, a mí la orquesta me ha salvado de un cuarto oscuro.

Lorena sufre amaurosis congénita de Leber, una enfermedad genética de la retina que se tradujo desde que era bebé en una pérdida galopante de la visión. Tiene 22 años y lleva seis en la Orquesta Sinfónica Juvenil de Caracas, que forma parte del Sistema Nacional de Orquestas y Coros Juveniles e Infantiles de Venezuela, conocido por todos como el «Sistema», un proyecto social que desde hace cuatro décadas cree en el poder de la música para combatir la exclusión y construir una sociedad de paz.

—No puedo leer una partitura normalmente, como el resto de los músicos. Los primeros días, las estudio con la lupa y me las aprendo de memoria para poder tocar. Enteritas.

Conversamos en un descanso del ensayo, en un salón del Centro de Acción Social por la Música, la nueva sede del Sistema en el corazón de Caracas. Junto con su casa, este particular conservatorio es el único lugar que Lorena podría recorrer sin gafas y sin la ayuda de nadie. Conoce al dedillo sus pasillos, sus puertas y sus escaleras porque pasa varias horas por día practicando. En cuanto sale de la Universidad Central de Venezuela (UCV), donde estudia Arte, sale disparada a encontrarse con sus instrumentos.

—¿Y cuántas obras tienes guardadas en la cabeza?

—¡Huuyyyy! Muuuchas —me dice Lorena entre risas—. A veces se me olvidan algunas, pero repasándolas vuelven rápido. Lo peor que me ha pasado en la vida es un movimiento de cuatro páginas con todo semicorcheas. Me demoré varias semanas en aprenderlo. Demasiadas notas. Pero cuando lo logré me sentí muy bien. Me dije que no era solo obra de mí misma. Yo pienso que hay algo más ahí, que está Dios, que me está guiando.

* * *

En febrero de 1975, José Antonio Abreu, músico, economista pero por encima de todo gran venezolano, tuvo la valentía de soñar a lo grande y de hacer realidad una imagen: un país inundado de orquestas y centenares de niños y jóvenes que dejaban atrás las dificultades materiales y espirituales armados de un violín y de una sinfonía de Mahler.

«La riqueza de la música vence la pobreza. Cuando el niño agarra un instrumento, deja de ser pobre en este momento y se convierte en alguien», ha repetido Abreu en encuentros con periodistas.

El maestro Abreu, como es conocido en Venezuela, asegura haber visto las posibilidades futuras de su proyecto desde aquel primer ensayo, en un garaje destartalado de Caracas donde había colocado 25 atriles de los que sobraron 11. Casi 40 años después, más de 300.000 niños venezolanos dan vida al Sistema, por el que han pasado más de dos millones de menores desde su creación. Unas 500 orquestas y ensambles de diferentes edades y tamaños se reparten por el país, el proyecto es imitado en todo el mundo y varios de sus músicos cosechan éxitos internacionales.

El programa, su fundador y varios de sus músicos más notables han recibido galardones en Estados Unidos, España, Suecia, Francia, Italia. Al mismo tiempo, prestigiosos músicos del mundo entero han querido venir a conocerlo y a tocar con los jóvenes de las orquestas venezolanas. Algunos han apadrinado simbólicamente a algún músico prometedor o cuya historia les haya impactado.

Antes de conocer el Sistema, Lorena Rodríguez se apasionó por la música aprendiendo a tocar el cuatro con un profesor ciego que vivía cerca de su casa. Tenía nueve años, ya había perdido mucha visión e iba a una escuela para invidentes. Su único objetivo era aprender lo máximo antes de dejar de ver, porque todo a su alrededor le recordaba que estaba condenada a ser dependiente el resto de su vida: no podía salir sola porque se perdía rápidamente, le tenían que ampliar los libros para que pudiera leerlos y sus padres, trabajadores honestos de clase humilde, se preguntaban angustiados cómo sería su vida de adulta.

—Mis compañeros en el colegio eran personas mayores que habían pasado años encerradas en sus casas porque el mundo se les había acabado al perder la vista. Yo supe desde muy pequeña que iba a necesitar mucha ayuda para salir adelante —es el único momento de la entrevista en que a Lorena se le empañan los ojos de emoción.

Pero una amiga de la familia la oyó cantar y tocar esta particular guitarrita venezolana de cuatro cuerdas e hizo que ella y su hermana entraran en un coro del Sistema. «Un día, cantando en ese coro, nos acompañó una pequeña orquesta. ¡Y Dios mío! Para mí fue algo grande, mágico. Me empeñé en aprender a tocar clarinete».

Lorena aún no lo sabía pero, en ese momento, el Sistema comenzó a cambiarle la vida. Entró en una orquesta, comenzó a aprender solfeo y por casualidad se fue iniciando en la percusión porque no había clarinetes disponibles. Cuando le propusieron cambiar de instrumento ya no quiso porque estaba feliz rodeada del tímpano, el xilófono, la marimba o el redoblante. A los 16 años hizo su primera audición para la Orquesta Sinfónica Juvenil de Caracas y en la segunda prueba consiguió ser aceptada.

—La orquesta me ha hecho ir más allá de lo que yo pensaba que eran mis límites. Ahora me esfuerzo por mantenerme siempre trabajando, por aprenderme las partituras para tratar de ser normal e ir al ritmo de los demás, para sentir que soy igual que ellos.

Escuchándola, da la sensación de que vive desde hace años en una batalla sin descanso contra el tiempo. Si aprende de memoria sus partituras no es solo para estar preparada para los conciertos, sino para ser capaz de seguir tocando un repertorio si un día pierde la vista.

—Tengo una vista frágil e impredecible. Puedo ver hoy y mañana perderlo todo —me dice. Ya ha salido corriendo varias veces al médico, angustiada y convencida de que estaba quedándose ciega–. ¿No te has dado cuenta de que uno mismo no sabe cómo el otro ve? Yo a veces siento que mi vista empeora, que mis métodos para defenderme o mis propias medidas ya no me sirven y me asusto mucho porque pienso que se acabó.

Pero desde hace años su enfermedad parece haberse detenido y su nivel de visión, aunque muy mermado, se ha mantenido estable.

Su mirada es hoy intensa y transparente. Así sentada frente a mí, nadie diría que tiene un problema que le impide tener una vida normal. Es una chica guapa, de bonito cabello oscuro. Ha cuidado cada detalle de su atuendo: el color rosado de los pendientes es el mismo que el de la camiseta, se ha recogido el cabello con esmero, se ha puesto unos zapatos con un pequeño tacón. No es por mí ni por la entrevista. Desde hace algunos meses, es novia de Jesús, uno de los violinistas de la orquesta.

–Nos conocimos aquí, tocando. Él sabía todo sobre mi problema, me veía leyendo con la lupa y yo no sé qué le pasó.

–¿Cómo que qué le pasó?

–Sí, por qué se enamoró, pues. ¡Me hiciste poner roja!

Estalla de nuevo en una carcajada.

Lorena vive en la parte baja del 23 de Enero, barriada emblemática de la izquierda venezolana desde hace décadas y nido de grupos armados, delincuencia y pobreza. Su familia tiene una casita cerca de uno de los grandes bloques de viviendas que conforman el inconfundible perfil de esta zona de Caracas. Cada noche, después de la universidad y de los ensayos, tiene que volver hasta allá de forma segura.

–Necesito una rutina perfectamente medida. Sé en qué lugar del metro sentarme o en qué vagón debo entrar para agarrar más fácil la transferencia de Plaza Venezuela. Con los lentes veo más o menos de cerca pero no puedo tomar un autobús, por ejemplo, porque no leo el número. De noche no veo ni los bombillitos de las calles y por ejemplo a un lugar desconocido me tienen siempre que llevar la primera vez para que me sitúe –describe–. A veces escuchas por ahí los tiros. Yo no me puedo perder, no puedo porque es peligroso. Hace un tiempo me robaron. Afortunadamente lo único que salvé fue mi lupa porque la llevaba guindada del cuello en un collar.

Su preciada lupa, las gafas especiales y las costosas consultas oftalmológicas las paga gracias a la beca mensual de cerca de 3.500 bolívares (814 dólares) que el Sistema le concede desde hace años. «Con esa plata resuelvo», me explica. Ni siquiera ha pedido la ayuda financiera que concede la universidad por considerar que habrá otras personas con menos suerte que ella que la necesiten más.

Si tomar el metro en horas pico, moverse entre mucha gente, leer una indicación o volver a casa en un autobús diferente al habitual son para Lorena un desafío cotidiano, el viaje a China que acaba de hacer con la orquesta representó un increíble salto al vacío. Ni ella quiso perdérselo ni la orquesta se planteó por un momento dejarla atrás en esta aventura. Los 173 músicos, más todo el personal logístico que requiere un grupo tan grande de menores de edad, viajaron a Asia.

—Los conciertos son el mejor momento, se pasan muchos nervios pero es como cerrar una etapa después del duro trabajo de meses. La gente en China era superexigente, pero nos ganamos un gran aplauso. Y bueno, yo tenía mucho miedo de ir a Asia, era un reto como música y como persona. Pero lo disfruté muchísimo. Sé que había gente pendiente de mí siempre y que aunque yo no me dé cuenta, nunca estoy sola.

* * *

Lorena encarna el éxito del Sistema: la música como derecho de todos, fuente de desarrollo y formadora del espíritu fraterno de equipo.

«Cada joven tiene su historia. Para mí son todas importantes y trascendentales», ha dicho el maestro Abreu.

El fundador del Sistema despierta el respeto y el cariño más puros y tiernos que pude ver en Venezuela. Su apariencia de monje enjuto y frágil y su mirada humilde y a veces huidiza por una timidez fácil de adivinar contrastan con la voz recia y bien timbrada de este hombre de 73 años, que convence al más escéptico de la firmeza de sus intenciones.

–Es alguien difícil de describir porque siempre te sorprende pero en positivo. Él tiene una pasión que no se agota, como un gran amor que no hay cómo saciar y todos los días lo hace entregarse más y más. Puede sobreponerse a cualquier escenario de salud o de trabajo adverso y lograr sus propósitos. En él habita una habilidad para sortear la dificultad y encontrar otro camino para conquistar los logros que precisa el Sistema –me dice una cercana colaboradora del maestro Abreu.

Lorena empezó a trabajar cerca del fundador del Sistema hace un año, en la preparación de su viaje a China.

–Lo llamamos «maestro» porque eso es lo que es: un maestro para todos. Sabe muchísimo y pasa horas con nosotros, enseñándonos cada detalle de una pieza o el porqué de un repertorio. Él se dio cuenta de mi problema porque empecé a leer con la lupa en los ensayos. Nunca me preguntó nada pero se me quedaba viendo. Después, siempre ha tenido un trato especial conmigo, me saluda, está pendiente y cuando me equivoco es un poquito más paciente –se ríe.

El Sistema creado por Abreu es una de las historias más bonitas y más fuertes que como periodista se pueden contar en la Venezuela de hoy día. Es sinónimo de perseverancia, dignidad, paz, superación, belleza, pasión colectiva y triunfo, transporta con emoción profunda a un final feliz y se aleja sanamente de la política y los partidismos. Además, escribir sobre este proyecto logra indirectamente algo raro: no mencionar ni una sola vez el nombre del Presidente, como es el caso en esta crónica.

Aunque el Sistema está financiado y depende del gobierno de turno, los ha sobrevivido a todos desde hace cuarenta años sin que ninguna tendencia política haya podido atribuirse los logros de este inmenso proyecto social, mucho más que una orquesta de Estado. Gracias en parte a José Antonio Abreu, gran político, diplomático y embajador de esta misión de vida.

—El maestro nos ha enseñado a no fijarnos en los límites. Él nunca está conforme con lo que da y esa inconformidad suya le permite ir más allá y es uno de los rasgos de su éxito. Él hace que el proyecto sea algo mágico, que gente como yo, que no es música y puede no saber quién es Shostakovich, se sienta imantada y conectada con este mundo –me explica una cercana colaborada de Abreu.

En zonas problemáticas de Caracas, en las cárceles de mujeres de Los Teques, en una aldea perdida de los llanos venezolanos o en un gigantesco arrabal nacido junto a un basurero en Maturín, las caras de centenares de niños y jóvenes se transforman al tomar en sus manos un instrumento. Sonríen y hacen sonreír, ponen la piel de gallina, levantan a auditorios enteros, a entendidos musicales o simples aficionados, porque contagian una felicidad pura, básica y bonita.

Es como si hubiera algo muy profundo, innato y hasta primitivo en esa destreza y pasión por la música que se sienten en Venezuela y que traduce perfectamente el Sistema de Orquestas Juveniles.

* * *

Las trompetas, los violines y los platillos se escuchan hasta la calle y pese al tráfico infernal. El Danzón Nº 2 de Arturo Márquez. Es un miércoles por la tarde cualquiera y en esta modesta escuela del barrio La Rinconada de Caracas, más de un centenar de jóvenes músicos ensaya desde hace horas. Algunos son ya chicarrones que daría respeto encontrar en un callejuela oscura, pero su expresión deja de ser amenazadora en contacto con su instrumento. Ni la entrada, que no suena tan afinada como debiera, cambia esa cara de serenidad.

Varios empezaron a tocar con un violín de cartón a los tres años, se familiarizaron con los grandes nombres de la música clásica y ahora saben distinguir en sus primeros compases sinfonías que muchos niños europeos nunca oyeron. Respetan a sus maestros porque vienen del mismo lugar que ellos y sus ídolos, además de los cantantes de reggaeton o famosas actrices y modelos, son gente como Gustavo Dudamel, Diego Matheuz o Christian Vásquez, talentos internacionales que fueron un día alumnos como ellos del Sistema.

–El mayor regalo es verlos tocar. Mirándolos me veo a mí hace unos años. Vivía en una barriada complicada y me metieron a aprender música casi obligado –afirma Alejandro Muñoz, de 29 años, exalumno y director de la orquesta infantil de este centro.

Todos estos niños se sienten ya artistas mientras caminan dignamente hacia su casa con el violín o la flauta en la mano, un pequeño instrumento que les diferencia para siempre de quienes eran antes de entrar al Sistema. Viven la música con una gran naturalidad pero con la alegría, la esperanza y la certeza secreta de estar formando parte de algo grande, que les supera y que les puede llevar muy lejos.

Gustavo Dudamel, niño prodigio del Sistema, violinista de Barquisimeto y hoy, con solo 30 años, laureado director de orquesta de fama mundial, es la prueba de que lo que sueñan es posible.

A pocas horas de un concierto de Mozart y Beethoven en el Teatro Teresa Carreño de Caracas, la lección de música es más que intensa en una sala todavía vacía de espectadores.

Los jóvenes de la Orquesta Simón Bolívar aceleran las correcciones. En las butacas, el silencio es sepulcral. Varias decenas de niños asisten hipnotizados a este último ensayo general. Sus caras son el verdadero espectáculo.

En la sexta fila, William deja a un lado su violín e imita torpemente los gestos de director de Dudamel. Tiene 15 años y toca en una orquesta de San Agustín. «Él es como nosotros. Yo quisiera parecerme a él un día y estoy trabajando duro».

A su lado, otro adolescente graba con su teléfono móvil.

Vestido con una sencilla camisa azul cielo y unos pantalones vaqueros, el director de la Filarmónica de Los Ángeles, la Sinfónica de Gotemburgo y la Sinfónica Simón Bolívar de Venezuela no se diferencia tanto de ellos. Hasta que agarra la batuta y empieza a desgranar la sinfonía. Dudamel brinca, gira, anima a los músicos, sus ya conocidos rizos se disparan en todas las direcciones y se retuerce como queriendo llegar a las últimas filas de la orquesta. Se hace grande, inmenso, y llena el escenario.

Hasta no ver a Gustavo Dudamel en directo no palpé de verdad esa magia del director de orquesta que puede hacer que una pieza suene y se sienta de forma diferente sin cambiar una sola nota, solo reinventándola e imprimiéndole un toque personal. «Yo agarro una partitura de Mozart de hace 200 años que tantos otros ya tocaron y la tengo que desempolvar y recrear de alguna manera para que sea distinta», explicaba en una ocasión a la prensa en Caracas.

Con las manos llenas de premios, Dudamel parece moverse por una gran pasión y no por la ambición. Está enamorado de Venezuela, considera que el escenario más emocionante es aquel que esté delante del público de su país, cree que la música folclórica es tan conmovedora como la obra de Bach y, si por él fuera, todas las orquestas del mundo deberían tocar al menos una vez el «Alma Llanera», la canción popular venezolana más conocida.

Escuchándolo, se sienten la misma humildad y el mismo convencimiento del maestro Abreu, su maestro.

–Un director de orquesta no es nada. La batuta no suena. Lo mío es muy circunstancial. Yo no represento a una persona, al igual que el maestro Abreu, somos miles de niños.

Pero aquella tarde en el Teatro Teresa Carreño, Dudamel acaba firmando autógrafos como si fuera una gran estrella del béisbol o un actor de Hollywood.

–Uno de mis mejores momentos fue la primera vez que nos dirigió Gustavo. Tocamos la 5ª Sinfonía de Beethoven en Caracas. El problema es que yo no veo la cara al director, ni sus gestos. Solo los movimientos de sus manos. Y para ello tengo que estar con los ojos como platos. Nuestro director, Dietrich Paredes, ya me tiene ubicada, sabemos cómo entendernos para que yo vea cuándo él me da la entrada. Pero Dudamel no me conoce. Bueno, ahora sí, pero entonces nunca habíamos trabajado tan cerca. Y era un gran reto. Yo decía: «Dios mío, va a dar la entrada y yo no lo voy a ver». Pero todo salió muy bien finalmente. Después me dijeron que él sabía de mi problema pero yo no quise decirle nada –me dice Lorena Rodríguez.

Es octubre de 2011 y el proyecto de Lorena es preparar un concierto de xilófono con la orquesta. Su único plan futuro es ese, seguir siendo música, aunque evita hacer demasiados planes, por miedo a que su vista la abandone totalmente un día, cuando aún no haya aprendido todas las obras de música clásica que necesita para sobrevivir.

–Tocando me olvido de todo, hasta de mis ojos. Me siento en otro mundo. Quiero seguir en la orquesta y hacer de la música mi oficio porque el Sistema es ya parte de mí –me dice con gesto serio y convencido antes de despedirnos.

La dejo concentrada, memorizando la segunda sinfonía de Beethoven. Siete días después, el concierto de su orquesta pondrá de nuevo al auditorio en pie y, en medio de los aplausos, Lorena celebrará también su triunfo secreto: haber añadido a su memoria una nueva partitura.

El humor y la revolución

«Querida Rosinés». No hace falta decir más. En la cara de muchos venezolanos el inicio de esta carta provoca una sonrisa aún hoy, casi siete años después de su publicación.

–Está claro que para mí Chávez ha sido una especie de promotor. No me puedo quejar, salvo si en algún momento me lleva a la cárcel. El Presidente me ha hecho publicidad incluso fuera de las fronteras de Venezuela. Él es tan mediático y lo que dice llama tanto la atención que basta que te insulte para que te vuelvas famoso.

Cuando no se conoce a Laureano Márquez, hacen falta unos segundos para saber si está hablando en serio o contando un chiste. O tal vez esté haciendo ambas cosas.

Quizás el Gobierno tampoco entendió esa diferencia en 2005, cuando este humorista venezolano escribió una carta a Rosinés, la hija menor de Hugo Chávez, publicada en la portada del diario *Tal Cual*, y la broma le salió muy cara. Más de 100.000 bolívares (50.000 dólares en aquel momento) de multa repartidos entre él y Teodoro Petkoff, director de *Tal Cual*.

—El problema es que este gobierno tiene poco sentido del humor. Los poderosos en general tienen poco sentido del humor —me explica tranquilamente, negando con la cabeza en un gesto de resignación.

Estamos en un concurrido café de Caracas, donde varias personas lo reconocen y otras lo miran con curiosidad, sin terminar de saber quién es y por qué les suena su cara. En Venezuela, Laureano Márquez es sobre todo leído, aunque sus espectáculos en teatros han dado la vuelta al país.

Su columna de los viernes, «Humor en serio», que sigue publicando *Tal Cual* en su primera página, es uno de los escritos de mayor circulación en el país. Hace apenas unas horas fue aplaudido a 200 km de Caracas y ya está ultimando los detalles de una presentación que hará durante el fin de semana para pagar una operación de fémur de una anciana que no tiene seguro de salud. Su agenda está llena y no se separa de su BlackBerry que vibra y vibra sin descanso sobre la mesa.

—Cuanto más arbitrario es un gobierno, más censura, persigue y encarcela porque se siente indefenso ante ese humor, que lo descoloca. Pero el humor es aquello que sobrevive cuando la libertad está conculcada, es como la guerra de guerrillas de la libertad de expresión. Se las ingenia para encontrar siempre una manera de expresarse —me asegura, sin desconcentrarse por las llamadas que no responde.

Lo miro mientras me habla y confirmo que Laureano Márquez me hace pensar en un español de buena familia: un cuarentón pulcro en su forma de vestir, con mirada tímida tras unas gafas que le dan un aspecto serio y formal, una cara de padre de familia que va a misa los domingos, un tono de voz bondadoso y unos modos de persona educada. De tipo chévere, en definitiva.

Pero por encima de todo, este hijo de canarios es venezolano hasta la médula.

—Yo me quiero quedar para siempre en Venezuela. Este país vale la pena. Y si me fuera querría decir que he fracasado.
—¿Fracasado en qué?
—En lo que hago. En el humor. Esa es mi manera de luchar. Me parece que el humor tiene una fuerza increíble para analizar las cosas, entender la realidad, pensarse uno mismo y repensar el país.

El humor es su analgésico para que Venezuela le duela un poco menos. Aunque me confiesa que hay días en que no consigue salir de la cama y hacer un chiste y le salen artículos tan serios que dan más bien ganas de llorar.

—Hay temas también que no me nace tratarlos con humor y los trato en serio. Y luego hay cosas a las cuales uno no se puede referir. *Tal Cual* me da carta blanca, pero soy yo mismo el que se limita con ciertos asuntos porque sé que pueden traer una sanción y entonces les busco la vuelta. No quiero decir con esto que me autocensure. Creo que sigo hablando con fuerza y contundencia.

Su humor, sobre todo en su columna semanal, está muy pegado a la realidad de Venezuela. Una realidad destripada y caricaturizada para que sus lectores se vean reflejados en ese esperpento y se pongan a pensar en qué está pasando, en cómo mejorar el país. «El humor es una forma de pensar, sin que el que piense se dé cuenta de que está pensando», decía el gran humorista y escritor venezolano Aquiles Nazoa.

—Hacer reír es un acto de sanidad espiritual, de inconformidad, es el grito del desesperado que clama porque las cosas cambien. El humor involucra un sueño y una esperanza, tiene fe en que la gente cambie, en que el país sea distinto y podamos dialogar. Porque no es un acto agresivo ni violento sino que lleva a palabras nuestras discrepancias y las hace manejables para que no nos matemos por ellas —completa Laureano Márquez.

La conversación fluye rápido. Es hablador, le gusta hacer preguntas, se interesa por todo pero no pierde nunca el tono pausado. Su chiste comprometido y su diploma en Ciencias Políticas lo han convertido muchas veces en analista. Muy a su pesar. No es que sus lecturas de la vida política sean malas, porque la gente inteligente puede ser buena en casi todo si se empeña, pero lo más natural en él es hacer reír.

—Nunca me he propuesto convertirme en formador de opinión porque es una responsabilidad muy grande para la que yo no tengo capacidad. Yo, a lo sumo, trato de formarme una opinión.

Pero a menudo en nuestra conversación, Laureano Márquez deja de lado al humorista para analizar el estado del país y la conversación se torna terriblemente melancólica, salpicada con algún chiste para quitarle peso. Siente que Venezuela no tiene aún noción de patria ni preocupación por su destino y su futuro. El «como vaya viniendo vamos viendo» le saca de quicio.

—Por ejemplo, el endeudamiento de este gobierno compromete tanto a las generaciones futuras que yo no puedo creer que esto nos esté pasando en el momento en que más dinero entra por venta de petróleo. Para mí que un gobierno o un presidente no piensen en el futuro porque ellos no estarán para verlo es un acto de desamor por Venezuela, es renunciar a un proyecto nacional. Pero siempre nos ha faltado eso. Somos un pueblo de oportunistas.

Oportunistas son también para Laureano Márquez muchos de los nuevos amigos de Venezuela. La mirada internacional que despierta su país le decepciona. Me dice con amargura que Chávez ha sido en definitiva un buen negocio para el mundo. «Es un presidente que ha impulsado enormemente el sector industrial de otros países como Brasil o Argentina mientras destruía el nuestro».

Para él, la revolución bolivariana, al igual que la cubana, tienen un «buen lejos», esa expresión usada por los hombres venezolanos para describir a las mujeres que solo son bonitas mirándolas de lejos.

—O sea, desde la comodidad de Europa, un tipo que va al supermercado y encuentra de todo, tiene un carro y un apartamento bonitos es fácil ser chavista. Lo difícil es serlo aquí —me dice–. Pero los países hacen la vista gorda o idealizan a Chávez sobre todo desde la izquierda, fundamentalmente europea, que se compromete con cualquier locura populista, demagógica y arbitraria solo por el hecho que se diga de izquierda. Eso, perdóname la expresión, es una 'coñoemadrada', una mezcla de maldad con imbecilidad. En fin, es mi opinión.

–Pero ¿esperas algo de otros países?

–No tengo grandes expectativas ni deseo que sea el escenario internacional quien nos ayude a salir de Chávez. Nosotros no somos Libia. Si no sabemos salir de él por nosotros mismos, será que tal vez no merezcamos aún salir de él por ahora. Es duro lo que estoy diciendo, ¿verdad? Mira, me sorprendió mucho una cosa, en los últimos segundos de la horrible muerte que tuvo Gadafi, una muerte condenable y deplorable, él preguntaba a sus verdugos: «¿Qué les he hecho yo?». Esa pregunta, hecha por alguien que va a morir y lleva 40 años oprimiendo a un pueblo, me dejó muy sorprendido. ¿Será que todos los gobernantes piensan que ellos no han sido dañinos para nadie?

La pregunta se nos queda en el aire, sin respuesta. Tal vez el tema de una futura columna de *Tal Cual*. En ciertos momentos de la entrevista, es como si Laureano Márquez pensara en voz alta.

–Y si Chávez pierde el 7 de octubre de 2012, ¿quién te va a dar tema para tus escritos y tus espectáculos?

–Huy, mi amor… Yo no soy tan optimista. Gane quien gane aquí vamos a seguir teniendo malos gobiernos por mucho tiempo. Yo he sido siempre de oposición y una vez que el gobierno cambie también estaré en la oposición. Igual termino chavista si Chávez da muestras de sensatez…

* * *

Para cualquier extranjero que llega a Caracas, los venezolanos aparecen rápidamente como un pueblo poco serio. Sin ánimo de generalizar y mucho menos de insultar. Al contrario, esa levedad, esa reconfortante ligereza y ese *carpe diem* permanente sientan bien. Sobre todo cuando se deja atrás la gravedad europea donde el peso profundo de los siglos, la moral y la culpa son un fardo terrible que impide a veces enfrentar la vida con una sonora carcajada. El venezolano hace chistes con los dramas de cada día, se los toma con filosofía, es ingenioso y agudo.

Sin embargo, a la carta de Laureano Márquez a su hija Rosinés, Chávez no le vio ninguna gracia. «En su *Aló Presidente* de la semana dijo: 'Por ahí salió un artículo donde nombraban a mi hija'. Al día siguiente a primera hora teníamos la notificación en la oficina», recuerda el humorista.

Para la justicia venezolana, esta carta violaba el honor, la reputación y la vida privada de Rosinés Chávez, que entonces tenía 9 años. En el texto, Laureano Márquez no usaba ninguna palabra vejatoria, simplemente pedía en tono infantil a la niña que, como tenía gran influencia sobre su padre, le sugiriera que fuera más tolerante con los que pensaban distinto y que no dejara que los cubanos intervinieran tanto en los asuntos de Venezuela.

«Es como si la niñita de al lado de tu casa, aprovechándose de que tú la quieres mucho, se llevara tus Barbies, tus peluches o tus libros de cuentos y trajese a sus hermanitos a jugar a tu cuarto», decía textualmente en su carta, refiriéndose a la relación entre La Habana y Caracas.

En el fondo, Laureano Márquez quería subrayar su desconcierto porque hechos importantes como modificar el caballo del escudo de Venezuela estuvieran motivados por los comentarios de una niña, como dio a entender ante las cámaras el propio Chávez cuando anunció su decisión de cambiar el emblema venezolano.

Cuando se conoció la sentencia judicial, en 2007, una colecta popular reunió con creces el dinero para pagar la multa. Con lo que sobró, Márquez y Petkoff hicieron incluso una donación a la Universidad Católica Andrés Bello (UCAB) para crear una cátedra de libertad de expresión.

–Fue algo duro pero muy bonito –me explica Laureano Márquez–. En Venezuela todavía se puede decir lo que se piensa pero la libertad de expresión la tenemos los opositores. Los que están al lado del Presidente no pueden decir lo que piensan sino lo que está en el guion –considera.

El humorista está justo regresando de una presentación en la ciudad venezolana de Valencia y vuelve escandalizado del estado de la carretera, de los derrumbes, de la maleza que invade la autopista y de los agujeros en el pavimento.

–Transitar por ahí de noche y suicidarse es lo mismo. A mí a veces me parece que este gobierno fue puesto por la CIA para acabar con Venezuela. Tiene toda la pinta de ser un daño a nuestro país bien planificado y en absoluto casual –suena a chiste pero a ninguno de los dos nos hace tanta gracia.

Sin embargo, reírse de uno mismo siempre ha sido una terapia en el país. En el estadio de béisbol, los hinchas del equipo que pierde 30 carreras a cero celebran como si estuvieran ganando y se divierten igual.

Pero ese carácter alegre, socarrón y despreocupado del venezolano no se deja sentir todos los días en los líderes políticos del país. Y es una lástima porque Chávez, su gobierno, la oposición y las relaciones del país con sus vecinos serían un filón inagotable para cualquier programa satírico.

Hay días en que Chávez, con su labia, su forma de ver el mundo y su manera de contar las cosas, protagoniza en la televisión un «one man show» que haría palidecer de envidia a más de un artista. El Presidente nos ha hecho reír a todos, adeptos y detractores del proceso. No reírnos de él, aunque para algunos sí puede ser el caso, sino reírnos con él.

Sin embargo, el gobierno actual parece tener pocas ganas de mofarse de sí mismo y la revolución, dicho por los propios chavistas entre bastidores, ya no tiene esa sana virtud de la risión: ni de ellos mismos ni de los demás.

Las advertencias directas o indirectas a caricaturistas y humoristas han ido en aumento en los últimos meses. La intolerancia contra la risa del otro crece.

–Aquí el chistoso es Chávez. Él dice algo y obliga con su cara a que los demás se rían. Pero el humor es lo que es capaz de producir una risa franca –puntualiza Emilio Lovera, una institución del humor venezolano, enormemente popular por sus imitaciones y su participación durante años en *Radio Rochela*, el programa de televisión satírico más popular y longevo del país.

Lovera es algo así como el alma gemela de Laureano Márquez. Han compartido pantalla, escenario y pertenecen en definitiva al mismo tipo de personas: grandes observadores del país, sensibles y con el descaro justo, dedicados a un humor tranquilo, que no falta al respeto.

Lovera aspira a hacer reír a todos los venezolanos, incluidos los partidarios del Gobierno, porque el humor no debería caer en las divisiones propias de la política. Muchos miembros del ejecutivo llegan a sus espectáculos cuando las luces ya se han apagado y dejan la silla vacía antes de que se enciendan de nuevo. Otros, los pocos, se acercan a felicitarlo tras la función, le dicen que no se pueden hacer una foto con él ni pedirle un autógrafo y lamentan que no haya decidido poner su talento del lado de «la revolución».

—Me parece valiente que vengan a saludarme, ¿no crees? El funcionario chavista que quiere ir hoy en día a un espectáculo de humor tiene que acudir a uno de los nuestros. Porque ellos no tienen humoristas que se presenten ante el público, pese al enorme apoyo gubernamental con el que contarían –dice Lovera.

—El problema es que un humorista sin libertad de pensamiento y sin deseo de tenerla no puede existir como tal –apunta Márquez.

Desde hace algunos años las puertas de los teatros públicos de ciudades o estados gobernados por el chavismo se han ido cerrando a artistas como Lovera o Márquez, que tienen una marcada etiqueta de «opositores».

Viven gracias a los teatros privados, que resultan mucho más caros para alquilar, y a los espectáculos ante organismos y empresas que los contratan.

—Muchas veces hemos escuchado que les gustaría cedernos un teatro pero que saben que tendrán problemas con el gobierno si lo hacen –me explica Lovera.

—Entonces, ¿se politizó el humor también? ¿El buen humor está en peligro?

—Sí, definitivamente, la política también ha invadido ahora el humor aunque yo no hago espectáculos políticos. Yo, por encima de todo, hago reír. A veces salen cosas que tienen que ver con la actualidad. Si tengo que decir algo que me parezca gracioso de Chávez y tenga mensaje lo voy a decir, pero no para insultarlo, sino para provocar una carcajada en la gente.

Lovera nunca ha tenido problemas con Chávez, más allá del golpe que significo en 2007 la salida del aire en señal abierta de RCTV, que supuso el fin de buena parte de la programación del canal, en el que Lovera trabajaba. «Yo he recibido insultos y amenazas. Me dicen de todo pero no pasa de ahí», me cuenta.

—Cuando me presento ante un público que voluntariamente viene a verme me siento más libre. Cuando hago un espectáculo para una firma la petición más común es que no toque temas políticos. Me lo justifican diciendo que en su empresa hay gente de todas las corrientes y que no quieren que nadie se sienta aludido, pero la realidad es que tienen miedo y eso es normal en Venezuela hoy. Todo el mundo tiene miedo porque el Gobierno se ha encargado de infundirlo: los empresarios tienen miedo, los periodistas tienen miedo, los trabajadores del Estado tienen miedo a perder su trabajo, la gente tiene miedo a que su voto pueda ser indagado con máquinas —completa Laureano Márquez.

Esa libertad de pensar llevó en enero de 2010 a publicar una columna titulada «Venezuela sin Esteban», una descripción jocosa de lo que sería un día el país sin Hugo Chávez en el que todas las partes recibían su dosis de crítica. Al día siguiente, la entonces ministra de Comunicación e Información, Blanca Eekhout, consideró que la justicia debería investigar a Márquez por apología de golpe de Estado, magnicidio y muerte.

—Pensé que había leído un artículo diferente al que yo escribí porque yo nunca defendería nada de eso. De hecho lo volví a leer porque me hizo hasta dudar. Hizo falta que el Presidente dijera: «Por ahí anda gente imaginándose el país sin mí y yo les digo: déjenlos quietos». Ahí supe que el caso se cerraba. Chávez es el alfa y el omega del chavismo, todo empieza y termina en él. Por eso hay tan poca libertad de expresión en el Gobierno. La gente espera a que Chávez pontifique para luego repontificar y nadie se atreve a pontificar sobre lo que él no ha hablado. La ministra se atrevió y mira.

Gracias a este nuevo incidente, la columna fue leída por miles de personas dentro y fuera del país. De nuevo y sin quererlo, Chávez fue un gran relacionista público del humorista.

–Laureano es la mente más lúcida de este país. Hace diez chistes al día y valen los diez –dice de él Emilio Lovera.

Días después, Laureano Márquez recibía en Washington el premio a la libertad de expresión del Committee to Protect Journalists (CPJ). También desde entonces, Esteban es el nombre usado por muchos venezolanos para referirse a su presidente en tono burlón.

–En Venezuela, Esteban es la forma de referirse a alguien cuando está delante y no queremos que sepa que hablamos de él. Se dice Esteban y se le señala así con los labios –me dice haciendo el gesto con la boca–. Es algo muy venezolano eso de señalar así, ¿verdad? Bueno, el caso es que muchos Esteban me han reclamado. No es justo para los Esteban, tienen razón –dice entre risas.

* * *

En 2007, cuando el rey de España mandó callar a Hugo Chávez ante las cámaras del mundo entero en una cumbre iberoamericana, dos jóvenes venezolanos, Oswaldo Graziani y Juan Andrés Ravell, contemplando a aquellos presidentes latinoamericanos sentados con gesto serio en torno a una mesa, pensaron que formaban un abanico perfecto de personajes para una serie de ficción.

La idea fue tomando forma en la mente de estos dos caraqueños. En el camino se cruzaron Emilio Lovera y otros amigos que aportaron tiempo, ideas, gracia y experiencia a cambio de nada, y finalmente apareció un estudio de animación en Buenos Aires donde dar forma a la historia.

Meses después nació «La Isla Presidencial»: las aventuras y desventuras de Evo Morales, Rafael Correa, Hugo Chávez, Luiz Inácio Lula da Silva, Álvaro Uribe, Felipe Calderón, el rey de

España, Daniel Ortega, Michelle Bachelet y Cristina Kirchner, por citar algunos, convertidos en divertidas caricaturas de ellos mismos, en náufragos abandonados a su suerte.

«La serie se hace casi sola», dicen sus creadores. Las declaraciones, cualidades y defectos y reacciones reales de estos líderes eran mejores que cualquier guión inventado. «La idea es burlarse de todos por igual». Sin distinciones, preferencias políticas ni piedad con ninguno de los náufragos.

—Ojalá Chávez lo vea y ojalá lo disfrute —confían sus autores, que hicieron de su presidente una de las figuras más cómicas de la serie.

Cinco capítulos de varios minutos circularon con enorme éxito por las redes sociales en las que se corría inmediatamente la voz cuando un capítulo nuevo se iba a publicar. El sexto episodio lleva muchos meses haciéndose esperar, debido al alto coste de cada grabación.

—En un país como este, caudillista, donde nos rige la política, donde siempre el primer venezolano ha de ser el Presidente nos hemos acostumbrado a tratar de hacerlos héroes y, cuando no se puede, los convertimos en caricaturas. Y en este caso no conseguimos el héroe sino la caricatura de un héroe —explica Emilio Lovera.

El humorista pone la voz de forma altruista a todos los presidentes náufragos.

—Me recuerdan a mí cuando empecé a los 19 y 20 años con muchas ideas. Era muy difícil en esa época ser humorista, no era algo decente en este país. Si no eras un abogado, un médico o un ingeniero, eras un vago. Me dediqué a la vagancia pero me va mejor que a mi papá, que era abogado.

Lo he encontrado en su oficina de Caracas un sábado por la mañana. El lugar está lleno de fotografías, afiches y recuerdos de sus espectáculos, de *Radio Rochela*, de parodias emblemáticas, de otros amigos humoristas y actores.

Emilio Lovera hace reír las 24 horas del día. En medio de la conversación imita a Evo, a Lula da Silva, a Ortega o al rey de España y hay que repetir la toma porque estallamos de risa.

—Disfruto mucho imitando a Lula, en portuñol, por supuesto, y a Evo, que es muy ingenuo y sufre para sobrevivir en esta isla porque él nunca ha visto el mar y no sabe nadar. Mi especialidad no es Chávez, pero trato de hacerlo lo mejor posible.

—¿Y si estos presidentes naufragaran de verdad?

—Desgraciadamente, creo que absolutamente ninguno sobreviviría. Todos van a morir y además muy rápidamente, sobre todo quienes dependen mucho de sus aliados y de sus seguidores. Porque para sobrevivir en una isla desierta hace falta mucha inteligencia. La pregunta que me hago es: «¿Quién se convertirá en caudillo de los caudillos?».

—¿Quién sería el último en morir entonces?

Piensa varios segundos.

—El último probablemente sea Correa.

Es tremendamente expresivo. Da la sensación de que toda su cara estalla en una carcajada.

—Para mí es más fácil hacer reír que llorar, pero hay días en que uno se deprime. Entonces hay que pensar que la gente lo tiene a uno como remedio y eso anima. La risa del público me sirve finalmente para insuflarme energía y provocar el nuevo chiste.

Nos acompaña hasta la calle para encontrar un taxi y los vehículos comienzan a parar en plena avenida Libertador para saludarlo. «Emilio, amigo». «Felicidades, Emilio». «Épale, Emilio, mi hermano».

A todos les agradece y saluda con la mano, les hace una mueca o un chiste. Nuestro taxista se siente tremendamente afortunado y orgulloso de transportar a los «amigos de Emilio». Hasta nos hace un precio especial.

Lovera tiene seguidores en lugares tan dispares como Australia o Canadá. El público de sus espectáculos en países lejanos está compuesto en un 80% por venezolanos, nos cuenta. «El éxodo que está teniendo este país es insólito. Me da tristeza porque uno se encuentra con venezolanos muy preparados y exitosos que se fueron por razones que no son profesionales. Finalmente, vaya donde vaya, acabo haciendo el espectáculo igualito que si estuviera en la Candelaria de Caracas».

Gente decente

Al poco tiempo de llegar a Venezuela, salió a relucir en una cena el nombre de Vicente Díaz, en aquel momento desconocido para mí. Para definirlo, una buena amiga y colega, cuyas opiniones siempre me parecieron lúcidas y mesuradas, no encontró mejor frase que esta: «Es un tipo decente. Algún día los venezolanos tendremos que agradecerle lo que está haciendo por el país».

Y toda la mesa coincidió. Vicente Díaz, rector del Consejo Nacional Electoral (CNE) venezolano, era decente.

Pasado un tiempo, la palabra «decente», que si bien se mira no es tan común en Caracas, volvió, esta vez para definir a Ramón Guillermo Aveledo. También fue en una reunión en la que abundaban las formas diferentes de pensar. Este veterano político que había vuelto al ruedo, después de haber sido diputado y hasta presidente de la liga profesional de béisbol, para coordinar una oposición errática, obsesionada con Chávez, anticuada y a menudo poco comprometida con el país, era un hombre decente.

Meses después, en una larga entrevista con él en un café de Caracas, una señora se le acercó para darle un abrazo como si lo conociera de toda la vida aunque nunca se habían visto. «Las cosas hay que decirlas y yo no podía irme de aquí sin darle las gracias por todo lo que está haciendo por nosotros», le dijo, mientras Aveledo, al que solo la barba blanca le salvaba de haberse sonrojado entero como un tomate, respondía educadamente. «Gracias a usted, señora, pero la verdad es que tengo mucha ayuda».

Aveledo, coordinador de la Mesa de la Unidad Democrática (MUD), parecía efectivamente un hombre decente.

* * *

Es sábado por la mañana. Una mañana clara y explosiva de Caracas, uno de esos momentos de luz perfecta, en los que se olvidan los malos momentos y se sienten unas ganas muy primitivas e inexplicables de quedarse a vivir allá unos añitos más.

Ramón Guillermo Aveledo llega puntual, sonriente, recién salido de la ducha, con hambre y vestido de fin de semana. Sin corbata ni traje parece hasta más pequeño. Somos los primeros clientes de un pequeño café frente a la iglesia de la Chiquinquirá. El sitio lo ha elegido él. «Porque es un sitio de toda la vida y se desayuna rico», me afirma, dando cuenta de un hojaldre de alcachofa y tomate seco.

En Venezuela lo llaman el arquitecto de la unidad, uno de los rostros visibles de un grupo de personas que ha trabajado en la sombra desde 2009, después de la aprobación en un referéndum de una enmienda constitucional sobre la reelección ilimitada, para intentar unir a la oposición y propiciar un cambio político en el país.

Aveledo estaba más bien retirado de la política y concentrado en la enseñanza, la escritura y el béisbol. El retorno a la arena política estuvo motivado por una imagen de sí mismo dentro de algunos años: «No quería ser un viejito jubilado en un país triste», me explica.

Aveledo soñaba más bien con una jubilación tranquila en Segovia, en España, o en Stratford on Avon, al sur de Birmingham, donde nació William Shakespeare.

–Lo pensaba siempre como un retiro pero nunca como una forma de marcharme de Venezuela. Salir huyendo nunca me ha tentado. Yo me moriría del dolor si tuviera la condena del destierro.

Ahora ya se ha convencido de que nunca podrá vivir en Europa con su salario de que, de todas formas, no tenía otra opción que quedarse porque en su caso, la indiferencia ante la situación de Venezuela es imposible.

–Hubo un momento en que se dijo que quería ser candidato y obviamente no lo soy. Yo ya estaba curado de ambiciones políticas. Lo que sí quiero es tener la certeza de que por mí no fue. Si esto cambia, oye, yo ayudé, y si no cambia, no fue porque yo no hice nada.

Además de político y profesor, Aveledo es doctor en Ciencias Políticas, fue diputado y presidente de la Cámara Parlamentaria y presidente de la cadena del Estado Venezolana de Televisión en los ochenta y presidente de la Liga Venezolana de Béisbol

Profesional de 2001 a 2007. Ha escrito varios libros y ensayos, concretamente una biografía del expresidente Luis Herrera Campins y otro sobre la anatomía de la tiranía, publicado en 2008. Este último, según algunos, es una extraña biografía, ya que parecería hablar todo el tiempo de la misma persona sin nombrarla.

—He tenido la fortuna inmensa de siempre poder hacer lo que quería. Trabajar siempre en lo que me gustaba. Mi vida ha superado mis expectativas, para decirte la verdad.

—¿Y políticamente quién es ahora?

—He sido demócrata cristiano y ahora solo soy demócrata a secas. Y venezolano. La única manera de ejercer esta función es que todos sientan mi imparcialidad. A veces me reclaman más unos y más otros, pero me digo que mientras todos reclamen, siento que ando por donde es.

Ramón Guillermo Aveledo tenía siete años cuando fue depuesto Marcos Pérez Jiménez, el 23 de enero de 1958. Creció en democracia y no concibe otro camino que el voto para cambiar el rumbo de las cosas. Siempre ha ejercido ese derecho, incluso en 2005, cuando la oposición a Chávez decidió no presentarse a las elecciones legislativas y acudió solo a su colegio electoral. Aquel día, a la salida de su colegio electoral, un vecino le mentó la madre por «traidor».

—En el pasado, el deseo desesperado de cambiar las cosas produjo decisiones de alto costo. La realidad está ahí. No voy a ser yo quien juzgue eso ahora —se lamenta, en un tono profundamente autocrítico—. Pero este es un país pacífico y las elecciones son la manera venezolana de hacer las cosas. Aquí se vota para lograr un nuevo rumbo: Chávez, sin ir más lejos, llegó por la vía electoral. Es verdad que el instrumento se ha ido desprestigiando por la desesperación y la radicalización y también gracias a la propaganda del Gobierno, que muestra su ventajismo e insinúa que es invencible en las urnas, lo cual agrava la abstención.

A la hora de asentar los pilares de la MUD y trazar su estrategia, cualquier mención a ese pasado poco glorioso, a un golpe de Estado o a la idea de que a Chávez jamás se le ganará con los votos, chocó con el desprecio más radical de Aveledo. Por encima de todo, el coordinador de la MUD es un conciliador y un pragmático. El misticismo inútil o las frases lapidarias no van con él. Se toma muy en serio su país y su destino pero sin perder ese carácter criollo, práctico y bienhumorado.

Por ello no idealiza la MUD, que concibe como un proyecto de transición que se disolverá al sacar a Chávez del poder. Hasta que llegue ese momento, su objetivo es mantener unido a ese complejo mosaico político.

Estamos conversando en plena campaña para elegir un candidato único que se mida con Chávez en las urnas y no son días fáciles para Aveledo: muchos egos que conciliar, mucho pasado que separa y ataques diversos de parte del Gobierno.

–Yo creo que estamos haciendo lo correcto. La unidad es la garantía de un cambio pacífico en Venezuela y no está en entredicho. Tendrá vigencia el tiempo que tendrá que ser y hay que verlo como un avance tangible, aunque no irreversible, porque en política no hay cosas irreversibles.

A diferencia de otros líderes opositores, para el oficialismo no ha sido fácil criticar a Aveledo, uno de los rostros más visibles del bloque opositor. Tal vez porque este político avezado no ha mostrado ninguna ambición o porque es difícil buscarle un lado oscuro, después de pasar años alejado de la política, justamente cuando el gobierno de Chávez vivía sus momentos más duros, como el golpe frustrado de 2002 y el posterior paro petrolero.

El país en el que se mueve Aveledo vive ya una transición entre una política vieja y oxidada, impregnada de aires de totalitarismo, caudillismo, centralismo y militarismo, y un sentimiento nuevo, en el que sectores de la población se sienten ahora protagonistas y reconocidos, en parte gracias a Hugo Chávez.

–Nadie está hablando de volver atrás. No es posible. Ha habido unos cambios con este gobierno y de ellos deberá salir una democracia más parecida a este tiempo –admite.

Ese país de Aveledo está también espabilándose poco a poco de un largo enamoramiento del líder de la revolución bolivariana, y en él, los ciudadanos genuinamente esperanzados con el chavismo y alejados de la corrupción y el clientelismo serían cada día menos.

En medio de las dudas que pueden despertar dos opciones políticas contrapuestas hay una certeza compartida: la actual división de la sociedad venezolana es rechazada cada día con más fuerza y los discursos radicales, vengan de donde vengan, son repudiados.

–Cuando el Presidente llega y dice que la reconciliación es imposible está diciendo algo que sus bases tampoco quieren. El legado de Chávez será que la gente ha entendido que el país tiene que sentirse como algo de todos. No es necesariamente un legado voluntario del Presidente, porque él no nos incluye a todos en su proyecto de país, pero será finalmente una herencia positiva que él provoque, y hay que resaltarla.

–¿Y el enamoramiento internacional hacia Chávez?

–Mira, en América Latina hay una cosa que ha cambiado. Hace dos años todo el mundo quería ser Chávez. Hoy en día, para llegar al poder con elecciones hay que decir que no se es Chávez. En nuestros interlocutores internacionales hay mucho pragmatismo, por ejemplo nuestra relación con Colombia. A Juan Manuel Santos no le pagan por ser presidente de Venezuela sino por velar por los intereses de Colombia y eso es lo que hace. A eso se suma el clientelismo de países como Bolivia o Nicaragua y la actitud de Europa, donde ha habido un cambio progresivo en la mentalidad a favor de la democracia en Venezuela, pero muchos gobiernos deciden seguir mirando hacia otro lado por razones comerciales. Eso me parece una vergüenza. Es mi opinión.

* * *

Una mujer se para y le entrega un papel antes de salir del café. Llevaba rato mirándolo. Aveledo lo lee, le agradece, la besa en la mejilla y espera a que se aleje para decirme algo. La señora trabaja en el Ministerio de Relaciones Exteriores, en una sección importante.

«Por favor, persevere en el intento de hacer el cambio. Trabajo para el Estado y lo que ocurre es asqueroso. Las decisiones son un dolo para nuestra nación. Yo llevo cinco meses en tratamiento psicológico», me lee textualmente con gesto serio, teniendo especial cuidado en no revelar el nombre de la mujer.

–Cada día recibo más notas de este tipo –me dice.

Me cuenta que hace algunos días acudió a presentar su declaración de la renta a un dispositivo del Seniat, el organismo fiscal venezolano, y varios funcionarios le reconocieron.

–Me dijeron que se sentían disfrazados así, vestidos de rojo. Se veía que tenían ganas de hablar y me contaron sobre su ambiente de trabajo, los abusos y las obligaciones que les imponen. La gente ya no se calla. Habla a la luz del día y delante de todos o con papelitos como éste. Yo la verdad siento un gran peso sobre los hombros, porque hay mucha gente que tiene tanta ilusión en esto… –suspira.

Dicho y hecho, otra señora arregladísima pese a la temprana hora se acerca y lo besa. «Quería solo saludarlo, doctor».

Animado por el momento, nuestro vecino de mesa, que está atento desde hace un rato a nuestra conversación entre sorbo y sorbo de café, le regala el periódico *El Universal* que estaba leyendo. «Hay una foto suya ahí dentro y quedó bien chévere», le dice antes de dirigirse a la puerta.

–Bueno, esto empieza a ser un poco incómodo –me dice Aveledo, colorado y con una risita nerviosa.

Tal vez el éxito de este coordinador de las fuerzas de oposición radique en que no se centra demasiado en lo que diga o haga Chávez. Él cree que la oposición venezolana ha obrado durante años siguiendo los pálpitos del presidente del país y su regla parece ser «dos no pelean si uno no quiere». Por si fuera poco, responde muchas veces con ironía a las reflexiones del jefe de Estado: le garantiza que podrá seguir estudiando cuando esté en la oposición, le pide que no pierda su tiempo insultando a la gente porque no es bueno para su salud o le insta a que convoque unas primarias en su partido y le ofrece para ello la ayuda de la Mesa de la Unidad Democrática (MUD).

—Para mí, la manera de ser de Chávez representa todo lo que no me gusta. Es agresivo, intolerante y grosero. No hablo de nada ideológico, sino de la persona.

Es octubre de 2011. En Venezuela las preguntas sobre la salud del Presidente se multiplican. Reina un gran desconcierto al que no escapa nadie. Al país entero le cuesta imaginarse una Venezuela sin Chávez. A los suyos, a los adversarios acérrimos, a los periodistas, a sus socios internacionales...

—El peor de los escenarios sería que Chávez muriera. Nosotros queremos derrotarlo, pero si no estuviera queremos ser siempre un factor de estabilidad. La pregunta es qué pasará en el Gobierno si él no está porque uno siente que Chávez asocia el país a su biografía, como si fueran uno solo. En la medida en que él está enfermo tiende a ver las cosas del país en esos mismos términos. Yo no creo que él esté por morir, Dios no lo quiera, pero el país mucho menos. El país sigue existiendo, va a seguir habiendo país después de Chávez.

***

Vicente Díaz sueña con comerse un perro caliente en una calle concurrida de Caracas, tranquilamente sentado en la acera, sin preocuparse por si se le mancha de grasa la camisa o si alguien lo reconoce en ese momento de golosa intimidad. Es el sueño simple de una persona con una rutina nada simple, que desde hace seis años se siente demasiado expuesta, mediatizada y por momentos amenazada.

—Lo que quiero de verdad es que mi cara se olvide. Quiero ser un exrector a partir de abril de 2013.

Y lo dice sin aspavientos, sin pretensiones, sin falsa modestia y sin perder la sonrisa. La vista se me desvía a dos cajas de Maalox, medicamento para la acidez de estómago, que tiene en un rincón de la mesa de su oficina de rector del Consejo Nacional Electoral (CNE).

Sin duda debe de haber días complicados y digestiones difíciles. Pero como buen venezolano, Vicente Díaz es un gran conversador. Su función le ha convertido en un hombre muy prudente pero no le ha robado el desparpajo, el deje criollo y ese aire de cincuentón campechano y bonachón.

–Paso la mayor parte de mi tiempo hablando con la gente. Creo que muchos problemas se generan debido a que las personas actúan en función de creencias o estereotipos que no siempre tienen fundamentos reales y que se pueden dejar atrás con un poco más de diálogo.

Y sus temas favoritos de conversación son la transparencia electoral, el equilibrio y la confianza de los venezolanos en el CNE, el estado de la democracia venezolana o la participación ciudadana en las votaciones. Fuera del trabajo le encanta hablar de comida, de lugares inolvidables y de viajes que tiene pendientes.

–No te puedes ir de Venezuela sin conocer el Hato El Cedral, en Apure. Es un lugar de ensueño, maravilloso –me dice con una sonrisa de oreja a oreja y los ojos chispeantes, mostrando que pagaría mucho en ese instante para teletransportarse a aquel lugar alejado del ruido, la televisión y la política.

Vicente Díaz es uno de los cinco rectores del CNE, órgano en el que reposa el poder electoral reconocido en la Constitución de 1999.

Pero no es un rector más. Es conocido por ser la nota discordante dentro de este organismo, que en otros países sería de segunda o tercera fila pero que en Venezuela, país donde prácticamente las citas con las urnas son anuales, es un árbitro revestido de una gran importancia.

Hay ocasiones –«bastantes», me subraya Díaz– en que los cinco rectores votan de forma unánime, pero cuando se deben tomar decisiones que atañen de una manera o de otra a Hugo Chávez, el resultado es inequívocamente 4 contra 1. El voto solitario tiene siempre el mismo nombre. El suyo.

Sin embargo, Vicente Díaz resopla contrariado cuando le reprochan representar a la oposición en el CNE.

Lo diga su vecina o lo diga el presidente venezolano, quien le ha insinuado públicamente que debería renunciar por ello, sin aparentemente plantearse qué ideas políticas están reflejando los otros cuatro rectores ni preguntarse si no son igualmente reprochables.

—Yo soy representante de todos los electores. Con igual fuerza voy a defender los votos del chavismo que los de la oposición. Mis colegas saben que quien habla y vota en el consejo no es Vicente Díaz, sino la expresión de una parte importante de este país que tiene cosas que decir y las va a seguir diciendo.

Sería demasiado sencillo imaginar que entre los detractores del Gobierno la comprensión hacia el trabajo de este rector ha sido mayor. Cuando llegó al CNE, una parte de la oposición le cuestionó duramente porque no mostraba la actitud beligerante, la contundencia antichavista y la presencia en la prensa que algunos habrían esperado.

—Gajes del oficio. Pero mi objetivo era generar confianza y mi estrategia fue diferente —me explica encogiéndose de hombros–. En este país es imposible no tener opinión política y no podemos ser atacados por eso, pero sí hay que velar para que lo que rija nuestro trabajo sea el servicio al país y no las ideas políticas.

El 4-1 que se registra en esas votaciones del CNE es para este doctor en Sociología el resultado de una correlación de fuerzas en un momento determinado de la historia de Venezuela, cuando la oposición quedó fuera de la Asamblea Nacional tras decidir no participar en las elecciones legislativas. Pero hoy Venezuela es otra y eso quedará de manifiesto cuando los rectores del CNE se renueven, me asegura.

El poder electoral está obligado a ser libre políticamente, pero entre una parte de los venezolanos planean desde hace años las dudas y germina la idea de que Chávez maneja a su antojo la institución, viola el secreto del voto, manipula los resultados y decide cómo y cuándo difundirlos.

Vicente Díaz vuelve a resoplar con gesto desesperado e insiste en que eso no es así: «En el CNE mandan los rectores, cada uno con su visión de país, y las decisiones se toman de forma colegiada», me subraya.

Muchos nos hemos preguntado cómo son esos cónclaves a puerta cerrada del CNE, reflejo en miniatura de la situación del país, y en qué términos dialogan rectores tan diferentes. Díaz describe encuentros en los que los presentes se pueden decir de todo, más o menos educadamente, pero siempre se termina avanzando y asegura que la presión hacia su persona es inexistente.

–El consejo está formado por ciudadanos dedicados, muchas veces poco comprendidos y a menudo acosados –me garantiza.

Con los años, Vicente Díaz fue imponiendo su imagen de hombre serio, responsable, difícil de manipular y de amedrentar, poco dado a darse importancia ni a abusar de las declaraciones públicas. Es como si pensara que al igual que en un buen partido de fútbol, lo importante es mirar a los equipos, no al árbitro, que si es bueno en lo que hace, debe ser casi invisible.

Y echando la vista atrás, se dice que ha valido la pena: el país finalmente ha pasado la página de golpes de Estado, movilizaciones que pedían la renuncia del Presidente, paros para derrocar al jefe de Estado, un referéndum revocatorio, un boicot electoral por parte de la oposición y otros episodios que impedían una normalidad institucional.

–En el mundo, los conflictos de poder se resuelven por balas o por votos y en Venezuela hemos elegido los votos. Cualquier intento, del lado que sea, para romper con el hilo constitucional ha fracasado desde el fin de la dictadura en 1958. Hace unos años, ocho de cada diez venezolanos no confiaban en el proceso electoral. Hoy, ocho de cada diez cree y participa en las elecciones. Además, no hay en este momento en el país ningún sector político llamando a la abstención.

Su despacho, pulcro y presidido por un precioso cuadro de Simón Bolívar pintado por su mujer, choca con la dejadez y escaso mimo que se respira en la sede del CNE en el centro de Caracas.

La jornada del rector está casi por terminar y poco a poco se va quedando solo en la oficina. Su BlackBerry no deja de vibrar. Conversaciones pendientes que se atrasan.

En ese momento, Vicente Díaz admite con una mueca de disgusto que ser criticado por todos y caminar cuidadosamente entre dos aguas deja exhausto al más entusiasta y confiesa la frustración de no haber conseguido que prosperara ninguna de sus denuncias –ocho hasta el momento de escribir estas líneas a finales de 2011– para abrir un proceso administrativo contra el jefe de Estado por supuestas violaciones de la Constitución.

–En este momento, mezclo dos sentimientos: estoy satisfecho pero también frustrado. He presentado ocho solicitudes para abrir un juicio administrativo contra el Presidente y no por capricho de Vicente Díaz, porque todas tienen pruebas y fundamentos. Es más, podría haber presentado 40, pero he agarrado las más groseras violaciones de la Constitución y las leyes electorales del país. Por ejemplo, el uso de la figura del jefe de Estado en todos los medios, para promover su candidatura y la de los candidatos de su partido es una violación clara de la ley. Y me siento frustrado porque no he logrado que mis compañeros me acompañen en esto cuando yo creo que una sanción a Chávez fortalecería la democracia.

Pero al Presidente, como el propio rector dice, no se le pude tocar ni con el pétalo de una rosa, aunque caiga en abuso de poder y no respete la normativa electoral. Chávez desestimó las denuncias de Díaz sobre su supuesto abuso del espacio público para hacer campaña electoral, pidió en tres ocasiones su renuncia y amenazó con tomar medidas contra él.

«Le hago un llamado a que ocupe su lugar, que yo ocupo el mío. Yo soy un líder político. Si él, que sabemos es de la oposición, quiere aparecer como un líder de la oposición, métase allá a la mesa de los escuálidos, porque yo sé que cumple instrucciones de los asesores de los escuálidos», dijo Chávez.

A Vicente Díaz escuchar al jefe de Estado hablando así no le quita la fuerza necesaria para seguir denunciando. Me lo dice con una cierta aflicción porque ser criticado públicamente por el Presidente produce, cuando menos, un vuelco de angustia en el estómago. Pero bajo sus palabras se siente una responsabilidad serena. Le entristecen las palabras de Chávez sobre todo porque incentivan la idea de que el mandatario controla el CNE, de que, como dicen sus detractores, tiene dominados a todos los poderes.

–Creo que hay una intención por parte del Presidente de decir al país: «Yo mando en el CNE». No digo que él mande, pero quiere mostrar que manda, desea hacer creer que los resultados serán los que él quiera, representarán la voluntad presidencial y no la voluntad popular. Por eso hace cosas que dejan al consejo muy mal parado.

Me cita el ejemplo de los observadores internacionales. En Venezuela no hay una verdadera misión internacional desde 2006, entre otras razones porque no son recíprocas. Es decir al gobierno de Chávez le gustaría que Venezuela también fuera invitada a observar el buen funcionamiento de las elecciones en Estados Unidos o Francia. Visto así me digo que no le falta razón. Finalmente, ¿quién decide que un país está libre de sospecha y posee todas las garantías de transparencia electoral?

–Pero además de esa falta de intercambio, hay algo más. Aquí no hay razones para que los observadores no vengan. De hecho, todos los que vinieron en el pasado han dicho que en Venezuela se respeta la voluntad popular, lo cual ha aumentado la credibilidad internacional de nuestras elecciones. Pero parece que en el Gobierno hubiera un deseo de crear la duda interna, de alimentar la idea de que «si no quieren observadores, algo tendrán que ocultar», y la leyenda urbana crece y crece y hace que algunos sectores se desmoralicen ante la idea de ir a votar.

Esa duda que Díaz menciona no es únicamente interna. Fuera de Venezuela, más de una vez me he encontrado defendiendo la transparencia electoral del país y la fuerte popularidad de Chávez ante extranjeros que parecían estar convencidos de que el Presidente hace trampa en las urnas desde hace años, amedrenta a sus opositores, amaña los resultados y tiene comprados a todos los representantes de los poderes públicos. Después de nuestra conversación no solo estaban convencidos de todo lo anterior sino también de tener frente a ellos a una conquistada por la revolución bolivariana.

Chávez, sus formas y sus declaraciones provocativas producen fuera de Venezuela una exacerbación del estereotipo y una errónea y facilona identificación del líder venezolano con el caudillo latinoamericano totalitario, con el patriarca agónico pero tremendamente poderoso.

No les falta razón a quienes dicen que el Presidente soborna de alguna forma el voto con su chequera multimillonaria traducida en diversos programas sociales de salud o educación o en la distribución masiva de electrodomésticos, alimentos o casas. Todos los gobernantes tienen algo de eso. Es innegable además que Chávez sabe cómo inculcar miedo hacia lo desconocido, hacia lo que no es como él y transmite por vías muy sutiles ese mensaje de que la victoria del otro es imposible y por tanto ¿para qué salir a votar por ellos?

Y es cierto también que el Presidente hasta ahora no ha tenido adversarios de peso, algo que finalmente no es culpa suya.

Pero aun siendo todo esto cierto, Chávez no es un presidente que gana elecciones únicamente porque compra votos o no tiene rivales capaces. Hay mucho más fundamento en su persona y en su forma de hacer política.

–Si por elección limpia entendemos que las papeletas se contaron escrupulosamente, que a nadie se le sustituyó su voto por otro, que todos los que tuvieron derecho a votar votaron y el resultado final expresó esa voluntad del país, sí, hubo siempre elecciones limpias, al menos desde que yo he podido juzgarlas, como rector, es decir, desde hace seis años. Pero si por limpiamente entendemos que los candidatos compiten en igualdad de condiciones, las reglas son iguales para todos, no se usan recursos públicos en la campaña y los medios se reparten de manera equitativa, entonces no. Aquí hay candidatos que corren 100 metros lisos y otros maratón con obstáculos, y eso genera inequidad de entrada –observa Díaz.

De cara a las elecciones presidenciales de octubre de 2012 y las que vengan después, Díaz lanza una mirada de confianza y optimismo. Ve a los partidarios del Gobierno y de la oposición maduros y sensatos para perder y para ganar.

—Creo que Venezuela va a dar un ejemplo —me garantiza. Con o sin el Presidente en la carrera electoral.

Porque Vicente Díaz cree que el chavismo trasciende al jefe de Estado y es ya la expresión de un sector del país que encontró en la figura del mandatario un canal para existir.

—Esa parte de nuestro país no va a dejar de expresarse y creo que todos los venezolanos queremos que así sea. Por eso creo que el chavismo continuará en el tiempo, esté o no en el gobierno, y jugará un papel importante en la Venezuela futura.

Y piensa antes de decirlo pero finalmente se decide. «Esto me va a granjear la antipatía de varios amigos, seguro», me avisa, riéndose.

—Yo creo que el chavismo era una necesidad histórica de Venezuela —lanza el rector, explicándose rápidamente—: Un país no veía a otro país, el este y el oeste de Caracas no se conocían, no bailaban la misma música ni hablaban de igual manera. Y los sectores que lideraban la economía, la cultura o la política perdieron la capacidad de entenderse con una parte de la sociedad. Por eso el chavismo fue necesario. Apareció para dar un golpe duro a la puerta, para que algunos sectores dijeran: «¡Epa!, aquí estamos nosotros». Los sectores adversos al Presidente, si llegan al poder, tienen que ser conscientes de que el movimiento existe, debe ser respetado y escuchado, justamente como el actual gobierno no ha hecho con sus opositores. Porque aquí pareciera que la Venezuela no chavista no existiera. La exclusión social en el país fue desgraciadamente sustituida por la exclusión política.

«Dentro de 20 años quiero ser gobernador»

Es domingo por la tarde y nos hemos juntado en un concurrido café de Chacao.

Viene agotado después de pasar un par de horas jugando al fútbol, en uno de los pocos momentos de tregua de la semana. Ha sido difícil que encuentre un rato para conversar tranquilamente.

A la hora de las presentaciones, Diego Scharifker me dice que es del Real Madrid, y si hablamos de béisbol, de los Leones. «Ayer perdimos frente al Magallanes», me dice con gesto fastidiado.

Será el único momento de nuestra entrevista en el que parezca un joven de su edad.

–Tengo 21 años pero me siento mentalmente como si tuviera 40 o 50.

Lo dice con tono serio, detrás de una barba rojiza que mal oculta una cara aún infantil. Diego Scharifker tiene razón. Llevo un rato escuchándolo y he tenido varias veces que repetirme que solo fue mayor de edad hace tres años, que era un niño de 9 cuando Hugo Chávez llegó al poder, que no le ha dado tiempo para sentir intensamente muchas cosas de las que parece estar ya tan convencido.

Fijo mi vista en un tatuaje de una rosa socialista que lleva en el tobillo y me aclara rápidamente algo que parece estar muy acostumbrado a explicar: que no es de derecha, que cree en la socialdemocracia y que la izquierda es compatible con un sentimiento antichavista.

Es extraño oír a un chico tan joven hablando del país que quiere para sus hijos, de los sacrificios que siente está obligado a hacer ahora para vivir mejor después, del hastío, propio de los adultos, que le provoca la inseguridad, el costo alto de la vida y la exageración de las diferencias políticas.

Diego Scharifker era, en el momento de esta entrevista, presidente de la Federación de Centros Universitarios (FCU) de la Universidad Central de Venezuela (UCV), activo militante de la Mesa de la Unidad Democrática (MUD), profundo crítico de Hugo Chávez y estudiante de cuarto año de Derecho.

–No me da tiempo para salir de rumba. Tengo otros intereses y no tengo la cabeza para eso ahora. Me ha tocado madurar. Hay gente que me dice que he perdido mi juventud. Yo creo que no, he aprendido mucho y estoy convencido de que todo esto va a valer la pena. Por eso no lo vivo como una renuncia.

Este hijo de profesores universitarios comenzó su militancia desde adolescente. «Desde que tengo uso de razón», presume. A los 16 años fue presidente nacional del Centro de Estudiantes de Educación Media, a los 18 lideró el Centro de Estudiantes de Derecho de la UCV y en 2010 fue elegido para presidir la FCU.

En 2011, su cara se hizo más pública al ser el portavoz de un grupo de 30 estudiantes que iniciaron una huelga de hambre para pedir presupuestos justos para sus universidades.

El movimiento estudiantil volvía a la primera página de la prensa nacional e internacional. Las caras, los métodos y el número de manifestantes eran diferentes a la multitudinaria protesta que comenzó en 2007, tras la salida del aire en señal abierta del canal de televisión RCTV y que según muchos tuvo una influencia en la derrota del gobierno de Chávez en el referéndum sobre la reforma de la Constitución en diciembre de aquel año.

–En 2011, 60.000 estudiantes no bastarían para que Chávez cambie su postura hacia la educación. Es necesario un cambio de gobierno.

Desde la llegada de Chávez al poder, los dirigentes estudiantiles de la UCV han sido mayoritariamente detractores del gobierno. La proporción de votos para los grupos de estudiantes progobierno es de un 30% según Scharifker.

–Esta es la única revolución que no tiene apoyo de la juventud –zanja.

Sin embargo, cuando se ve el canal del Estado, Venezolana de Televisión, o se escucha hablar a Hugo Chávez, el país parece otro: las manifestaciones de los estudiantes «opositores» son mínimas, sus huelgas de hambre falsas porque se esconden de las cámaras para comer y la mayoría de ellos estaría apoyando al Gobierno.

«Me están dando ganas de convocar una gran marcha de estudiantes. Me provoca. ¿Quieren ver estudiantes en la calle? Bueno, yo soy capaz de reunirles un millón», retó el jefe de Estado en 2009.

«Los jóvenes y estudiantes tienen en sus manos la posibilidad de hacer realidad el sueño de Bolívar: una patria de iguales, una patria de justos, y es solo por el camino de la revolución que alcanzarán el triunfo», dijo el Presidente meses después.

Porque para Chávez, la UCV, antaño contestataria y cómplice del pueblo en sus luchas, representa al capitalismo y a la burguesía y ha sido víctima de un plan de la derecha. Ahora está inundada de estudiantes «ricachoncitos, burguesitos y pitiyanquitos», como él mismo ha dicho.

Scharifker me dice que con esta tensión política, se siente hoy estudiante de segunda categoría. Cualquier universitario de la UCV recibe una beca de 400 bolívares al mes (menos de 100 dólares al tipo de cambio oficial), mientras que al estudiante de la Universidad Bolivariana, «que está en la acera de enfrente», le corresponden 1.000 bolívares (232 dólares).

—No entiendo las diferencias –lamenta, recordándome que en octubre de 2011, doce de los ministros de Chávez eran graduados de la UCV y algunos fueron incluso líderes estudiantiles.

Tal vez para enmendar las cosas y dejar claro con quién está la juventud venezolana, el Presidente creó en 2011 el ministerio de la Juventud, presidido por Maripili Hernández.

—El discurso de Chávez no ha calado en la juventud y nosotros vemos que nuestro futuro se ve perjudicado por esta revolución. Desde que tengo 9 años he vivido con Chávez como presidente. No tengo otro recuerdo, pero no me cuesta imaginarme un país sin él. Siento que esto no es lo que quiero y como yo, somos muchos. Estoy estudiando Derecho y ¿dónde voy a trabajar? En los tribunales no puedo porque no soy chavista y casi no hay bufetes porque se han marchado del país. La juventud no ve futuro en este gobierno. Solo promesas y ningún cambio –insiste Scharifker.

¿Qué es el cambio para alguien que ha crecido con Chávez? Su enumeración es larga y dos palabras se repiten: esperanza y democracia. Un gobierno que atienda los problemas del país y no de otros países, un presidente que vea a todos los venezolanos como iguales, sin importarle si están vestidos de rojo, azul, verde o naranja, una separación real de poderes y un respeto a aquel que piensa diferente, aunque sea una minoría.

—Yo soy de los que piensan que Chávez ha ganado sus elecciones de manera transparente, pero la realidad es que ganar por un voto no te da derecho de atropellar al resto de la población. La democracia para mí es ese respeto, la libertad de poder actuar sin miedo. En este país hay elecciones constantemente pero cuando tú entras en la web de la Asamblea Nacional y ves un link a los artículos que escribe Chávez, ya sabes que los diputados no son independientes. O cuando oyes a los magistrados gritando «uh, ah, Chávez no se va», sientes que el poder judicial tampoco es como debería ser. La crisis de la institucionalidad en Venezuela es realmente grave –considera.

Por extensión, la división entre estudiantes bolivarianos y estudiantes opositores le saca de sus casillas. «Yo soy bolivariano, soy venezolano. Pero para los partidarios de Chávez somos escuálidos, golpistas, apátridas, malditos o pendejos. Insulto tras insulto».

—¿Y no te desaniman esos ataques?

—Sí, bueno, hay golpes bajos que te desmoralizan. Hay días en que no saldría de mi casa. Pero cada vez que se me insulta en la televisión del Gobierno me digo que estamos haciendo las cosas bien y le sigo echando pichón. Pero desde que Chávez se enfermó y está menos presente en los medios, yo siento que la división de la sociedad ha disminuido algo. ¿No te parece? No sé si me pasa a mí solamente o es algo generalizado. Lo que está claro es que él genera mucho odio con su lenguaje.

La rutina de este estudiante es casi la de un político. Se levanta a las 5 am, se acuesta a la 1 de la madrugada, prácticamente no le da tiempo de estudiar y ve su último año de facultad convertido en dos porque 2012 será un año complicado. «En fin, me digo que vale la pena. Yo estoy convencido de que sí. Mis hijos podrán disfrutar de un país mejor».

Podría dar risa, pero este chico lo dice con tanta seriedad y de forma tan sentida que no lo permite. Su tono está lejos de ser el de un primero de la clase, de un jovencito fanfarrón que desea impresionar a su interlocutora.

—Yo quiero ejercer cargos de elección popular. Quiero ser alcalde, gobernador y ministro. Me gusta lo que hago.

—¿Y presidente de la República?

Estalla en una carcajada.

–Aún no sé si quiero ser presidente. Dentro de 20 años me veo más bien como gobernador del estado Miranda, donde nací. Pero en un país distinto. Si Brasil en 20 años ha podido progresar tanto, Venezuela puede progresar aun más porque nosotros ya éramos un pilar en la región en los años 50 y 60. Estoy convencido de que vamos a lograrlo.

Más que ingenuidad, lo suyo es optimismo a prueba de todo. En ese país maravilloso con el que este líder estudiantil sueña están él y sus compañeros de universidad, chavistas y no chavistas, todos preparados para gobernar. Un invernadero de políticos en preparación

–En la juventud no existe tanta polarización. Yo tomo café con mis compañeros chavistas y no nos caemos a golpes. Eso me tranquiliza mucho con respecto al futuro. Por ejemplo, yo sé que un día seré diputado y mi compañero Kevin Ávila, que también es estudiante y es chavista, lo será también y probablemente nos seguiremos entendiendo mejor de lo que hoy se entienden políticos como Henry Ramos Allup y Calixto Ortega[23]. Eso me hace pensar que aquí no va a haber una guerra civil, como dicen muchos.

Antes de despedirse me dice que los movimientos estudiantiles siempre han surgido en la historia de Venezuela contra gobiernos militares. Contra Juan Vicente Gómez, contra Marcos Pérez Jiménez y desde 2007 «contra el teniente coronel Hugo Chávez».

–Pero hay que reconocerle que logró activar a la juventud de nuevo gracias a sus posturas tan radicales –me dice. Habla del Presidente con una indiferencia y una dureza que sorprenden–. En 2004 y 2005, Chávez era como un Obama latinoamericano, se veía como un gran cambio, un líder que emergía con esperanzas. Ahora el mundo es más crítico y está entendiendo poco a poco que en Venezuela las elecciones no son garantía de democracia porque aquí no se respeta al que piensa distinto. Esto es una dictadura del siglo XXI –se despide.

---

23 Henry Ramos Allup es un dirigente histórico del partido socialdemócrata Acción Democrática y Calixto Ortega es diputado por el Partido Socialista Unido de Venezuela (PSUV), fundado por el presidente Hugo Chávez.

***

En la quinta del Partido Socialista Unido de Venezuela (PSUV) en Maripérez, barrio popular de Caracas, la visión del país es muy diferente.

Tengo ante mí a un joven de la misma edad de Scharifker, igualmente inteligente, lleno de vida y emocionado ante la idea de estar formando parte de algo grande, del cambio de Venezuela. Está dispuesto a dar la vida por la «revolución» y confía plenamente en su victoria. No solo en las urnas, sino en el tiempo.

—Yo tenía una novia que me dijo: «Dejas a Chávez o me dejas a mí». Y yo le dije: «Mira, yo estoy con Chávez», y lo dejamos —me explica Heryck Rangel, estudiante de Ciencias Políticas y líder de las juventudes del PSUV. Estamos en 2008 y este joven de familia no chavista tiene tan solo 22 años pero está convencido y muestra un entusiasmo sin fisuras.

No puedo evitar pensar que sin duda se parece mucho a lo que fue Hugo Chávez a esa edad. El mimetismo con el jefe de Estado es impresionante. Rangel repite sus frases, le copia el tono y ese aire de tomarse muy en serio, derrocha energía y sabe que es un buen orador porque tiene la costumbre de hablar en público pese a ser tan joven.

En la quinta del PSUV Rangel participa en el ajetreo político diario como adulto, saluda con un apretón de manos o un abrazo a los líderes del partido, que ya lo llaman por su nombre, y habla de «guerra mediática», «campaña de la burguesía» y «dignificación del pueblo». Para él, el presidente venezolano es, por encima de todo, «un camarada más de lucha».

—Chávez es un ser excepcional, que cumple lo que dice, un soñador, tiene la suerte de contar con una juventud dispuesta a dar hasta la vida por este proceso y por la revolución bolivariana, porque no vamos a permitir que este país retroceda —me dice, mientras lo sigo por los pasillos de la sede del partido.

Se quiere comer el mundo y le cuesta imaginar que todo ese frenesí, esa efervescencia y ese impulso pueden estar condenados un día a ser oposición política. Piensa bien y hace un esfuerzo por imaginarse ese escenario, a sus ojos tan poco probable, antes de responder.

–Seríamos una oposición activa, con la verdad por delante y seguiríamos construyendo el socialismo desde las bases. Pero si la derecha llega al poder, sería como la dictadura de Pinochet en Chile. Seríamos perseguidos, asesinados o condenados a exiliarnos –da por sentado.

Rangel y sus compañeros revolucionarios han organizado batallones por todo el país, crean blogs sobre política, no se toman vacaciones para trabajar sin descanso en «el proceso», publican folletos para explicar leyes recientemente aprobadas y denuncian a los empresarios por favorecer la perpetuidad del estado burgués.

Su última iniciativa fue una campaña llamada «Ponte los zapatos del socialismo», unos deportivos tipo Converse de color rojo que ya regalaron a Chávez y querían seguir fabricando.

El Presidente es para Rangel un líder imprescindible. En ese momento, faltan aún varios meses para aprobar la enmienda para la reelección ilimitada, que abrirá las puertas de un nuevo mandato a Chávez, y el país, acostumbrado a sopesar diferentes escenarios políticos de forma permanente, ha olvidado el más básico y elemental: que el Presidente no es inmortal y podría enfermarse.

–Pero si le sucediera algo, Chávez ya no es un hombre, es una idea y esta revolución avanzará –me dice Rangel, convertido en 2011 en director de política electoral de las juventudes del PSUV y uno de los máximos líderes nacionales de las juventudes del partido.

Los chaca-chaca

Cuentan que en las calles del estado de Miranda se multiplican los «chaca-chaca»: los chavistas con Capriles. Quien me suelta la broma es el propio Henrique Capriles, gobernador del estado, mientras caminamos por las malolientes calles de tierra de Cartanal, una barriada situada a 70 km de Caracas.

Bajo el sol del mediodía, el hedor de la basura que se pudre amontonada en cada rincón se convierte en un desagradable picor que se instala en las fosas nasales y deja de molestar, con suerte, solo pasadas algunas horas. Como les ocurre a los centenares de habitantes del barrio, que no parecen ni verla ni sentirla mientras viven la visita del gobernador como el gran acontecimiento.

–Nos quieren imponer un país en el que no hay espacio para tener dos amores. Pero yo creo que sí, y como gobernador, estoy viendo que quien trabaja tiene el reconocimiento de la gente, sea de la ideología que sea. De ahí nacen los chaca-chaca.

Es marzo de 2011. El nombre de Capriles suena ya con fuerza para hacer frente a Chávez en 2012 y su deseo de ser candidato en las elecciones primarias de la oposición, que tendrán lugar 11 meses después, es un secreto a voces.

A finales de 2008 y contra todo pronóstico, este político que aún no tenía 40 años derrotó a Diosdado Cabello, uno de los hombres fuertes de Chávez y uno de los más poderosos políticamente, y se proclamó gobernador del estado Miranda.

Desde entonces, se ha ido convirtiendo en un peso pesado de la oposición al presidente venezolano y en uno de los políticos más populares del país. Las constantes críticas y desplantes del mandatario venezolano han contribuido a auparle.

Pero el gobernador no se quiere equivocar tontamente y evita las preguntas sobre sus intenciones políticas.

No quiere ser Chávez. Tampoco desea hacer política como él. «Su forma de gobernar es un estudio de televisión», me dice. Pero al mismo tiempo ¿cómo hacer sombra a un presidente omnipresente, popular, poderoso, mediático y tremendamente hábil en el contacto con la gente si no es imitando en cierta forma sus modos?

–Esto que estás viendo hoy aquí no lo hace nadie. No es por echarme flores pero es así. Bueno, esto lo hizo Chávez en 1998, cuando ganó y después se acabó. Él no tiene ninguna intención de repetirlo porque le entró la comodidad del poder, pero quien quiera derrotarlo tiene que hacer esta política cuerpo a cuerpo –admite Capriles–. No estoy imitando a nadie, ojo.

Esto no es un estilo que impuso el Presidente. Es la política que toda la vida ha existido pero hay que tener ganas y energía para hacerla. Y yo las tengo –puntualiza, empapado de sudor pero sin reducir el paso mientras sube a grandes zancadas la ladera, seguido por parte de sus consejeros y decenas de habitantes, muchos de ellos sofocados y con la lengua fuera.

Cartanal parece estar muy lejos de todo. A primera vista, no hay ninguna razón que explique por qué sus primeros pobladores habrían elegido este lugar en medio de ninguna parte. El problema es que no lo escogieron sino que fueron trasladados hasta allí en los años 80 por las autoridades tras quedar damnificados por las lluvias. El olvido que trae consigo el tiempo, la multiplicación de las familias y la dificultad de acceder a un alojamiento digno en Venezuela hizo el resto.

Las paradas de autobús, los centros médicos, las escuelas o los puestos de policía brillan por su ausencia en esta parte del barrio. Varias antenas parabólicas para recibir la televisión satelital chocan con el ambiente general de pobreza y suciedad. Ese contraste alucinante se llama Venezuela.

Cuando fue elegido gobernador, en 2008, a Capriles lo recibían casi a pedradas en esta región de Miranda, profundamente chavista, me cuentan sus consejeros.

Hoy, de cada casucha, situada en un delicado equilibrio en la montaña, sale una mano que arrastra a Capriles hacia dentro, bajo los techos de madera y hojalata hirviendo, para contarle sus quejas, sus necesidades, sus problemas y sus proyectos.

—Yo no entro en una casa y pregunto de qué partido son. No me interesa. Hoy en día el Estado se mete en la vida de cada uno de nosotros y nos chantajea. Para recibir una vivienda o si quiere entrar a trabajar en la administración pública, un venezolano debe primero inscribirse en un partido político. Esa es la realidad que tenemos. Pero yo vine a Miranda a trabajar. Estas visitas son mi forma de demostrar a la gente mi compromiso y los venezolanos no son tontos y se dan cuenta de eso –me explica.

El gobernador celebra estos gabinetes en zonas alejadas del estado de Miranda una vez por semana. El objetivo es ir directamente a la gente y a la raíz de sus problemas. Y en Cartanal si algo sobra son problemas. Trabajo, casa digna, atención médica, créditos para sacar adelante un negocio o un proyecto comunitario, mejoras en el transporte, en la electricidad o en la lucha contra la inseguridad: la lista es larga y Capriles sabe de antemano que no tiene los medios financieros, el poder real o la solución para la mayor parte de las desgracias que escucha.

–No puedo cubrir todos los casos ni lo pretendo. Establecemos prioridades y tratamos de ser mejores todos los días. Tengo cinco árboles. Los llamo así porque cada día les pongo agua para que crezcan más: vivienda, educación, salud, empleo y seguridad. ¿La prioridad? La educación, gracias a ella cambiaremos Venezuela y atacaremos el otro gran mal, la inseguridad. Aquí hay 120 homicidios por 100.000 habitantes. Estamos en una de las zonas más violentas de América Latina –me describe.

En estas calles abandonadas por tantos gobiernos con nombre y apellidos, el efecto Capriles es muy parecido al huracán que lleva años provocando Chávez a su paso por incontables rincones de Venezuela. Las mujeres, jóvenes o entradas en años, se le lanzan a los brazos, lo besan y lo abrazan. Como a un hijo, como a un hermano o como al deseado soltero de oro que parece ser desde hace algún tiempo. Los hombres se atreven a hablarle claro, a veces a reprocharle, indignados, el abandono en el que se ven hundidos. Los niños le entregan papelitos con peticiones: una casa, una beca o un trabajo para el papá.

Como le ocurre a Chávez desde 1999, Capriles saldrá de su visita con los bolsillos llenos de pequeños papelitos, escritos con faltas de ortografía y sobados de tanto manosearlos, pero llenos de grandes deseos. Miles y miles de venezolanos se acostumbraron con los años a vivir esperando a que el mensaje escrito un día en un pedazo de papel se haga realidad y su vida cambie. Gracias al gobierno de turno.

—Yo no soy un político convencional. Por supuesto hago política, pero de Estado, no politiquería. Creo en hacer y no en hablar. Soy un servidor público y cuando me dicen «láncese a presidente» no es porque soy joven o tengo una mejor sonrisa, es porque en Miranda estamos trabajando para todos —me insiste el gobernador.

A su paso por las calles de esta barriada ya se oyen gritos de «Capriles Presidente» que sus consejeros reciben con mal disimuladas sonrisas. El gobernador adelanta en los sondeos a cualquier otro líder de la oposición e, inútil negarlo, se comporta ya como un candidato a la presidencia, pese a que tendrá que esperar casi un año para serlo oficialmente.

Parece incluso un dirigente en campaña aunque en Venezuela casi todos los políticos, comenzando por Chávez, transmiten la sensación de estar inmersos en una campaña infinita, difundiendo sus logros, desprestigiando al adversario y buscando permanentemente aliados.

Y sin necesidad de una bola de cristal, los venezolanos que lo observan en Cartanal así parecen sentirlo también: «Ese chamo se va a medir con Chávez», predicen.

—Al Presidente ya solo lo vemos por televisión. Yo voté por él hasta hoy pero no creo que vuelva a hacerlo porque creo que Capriles se está ganando los votos. Se le ve que quiere cambiar las cosas de verdad —me dice Andrea Sánchez, madre de familia que saca a sus tres hijos adelante sola y ha pedido a Capriles ayuda para una vivienda digna.

—Chávez era como él, nos daba esperanza pero hace tiempo que a los chavistas no los vemos por aquí. ¿Mi voto? No lo sé aún. El poder cambia a la gente tanto que uno no sabe en quién confiar —me dice Tobías, un chofer jubilado que observa pacientemente el movimiento generado por Capriles a la puerta de su domicilio.

Apoyados en el mostrador de un pequeño abasto de la barriada, dos hombres degustan un refresco mientras miran, con un cierto desprecio pero sin inmutarse, cómo Capriles es arrastrado en volandas de casa en casa por ese bullicioso gentío. La mayoría de ellos son sus vecinos. Sentados en dos taburetes uno al lado del otro, parecieran casi estar en el cine y que aquello fuera una película cuyo final ya conocen.

–Un burguesito que quiere robar los votos a la revolución –titula rápidamente uno con tono convencido.

–¿No confían en él?

Los dos estallan en una sonora carcajada sin responder.

Capriles empezó en la política muy joven y actualmente milita en la relativamente nueva formación Primero Justicia, aunque estas etiquetas en Venezuela no signifiquen gran cosa, debido al desprestigio de los grandes partidos tradicionales que acabó salpicando a todos los demás hasta hoy[24].

En 1998 se convirtió en el presidente más joven de la Cámara de Diputados de Venezuela, cuando el legislativo era bicameral y fue ocho años alcalde del municipio caraqueño de Baruta. Pasó cuatro meses en la cárcel en 2004, acusado de ser el instigador de un ataque a la embajada de Cuba en Caracas en abril de 2002, durante el golpe de Estado fallido contra Chávez. Ha sido juzgado y absuelto por este tema que rebrota de forma cíclica, enturbia su currículum y del que el gobernador se declara inocente.

Capriles es alguien con aplomo y seguro de sí mismo. No necesita que nadie le diga dónde están sus puntos fuertes y su valía. Sus críticos le reprochaban un cierto tono de niñato o de primero de la clase que ha ido domando con una humildad muy necesaria en Venezuela. Sobre todo si se compite contra Chávez.

–He cometido errores, he rectificado y sigo adelante. Tengo claro cuál es el camino y de ahí no me va a sacar nadie. Hay dos clases de políticos: los que quieren hacerse ricos y disfrutar la

---

24 Después de tener un papel fundamental tras el fin de la dictadura de Marcos Pérez Jiménez en 1958, los partidos políticos venezolanos tradicionales entran en crisis en la década de los 90. En las elecciones presidenciales de 1993 se rompe el bipartidismo de Acción Democrática y COPEI, desgastados, desprestigiados y alejados de la sociedad, y Rafael Caldera se proclama presidente aupado por pequeñas formaciones políticas. En 1998 Hugo Chávez gana las elecciones con una coalición llamada Movimiento V República (MVR). En torno al año 2000 nacen organizaciones como Primero Justicia, Un Nuevo Tiempo, Podemos, Patria Para Todos (PPT) que se sitúan ahora en la oposición venezolana junto a Acción Democrática y COPEI. Frente a ellos, Chávez creó en 2007 el Partido Socialista Unido de Venezuela (PSUV).

comodidad del poder y otros, entre los que me anoto, que recibimos satisfacciones espirituales. Esto es como la vida de un cura o de un misionero comprometidos. Mira las arrugas que me han salido –me lanza, frunciendo el ceño para mostrar las patas de gallo.

Sus allegados me confirman que la rutina de Capriles se parece finalmente mucho a la del Chávez de hace algunos años: seres transportados por la misión que desean cumplir, que no toman vacaciones, duermen poco y comen mal y a deshora.

–Para mí es una responsabilidad ser popular. No es cuestión de vanidad, es más bien un gran compromiso. Yo no estoy obsesionado con un cargo o una posición de poder, pero tampoco le tengo miedo a la candela. Estoy dispuesto a estar a la altura de la responsabilidad que me toque. Estoy listo para asumirla.

Sus declaraciones no pueden ser más claras.

Todos contra Chávez

La música llega casi hasta la siempre ajetreada avenida Libertador. En la quinta del partido Podemos, en la urbanización caraqueña de El Bosque, el ambiente es de fiesta, casi de rumba, el 1º de noviembre de 2011. Trompetas, sirenas, cotillón, música pegadiza, caras sonrientes, ropa bonita y abrazos de felicitación. Aunque nadie haya ganado nada todavía.

Seis dirigentes de la oposición venezolana, Capriles entre ellos, están presentando oficialmente sus candidaturas para las primarias de febrero de 2012. Hay rivalidad, críticas veladas, bandos bien demarcados y miradas de desconfianza, pero todo entre bambalinas. Una guerra interna que llene las páginas de los periódicos significaría caer en los errores de siempre y ponérselo demasiado fácil al Gobierno, que ha intentado avivar esas diferencias y competitividad entre los candidatos durante semanas, concuerda la mayoría de ellos.

Todos los aspirantes juran apoyar al vencedor de esos comicios internos en su campaña frente a Chávez en 2012.

—No hay una sola oposición, hay una unidad electoral necesaria para poder ganar y una conciencia absoluta de que dicha unidad es indispensable ahora. Hay quien piensa que en este país no ha pasado nada, que tuvo un accidente llamado Chávez, y quienes creemos que Venezuela cambió, que es imposible que regrese al pasado y hay que empujarla para adelante —apunta Capriles.

Llegar a este tipo de declaración, tan corta pero tan difícil, ha costado años. Años de derrotas ante un Chávez popular, hábil y poderoso, de egos nunca suficientemente colmados, de divisiones internas que fortalecían más y más al gobierno y de pasos en falso de una oposición en el limbo que no veía realmente lo que estaba pasando en Venezuela.

—En este proceso todos hemos fallado y todos hemos sufrido. Pero si hay algo que destacar hoy en día es que hemos aprendido y nuestra unidad se ha fortalecido. ¿Por qué? Por necesidad. A medida que se han ido ganando votos en elecciones nos quedaba claro que solo, ninguno de nosotros iba para el baile —me explica Ramón José Medina, responsable de la comisión de Política Exterior de la Mesa de la Unidad Democrática (MUD).

La coalición opositora fue construida por muchas manos y se apoya en cimientos frágiles. Abarca un colorido abanico de partidos, movimientos y personas que en muchos casos solo comparten su oposición a Chávez. Bajo el mismo paraguas están cobijados desde neoliberales hasta marxistas leninistas.

Se siente de forma flagrante que es una unidad ficticia y con tiempo de vida limitado. Sus protagonistas son los primeros en admitirlo.

Pero la existencia de un bloque opositor único empezó a verse como algo necesario tras la derrota de las presidenciales de 2006, en las que la oposición sabía que no tenía cómo ganar a Chávez. Un año después, cuando la reforma constitucional propuesta por el Gobierno fue rechazada en un referéndum, quedó demostrado que se podía idolatrar al líder de la revolución pero no estar de acuerdo con su proyecto de país o con su gobierno.

–Porque los venezolanos somos un país muy sentimental –recuerda Ramón Guillermo Aveledo, coordinador de la MUD.

Dos citas con las urnas después, en unas elecciones regionales en noviembre de 2008 y en el referéndum sobre la enmienda constitucional que aprobó la reelección ilimitada en febrero de 2009, la coalición opositora empezó realmente a tomar forma.

Era marzo de 2009 y un grupo de políticos opositores comenzó a reunirse en secreto cada quince días para hablar, para conciliar puntos de vista y sobre todo para trazar un plan.

–Fue raro que no trascendieran a la prensa esos encuentros porque aquí nos gusta mucho echar el cuento. En julio de 2009 pudimos sacar nuestro primer documento conjunto. Míralo bien. En él no se nombra a Chávez ni una sola vez y no nos definimos como oposición sino que describimos el país que queremos –me dice Aveledo.

Desde las presidenciales de 2006, cuando la oposición consiguió 4,3 millones de votos, hasta las legislativas de 2010, elecciones que lógicamente no movilizan con tanta pasión a los ciudadanos, la oposición habría ganado alrededor de un millón de votos.

Mal acostumbrado a la situación, casi irreal, de gobernar durante años sin apenas sombra, Hugo Chávez pasó de no mencionar a la MUD a lanzar ataques frontales contra el bloque opositor. La MUD pasó a ser la MUS o «Mesa de los United States», sus componentes eran «ratas» al servicio del imperio estadounidense, encarnación de los valores antidemocráticos y antirrepublicanos, instigadores del odio e «inhabilitados para gobernar» Venezuela.

–Primero Chávez nos ignoró. La primera vez que nos nombró me dije que los ataques ya no iban a parar. En algunos momentos él ha pensado que la MUD estaba a punto de romperse y ha estado varios días diciendo barbaridades de nosotros. Tenemos que ser conscientes de que ellos van a tratar siempre de instigar y avivar nuestras diferencias –dice Aveledo, con naturalidad.

Durante meses más de 300 personas divididas en una veintena de comisiones han elaborado un plan de gobierno para Venezuela. Aquel 1º de noviembre de 2011, en la quinta Podemos, Aveledo, Medina y muchos otros suspiran de alivio porque, echando la vista atrás, el hecho de haber llegado hasta ahí es ya una inmensa victoria.

—El error de la oposición fue no darse cuenta de que Chávez significaba un cambio tremendo. Y hay gente que todavía sigue sin renunciar al estilo político en el que se formaron pero son una minoría. La oposición se ha depurado también en estas primarias y fue bueno que así ocurriera —me dice Ramón José Medina.

En ese clima de euforia, asisto, durante horas como una mera espectadora, al desfile de precandidatos sonrientes y deseosos de convertirse en presidentes de Venezuela.

Leopoldo López pide bolívares de los periodistas para ayudarle a financiar su campaña. María Corina Machado no sabe responder a una pregunta con trampa de la televisión Ávila TV, afín al Gobierno, sobre el precio de un billete de metro y prefiere hablar sobre su proyecto de «capitalismo popular».

—Mira, te lo voy a decir cortico: capitalismo popular es precisamente lo contrario del comunismo chavista y los venezolanos lo tienen claro: quieren una sociedad de propietarios y de emprendedores donde todos vamos pa'rriba y no unos pocos que se apropian de los recursos de los venezolanos —lanza Machado a un periodista de un medio de comunicación del Gobierno.

—No tenemos miedo, no tenemos miedo —corean decenas de ciudadanos presentes en apoyo a la precandidata.

Tanta curiosidad como los precandidatos me inspiran muchos de sus seguidores. Los incondicionales que han venido a apoyarles. Un grupo de mujeres, que han pasado los cincuenta, recién salidas de la peluquería, con manicura impecable, zapatos de marca y claramente conquistadas por el Botox, comenta las incidencias de la jornada entre reflexiones sobre su última escapada a Miami.

«Leopoldo es bello», «MariCori es 'nice' pero no va a ganar, la pobre», «Capriles necesita una esposa, una primera dama», «Oye, y el hombre parece que está mal, muy mal, que se vuelve a Cuba e igual no llega ni a las elecciones». Susurran.

El día anterior había pasado horas en la morgue de Caracas y aquella mañana temprano fui a una entrevista en un barrio de Petare. El contraste con tanta banalidad resulta escandaloso.

Pero sería injusto, además de totalmente falso, creer que la sociedad venezolana que vota contra Chávez es un grupo de señoras ricas, triviales y operadas.

La oposición venezolana se ha hecho mayor, se ha vaciado de mucho odio y quiere actuar con responsabilidad. Eso es innegable incluso para la parte más lúcida del chavismo. Pero late aún hoy entre una parte de los venezolanos que detestan a Chávez una cierta dosis de superficialidad y de infantil inconsciencia ante los verdaderos desafíos futuros del país.

No puedo evitar oír mentalmente las palabras del mandatario: «La elección será entre el candidato de la patria y el candidato de la burguesía».

* * *

—Quienes hoy gobiernan ven como enemigos a la mitad del país y yo creo que podemos vivir en un país donde todos nos reconozcamos y nos respetemos. Hay que superar la división como forma de hacer política. Estamos diciendo a los venezolanos: salgamos juntos a ver qué nos une —me dirá aquel día Leopoldo López, inhabilitado políticamente en 2008 para ejercer cargos públicos durante varios años por una acusación de corrupción, pero restablecido por una decisión de la Corte Interamericana de Derechos Humanos.

En enero de 2012, el precandidato se retirará de la carrera electoral para apoyar a Capriles. La duda que planeaba sobre su capacidad legal de ejercer, llegado el caso, y el peso de otros candidatos le hacen de nuevo tirar la toalla, tres años y medio después de haber renunciado a ser alcalde metropolitano de Caracas debido a su inhabilitación.

En 2008, López me había dicho con cierta amargura que la decisión de la Contraloría venezolana de sacarlo del tablero político fue probablemente celebrada con champán por ciertos sectores de la oposición venezolana, en teoría sus compañeros de filas.

—¿Sabes cuál es nuestro gran problema? —me dijo en aquella entrevista—. Que somos oposición. Una oposición llena de chavólogos, obsesionados con el Presidente. Yo no hago política contra Chávez, yo soy una alternativa y creo que el futuro de Venezuela no se construye desde los extremos.

Soberbio, niño rebelde y demasiado individualista para muchos en su forma de hacer política, Leopoldo López es, para otras personas en la Mesa de la Unidad Democrática (MUD), alguien que nació «enmantillado» y que un día, una vez se entierre definitivamente su inhabilitación, será presidente de la República. Otros comentan con sorna que es el líder opositor al que más miedo tiene Chávez y por eso quiso sacarlo del camino cuanto antes.

Sus colaboradores recuerdan que Leopoldo López nunca tuvo un plan B cuando fue despojado de sus derechos políticos y decidió quedarse en Venezuela y seguir perseverando en rectificar su inhabilitación, pese a encontrarse de la noche a la mañana sin partido, sin cargo y sin posibilidad de ser elegido.

—He estado en auditorios 100% chavistas y ahí uno solo tiene la palabra. He sido abucheado y apedreado pero he logrado ser escuchado. Y creo que los venezolanos están ávidos de un proyecto incluyente donde se puedan encontrar unos a otros. Hoy día, gran parte del Gobierno y de la oposición no ofrecen eso —me dijo en una entrevista.

* * *

El 12 de febrero de 2012, Henrique Capriles fue elegido oficialmente candidato de la oposición venezolana para las elecciones presidenciales del 7 de octubre.

En su primer discurso como rival oficial del líder de la revolución bolivariana, Capriles repitió dos palabras: «nosotros» y «futuro». Y evitó una: Chávez.

—Aspiro a ser el presidente de todos los venezolanos. De todos. De los amarillos, de los blancos, de los azules, de los verdes, de los naranjas, de los rojos y de los que no tienen color.

¿Su mayor diferencia con Chávez? En palabras del propio Capriles, «fomentar la cohesión del país y no la división».

—Nos toca elegir entre dos caminos: el camino del progreso que tú quieres o el camino del socialismo que el Gobierno quiere para ti», lanzó mirando a las cámaras de televisión.

Fuera de Venezuela, era probablemente la primera vez en 13 años que la gente sabía citar el nombre de un político venezolano que no fuera Hugo Chávez. La imagen de la persona que desea derrotar al popular, estridente, poderoso y hábil mandatario inspiraba cuando menos curiosidad.

Capriles es visto como sangre joven alejada de la vieja guardia de la oposición venezolana, como un civil conciliador que aspira a «construir y sumar» con la suficiente sensatez como para defender los logros del gobierno de Chávez en materia social y aspirar a profundizarlos y como un defensor de un Estado promotor del bienestar.

¿Basta eso para ganar a Chávez? «Se le derrotará con hechos y mucho corazón», me dijo el propio Capriles.

—Chávez es un gran líder político al que no se puede subestimar, pero pertenece a una generación distinta a la mía. Creo que la vida son ciclos y él va a cerrar el suyo y el país también está en proceso de cerrarlo para abrir otro. El Presidente se comporta ahora como el jefe de un partido político y no como el presidente de todos los venezolanos. De un proyecto colectivo con un profundo mensaje social pasó a un proyecto faraónico, personalista y mesiánico. Yo no me anoto en eso.

Por aquellos días, Capriles seguía pensando que lo que ocurrió en el estado Miranda en 2008, cuando él derrotó al candidato de Chávez, Diosdado Cabello, aparentemente más fuerte y popular, podría repetirse a escala nacional.

—Me imagino a Chávez dejando el poder tranquilamente. El poder no depende de si uno quiere entregarlo, sino de si tiene la fuerza para mantenerlo. Nosotros derrotamos a Diosdado Cabello caminando por estas calles y con una diferencia de votos enorme. Por algo será. Miranda es un ejemplo en pequeño de lo que puede ser Venezuela. No te vayas de Venezuela sin esperar el desenlace de todo esto —me dice Capriles, antes de despedirnos, convencido de su victoria.

«Hasta que Chávez me despertó»

Entre empresario, político o hacendado, Eduardo Gómez Sigala se lo piensa. Siendo más joven probablemente imaginó que llegaría a las puertas de los 60 años alejado de los negocios, viviendo en su finca, participando de vez en cuando en congresos de gremios empresariales u orientando esporádicamente la estrategia de alguna firma privada. Todo ello, alternado con alguno que otro viaje al extranjero por placer, sin obligaciones ni prisa, gracias a una cómoda situación económica.

«Hasta que Chávez me despertó». Me lo dice convencido y sin ironía. Gómez Sigala sabe que tendrá que agradecer al presidente venezolano que, después de renegar de la política pese a haber sido elegido concejal a los 24 años y tras haber pasado tres décadas en la empresa privada, decidiera seguir los pasos de sus dos abuelos y de su padre, que hace muchos años se sentaron en un escaño del Parlamento venezolano.

—Chávez sacudió a personas como yo, que podrían estar retiradas y sin embargo se comprometieron y se animaron a combatir para sacarlo del gobierno y ser parte de los cambios profundos del país. La apatía en Venezuela ya no existe —me reitera.

Habla prácticamente en pasado del gobierno de Chávez sin darse cuenta. Doce meses antes de esta entrevista, en septiembre de 2010, la Asamblea Nacional cambió completamente de vestidura política. Después de que en 2005 la oposición boicoteara las elecciones legislativas en una actitud indefendible, se mire por donde se mire, los detractores del Gobierno volvieron con fuerza a la cámara y consiguieron un 40% de diputados y sobre todo lograron que el Parlamento se pareciera un poco más al país.

Uno de ellos fue Gómez Sigala, elegido en su tierra, el estado Lara, en el noroeste del país, sin respaldo de ningún partido y haciendo caso omiso a quienes decían que los empresarios no tenían cómo calar en el voto de los venezolanos.

–La gente sabe de dónde vengo, sabe quién soy y cuáles son mis ideas. Estoy convencido de que los cambios en el país no se dan pidiendo a un gobierno como este que corrija una ley o que reconozca la propiedad privada, sino que hay que desplazarlos haciendo política, en la calle, y buscando los espacios donde se toman las decisiones –me explica.

Otros empresarios, conscientes de que las cosas no se pueden cambiar desde los diferentes gremios, estarían deseosos de seguir sus pasos y aspirar a ser alcaldes o gobernadores. «La capacidad de gerencia es muy útil a la hora de hacer política. Hay que quitarse los complejos», dice con gesto pragmático.

Su despacho encaja con su apariencia. Gómez Sigala es un hombre elegante, pulcro, que mima los detalles y cuida su aspecto. Una justa coquetería. Corte de cabello impecable, manos recién lavadas y perfume a agua de colonia fresca.

Nuestra cita se ha retrasado porque una reunión en la Asamblea Nacional terminó mucho más tarde de lo esperado. «Como siempre. No tiene tiempo ni de almorzar», me ha explicado su secretaria.

Pero el empresario llega sonriente y sin perder su parsimonia. Me cuenta enseguida que lleva un año dedicado en cuerpo y alma a su tarea de diputado. Está contento, muy contento. No pierde una sesión. Es jefe de la llamada Fracción Humanista, que cobija a tres partidos (COPEI, Convergencia y Proyecto Venezuela) además de a varios diputados independientes como él, participa en la comisión parlamentaria de seguridad interior, se involucra activamente en las discusiones y usa siempre que puede su derecho de palabra.

Gómez Sigala parece casi un estudiante cuando explica cómo está aprendiendo sobre desarme, defensoría pública, instituciones carcelarias e involucrándose en temas que no tocaba desde la universidad y nada tienen que ver con su experiencia profesional.

–Estoy en un momento de mi vida en que puedo darme el lujo de dedicarme a esto a tiempo completo. En Venezuela, ninguna persona joven puede vivir con el salario de un diputado, que si asiste a todas las sesiones, puede estar recibiendo unos 7.000 bolívares (1.628 dólares al cambio oficial), con las dietas incluidas. Si una persona tiene que vivir en Caracas, en un hotel, y desplazarse desde el interior con este dinero como único ingreso, es totalmente irreal e imposible.

Su último enganchón en la Asamblea Nacional fue por criticar la forma de trabajar de ANTV, la televisión del Parlamento, dirigida por una fundación y que retransmite en directo las sesiones en la cámara.

–El diputado que preside la fundación de ANTV no da cuentas a nadie sobre dónde gasta los millones. Y eso lo voy a seguir denunciando. Cuando alguien de la oposición está diciendo algo en la asamblea, ellos enfocan los mosaicos del techo. Eso es manipulación. Pero si después de ocho horas de sesión, uno necesita comer un caramelo o ver en el teléfono las llamadas, esa es la imagen que van a poner. Es la perversión total de un medio de comunicación –me asegura.

Pero no quiere que esta entrevista se convierta en una cadeneta de quejas porque él nunca ha dudado de que Venezuela sea un gran país.

–De verdad te digo que a mí lo que más ilusionado me tiene es formar parte de esta recuperación de Venezuela que sin duda va a ocurrir. El rebote del país va a ser interesantísimo –me dice.

Su entusiasmo parece inquebrantable. Ni el interminable y angustioso secuestro de su yerno, que pasó un año encerrado en un agujero hasta el pago de un elevado rescate, le hizo cambiar de idea sobre Venezuela.

–Eso sí, no podría pasar por eso de nuevo. No puedo volver a anunciar a una hija mía que su esposo está secuestrado. No podría. Por eso salgo menos de Caracas y ya no voy a mi finca con este gentío que tiene que protegernos. Para mí, honestamente, no vale la pena, uno no disfruta.

Hablar del tema le pone aún nervioso.

Tampoco la intervención de su finca de caña de azúcar de unas 30 hectáreas, en el valle del Turbio, en Lara, durante la cual fue detenido por resistirse a la autoridad, le hizo dudar en su empeño de vivir y trabajar en Venezuela. «Me la quitaron pero la voy a recuperar. Es un compromiso personal y un reto», me asegura.

–¿Qué me anima? Que yo crecí en un país en el que tuve oportunidades. Tengo cinco hijos y no quiero que vivan forzosamente en el extranjero. Si se quieren ir, de acuerdo, pero no porque Venezuela no les brinde futuro. Ese es mi gran reto.

Antes de dejar todo para ser diputado, Gómez Sigala fue vicepresidente y director del grupo de alimentación venezolano Polar durante 22 años, presidió Cavidea, Conindustria y ocupó el cargo de director de la patronal Fedecámaras, entre otros puestos.

–Debo de ser de la generación de empresarios más jóvenes de este país. La gente joven no tiene cómo ser empresaria –lamenta.

Por encima de todo, su experiencia en la Asamblea Nacional le ha convencido de que la reconciliación de los venezolanos, más que posible, es deseada, y de que la confrontación de los últimos años ha estado alimentada por un profundo desconocimiento del otro, del que no piensa como uno.

–Cuando la gente se acerca, cambia. Tú ves en televisión diputados muy agresivos pero en privado tienen una actitud muy diferente. Cuando no hay cámaras y cuando se sale de la obsesión ideológica con la que se quiere impregnar todo, hay un diálogo posible hasta con los más radicales. Para decirte todo, hay hasta cordialidad y un reconocimiento ocasional del trabajo que hacemos en la oposición. Yo siento que estamos avanzando.

Sin embargo, para los diputados oficialistas o el propio Hugo Chávez, que estrechó la mano educadamente a Gómez Sigala en la Asamblea Nacional en enero de 2011, la historia es más simple y también más dura. Este empresario pertenece a la rancia oligarquía, a los que «no volverán» a gobernar Venezuela.

–¿Oligarca? Ah, pues bueno, imagínate, esa es la única descalificación que nos pueden hacer. Y esa generalidad ¿qué será que es? ¿Que hemos trabajado, producido, generado empleo y ellos no saben qué es eso? Bueno, está bien, si eso es todo lo que me tienen que decir –se defiende el diputado, ofendido.

–¿Qué es el chavismo para usted?

–Es Chávez. Es solo un hombre con una gran capacidad de intimidar, rodeado de personas con cultura militar. Es un gobierno que se ha ocupado de cerrar todos los espacios sin recato para la intimidación, el chantaje, la presión. No hay sector que no lo haya sufrido. Y ahora que piensan que pueden perder el poder están muy destructivos, les da igual ya multiplicar los delitos que hasta ahora han cometido.

Ese clima de agresividad y de nerviosismo se ve incentivado por la enfermedad de Chávez que, según el diputado, multiplica las preguntas sin respuesta sobre el futuro de la revolución. «Además de estar enfermo, el Presidente ve que poco a poco ha dejado de ser el rector de la agenda nacional. La oposición tiene su propia agenda y eso le produce una gran ansiedad».

«Sano o enfermo, vamos a derrotar a Chávez», me insiste.

Los triunfos de la revolución

Su primera cartuchera y los lápices que guarda dentro hasta hoy fueron un regalo de una de sus nietas. María Hernández tenía 76 años y estaba empezando a ir a la escuela. Entre dos y tres horas de lunes a viernes y en pleno centro de Caracas. A nadie en su familia le pilló por sorpresa su disciplina y su tesón porque María lleva ganándose la vida desde niña, cuando perdió a su madre y tuvo que empezar a trabajar. Sí dudaban de que las fuerzas le acompañaran para mantener mucho tiempo ese ritmo: viajar diariamente en metro o en camioneta durante casi una hora y enfrentarse al tráfico y ruido infernales del centro de la ciudad y a sus peligros.

Pero hace algunas semanas se cumplieron cuatro años de aquel primer día de clase y ahí sigue.

—Está más rejuvenecida, yo la veo hasta más bonita —me dice, mirándola con cariño, su profesora, Milagros Reina, mientras la decana de la clase sigue trabajando silenciosa y afanosa en la asignatura que más le cuesta: las matemáticas.

En el aula, algo destartalada, otras 10 personas estudian tranquilamente. Es una clase cuando menos peculiar, con alumnos de edades dispares, que vienen de lugares muy diferentes de Caracas y cuyas historias no se parecen en nada. A sus casi 80 años, María tiene poco que decir a Carlos, un joven de 21 con una importante minusvalía física, que apenas puede hablar y sufre para escribir. Se limita a sonreírle y a felicitarle por la velocidad con la que ya está aprendiendo a multiplicar.

Todos ellos se benefician del programa social Misión Robinson, uno de los logros más visibles del gobierno de Hugo Chávez, que desde 2005 brinda gratuitamente educación básica a venezolanos de cualquier edad y condición social como forma de inclusión política y social e instrumento generador de bienestar y desarrollo. Un pueblo formado podrá consolidar «una democracia social, protagónica y participativa indispensable para la construcción del socialismo bolivariano», dicen textualmente los estatutos de esta misión social.

—Salí de la escuela muy niña porque mi mamá murió, pero mis cuatro hijos pudieron estudiar. Yo era la que me ocupaba de buscarles cupos en los colegios y organizaba las cuentas con mucho esfuerzo y sacrificio para pagarlos, porque algunos eran lugares caros. Creo que nunca descuidé a mi familia pero, finalmente, cuando mi esposo murió y vi que ya nadie me necesitaba, me dije: «¿Por qué no me oxigeno el cerebro, salgo de mi casa y dejo de ver tanta televisión?».

Ha parado de hacer sumas y restas y me cuenta su vida con una voz serena y algo titubeante y una dulzura y simpleza que conmueven mientras me toma la mano de vez en cuando para dar más énfasis a lo que me explica.

Se enteró de la existencia de la Misión Robinson por el diario y sus hijos la ayudaron a inscribirse. Se ha arreglado con esmero para venir a clase: el cabello, blanco impecable, tiene las ondas bien marcadas y su camisa, color marfil y con bordados en el cuello, está cuidadosamente planchada.

—Me levanto todos los días a las 6 de la mañana y lo primero que hago es ir a ver mis cuadernos. Intento ver por qué me cuesta tanto aprender ciertas cosas. No es que me vaya a graduar, pero ahora me siento más segura, es como si fuera más completa. Me hacen preguntas y sé responderlas —me cuenta.

Es viernes por la tarde y en el fondo de la clase varias mujeres doblan cuidadosamente camisetas rojas en las que se lee un mensaje relativo a la Misión Robinson. Las repartirán el domingo, cuando esperan que el Presidente acuda a un acto de graduación en la plaza Bolívar de Caracas, situada a pocos metros. Pero el mandatario venezolano, enfermo, finalmente no asistirá a la celebración.

Ajena a ese bullicio, María me habla de Hugo Chávez. Si fuera por ella, el elogio se prolongaría durante horas.

—Todo esto es gracias al Presidente. Sí, señor. Mira la edad que tengo. He pasado por muchos gobiernos y solo este me ha dado una posibilidad. A mí Chávez me gusta y sé que, si esa carta cae, todo se derrumbará como un castillo de naipes. Todos nos vendremos abajo. Y lo tengo claro porque he vivido con otros políticos y sé que retrocederíamos.

María Hernández también se beneficia de otras misiones, como Barrio Adentro, a cuyos médicos cubanos acude desde hace años, y Misión Sonrisa, para arreglarse la dentadura, y además está aprendiendo a perderle el miedo a la computadora. «Mis vecinos me dicen: '¿Qué haces todo el día en la calle?'. Y cuando les explico que estoy estudiando, la gente me abraza y me felicita. No puedo pedir más. Solo tengo que agradecer», me dice, antes de quedarse callada unos segundos y valorar bien sus necesidades.

—Bueno, únicamente necesitaría una casa, porque vivimos alquilados hace muchos años, y ya me he apuntado a la Gran Misión Vivienda Venezuela para ver si algún día nos toca —rectifica, refiriéndose a la última iniciativa en materia social del Gobierno.

Entre los programas lanzados por el presidente Hugo Chávez desde 2003, la Misión Robinson es la madre de todos. El presidente venezolano no se atribuye la autoría de este exitoso proyecto educativo y siempre ha admitido humildemente que no fue idea suya sino de Fidel Castro, quien se lo sugirió allá por 2003.

La Misión Robinson fue además el detonante de otros planes como Barrio Adentro o Misión Milagro, en salud; Misión Ribas, también en educación; Misión Vivienda o Misión Cultura Corazón Adentro, entre otros.

En este momento, para Chávez, las misiones son ya política de Estado y alma del proceso revolucionario y no tienen precedente en el continente latinoamericano.

«Son un ejemplo elocuente de lo mucho que puede hacerse cuando existe voluntad política de un gobierno para trabajar junto al pueblo y por el pueblo», ha dicho.

Para sus detractores, estos programas sociales son sobre todo motores electorales que le hicieron ganar de forma abrumadora las elecciones en 2006 y que hay que mantener porque registraron logros positivos, pero también mejorar, ampliar e independizar en cierta forma del Estado, para que lleguen a todos los venezolanos, más allá de su ideología.

—No creo en la forma de hacer política que chantajea y mete miedo a la gente. Hablo con muchas personas en la calle que simpatizan con el actual gobierno y me preguntan: «¿Es verdad que usted va a quitar esto?». Ni que fuera yo loco. ¿Usted cree que alguien le puede quitar a usted su casa o un servicio de salud? Nadie se lo puede quitar. Las misiones hay que mejorarlas. Para nadie es un secreto el decaimiento que ha habido en la prestación del servicio. Si nos queremos tapar los ojos, nunca vamos a ver el problema –garantiza Henrique Capriles, ya convertido en candidato presidencial de oposición.

Pero para personas como María, la verdad la dice Chávez. «Si la revolución es derrotada, las misiones terminarán». El discurso del Presidente ha calado hondo en buena parte de la población.

—He llorado mucho por él ahora que está enfermo. Pero Dios es grande –suspira–. «Mira, yo creo que no hay persona perfecta y él no lo es, sin duda. Pero ahí vamos, poco a poco y mi familia tiene mucho que agradecerle. Son ya muchos años con él y ahora es que estamos empezando a avanzar porque a Chávez le ha costado mucho trabajo lograr cambiar las cosas –me explica.

–¿Y si él dejara el poder está segura de que esto desaparecería?
–Pero claro, mi reina. Acabarían con nosotros.

Quien me contesta es otra estudiante que ha seguido atenta nuestra conversación. Se llama María de la Cruz Godoy. Empezó a estudiar el 28 de octubre de 2010. Me muestra la fecha en la primera página de su cuaderno. Fue anotada por la maestra en el primer día de clase porque por aquel entonces ella no sabía ni leer ni escribir.

–Yo era una jovencita cuando cayó Pérez Jiménez en el 58. Me acuerdo porque fue el año en que vinimos a vivir a Caracas. Venezuela celebró que empezó la democracia, pero la de ellos, porque para nosotros nunca hubo democracia hasta que llegó Chávez –me explica. No ha perdido el acento de Trujillo, un hablar de persona llana y del campo, donde trabajó desde muy pequeña, lo que la condenó a ser analfabeta.

–Pero con Chávez me llegó la esperanza. Yo creo en él. Es mi adoración. Es mi padre, mi hermano, es todo. Me gustó desde que dijo «por ahora»[25]. Yo dije aquel día a mi esposo: «Este va a ser nuestro presidente y por él voy a votar». Mi marido murió poquito antes de que él ganara y me quedé sola, pero ahora aquí me siento un poco en familia, más apoyada, más fuerte», recuerda.

El gobierno de Chávez, además de cultura y compañía, le da la pequeña pensión gracias a la cual subsiste.

–Si uno no sabe, no es nadie. Yo ahora agarro un autobús y entiendo las letras. Voy caminando por la calle y voy viendo lo que está escrito. Eso me hace sentirme más tranquila. Desde hace varias semanas estoy con las tablas de multiplicar. Nunca me había preocupado de todo eso y me siento feliz.

---

[25] Hugo Chávez pronunció la ya famosa frase «por ahora» en febrero de 1992, cuando fracasó el golpe frustrado contra el entonces presidente Carlos Andrés Pérez. «Lamentablemente, por ahora, los objetivos que nos planteamos no fueron logrados en la ciudad capital. Es decir, nosotros, acá en Caracas, no logramos controlar el poder», dijo Chávez en una impresionante aparición en televisión, una vez que se rindió.

La Unesco declaró a Venezuela territorio libre de analfabetismo en 2008. En una entrevista concedida en octubre de 2011 al canal del Estado, VTV, la presidenta de la Fundación Misión Robinson, Marisol Calzadilla, calculó que más de un millón y medio de personas se han alfabetizado en Venezuela gracias a este programa, que llega al último rincón del país y, además de instruir, ayuda a los ciudadanos a defender sus derechos y a construir una sociedad más libre y soberana.

«El hombre no es ignorante porque es pobre, sino lo contrario», decía Simón Rodríguez, alias Samuel Robinson, tutor y mentor de Simón Bolívar.

***

He podido entrar a esta particular escuela sin pedir cita ni autorización. Nadie me ha preguntado nada y la recepción ha sido más que cordial, después de que dos citas con responsables de la misión fracasaran en los últimos días.

La desconfianza con la que se recibe en muchos sitios al corresponsal extranjero en este caso no existe. Más bien siento que aquella maestra y sus alumnos están felices de tener una historia digna de ser contada.

Fotos de Chávez abrazando a dos ancianas, una bandera venezolana y una publicidad del método de aprendizaje cubano «Yo sí puedo», usado por la Misión Robinson, presiden el local, al que llega el impresionante barullo de la avenida. Es media tarde y los caraqueños abandonan el centro de la ciudad.

–Me encanta hacer esto. La verdad es que estoy prácticamente jubilada, pero llevo cinco años dando clase en mi tiempo libre. Lo hago de forma benéfica. Porque me siento útil –me asegura Milagros Reina.

No puedo evitar pensar que llamarse Milagros cuando se enseña a leer a personas tan mayores que no han ido nunca a la escuela es más que apropiado. Lanza una sonora carcajada cuando se lo digo. Es una mujer morena, arreglada, con voz pausada, paciencia de concurso y una mirada noble. Me dice que tiene 55 años pero aparenta poco más de 40. Se vuelve a reír al escucharme.

—Tengo muchas historias. Aquí han venido niños de la calle, prostitutas, drogadictos a aprender a leer. No siempre ha sido fácil. Luego hay cosas que te ponen muy contenta. Por ejemplo, esta chica aprendió a leer aquí conmigo. Tiene 21 años y no había ido a la escuela. Cuidó a sus hermanos pequeños desde niña y ahora ya está terminando la educación básica —me dice señalando a una joven concentrada en un video de gramática—. Te has confundido por ir rápido. Vuélvelo a hacer —le dice a Carlos, el chico con minusvalía física, después de corregirle varias sumas.

Milagros se dice chavista desde siempre, de las que piensa que el Presidente es por ahora imprescindible para la construcción de una nueva Venezuela, pero no cae en los radicalismos ni en las estridencias; es más, tiene una opinión más que crítica hacia muchos miembros del Gobierno.

—Yo siempre he creído en Chávez y lo he defendido. Pero me molesto con la gente que está alrededor de él y se aprovecha. A veces pienso que no les importa ninguno de ellos —me dice, señalando a sus alumnos—. Y muchos son diputados del Gobierno, pero parecen casi diputados de oposición, gente mala viviendo del Gobierno. Yo me pongo muy triste porque me pregunto si vale la pena entonces trabajar tanto por la revolución —me dice.

—¿Usted cree que estas misiones están en peligro si Chávez pierde o si la enfermedad le obliga a retirarse?

Suspira antes de responder.

—La verdad, no lo sé. Dios es el que sabe. Nosotros pedimos un milagro, que Dios le deje terminar su obra.

Las palabras de la profesora arrojan una incómoda tristeza sobre los alumnos. Son casi las cinco y la clase se da por terminada en medio de un pesado silencio. Abrir la puerta de la calle y dejar que se cuele el ruido de los vehículos y el ajetreo de decenas de personas que se abren paso a empellones hacia la entrada del metro resulta casi un alivio.

* * *

En el consultorio de la doctora Nilda María Leiseca no se habla de política. «La salud no conoce ideologías y no se vende», me dice, con su inconfundible acento cubano, mientras ausculta a un niño con un inicio de neumonía.

Me ha costado varias semanas y diversas negativas de órganos del gobierno venezolano llegar a conversar con algún responsable de un módulo de la Misión Barrio Adentro, un programa social clave del gobierno de Hugo Chávez y un pilar de la cooperación entre Cuba y Venezuela regida por un amplio acuerdo firmado en el año 2000.

Según el propio presidente venezolano, más de 30.000 cubanos brindan atención médica en zonas desfavorecidas de toda Venezuela y han salvado más de 226.000 vidas en el país desde 2003.

Gracias a la embajada de La Habana en Caracas, pude finalmente tener permiso para visitar una unidad del programa en la barriada de La Vega, zona pobre del oeste de Caracas, y pasar unas horas con esta doctora, llegada a Venezuela hace ya varios años, cuando esta misión daba sus primeros pasos.

Dos miembros de la embajada cubana me acompañarán durante toda la entrevista sin decir nada, imponer ninguna pregunta o tomar notas. Mentiría si dijera que el clima es tenso. Claro está que soy escrutada, pero también estoy cómoda para recorrer la barriada y hacer preguntas, aunque las respuestas que obtenga no sean del todo sinceras.

Hace meses que llueven críticas en Venezuela sobre el deterioro que han sufrido las instalaciones de Barrio Adentro y sobre la falta de profesionalidad de muchos médicos que atienden a los pacientes y prescriben el mismo medicamento para patologías diferentes.

En 2009, el propio Presidente reconoció que Barrio Adentro había perdido esplendor y 2.000 módulos de atención sobre un total de casi 7.000 estaban abandonados, lo cual llevó al Gobierno a darle un nuevo impulso.

Está claro que el consultorio de la doctora Leiseca no ha sido elegido al azar por la embajada cubana. Es un centro sencillo, con paredes de ladrillo rojo y ventanas y puertas recién pintadas de azul, pero con un agitado ir y venir de vecinos. Los medios de la doctora son rudimentarios, pero no le faltan medicamentos y la pulcritud se respira en cada rincón de su consulta.

Contrasta con las calles de tierra, inundadas de barro por las lluvias, por las que no pueden entrar vehículos y mucho menos ambulancias y donde no hay agua corriente ni canalización de desechos desde las casuchas construidas por los propios habitantes, muchos de los cuales no habían visitado jamás a un médico.

—Solo quiero verla trabajar, no hace falta que prepare nada especial. Haga lo que hace cualquier día —le digo minutos después de que me reciba en su consultorio.

La doctora Leiseca resulta ser una mujer habladora, lúcida y divertida. Su discurso es militante, pero no suena a algo aprendido de memoria. Está lejos de corresponder a la visión de los médicos cubanos que muchos venezolanos tienen en su cabeza desde hace años: seres misteriosos y oscuros, una especie de espías en blanco y negro sin apenas capacidad profesional y únicamente interesados en la riqueza de Venezuela y no en su futuro.

La doctora lo sabe y me cuenta que le costó años ganarse la confianza de muchos vecinos del barrio.

—A quien viene a este consultorio no se le pregunta cuánto dinero tiene o por quién vota. El camino del socialismo es la igualdad.

Es de La Habana. No me da casi detalles sobre la familia que dejó en Cuba. Ronda los 45 años, es una mujer arreglada, bonita y tranquila que se toma su tiempo con los pacientes, los conoce por el nombre y se sabe de memoria su historial médico.

Atiende a unas 30 o 40 personas diariamente. Sobre todo trata infecciones y alergias, hace revisiones ginecológicas básicas, pone vacunas e inyecciones, toma la tensión, hace revisiones de enfermos crónicos y envía los casos más severos a los especialistas que trabajan en los centros de diagnóstico de Barrio Adentro.

—Antes había niños que morían de infecciones banales.

Estas personas tenían que esperar muchísimo en hospitales o ir a clínicas privadas que no podían pagar y donde no eran bien tratadas. Ahora hemos inculcado a las personas la necesidad de venir a consultarnos si no se sienten bien y de incorporar a su vida ciertos hábitos: desde lavarse las manos hasta hacer a sus hijos revisiones cada cierto tiempo –explica esta especialista cubana.

En Venezuela el sistema público de salud está saturado y es deficiente, mientras que los centros privados tienen tarifas escandalosas y cierran sus puertas a quien no tenga una tarjeta de crédito y un seguro que financie la atención.

El lanzamiento de Barrio Adentro, que además de traer a Venezuela a doctores cubanos también forma en medicina a estudiantes venezolanos, fue un éxito y uno de los motores que favorecieron la reelección de Chávez en 2006.

La estatal Petróleos de Venezuela (PDVSA), principal financiadora de esta misión social, dedicó a Barrio Adentro entre 2003 y 2007 un total de 5.569 millones de dólares, mientras que en 2009 dedicó solo siete, según sus estados de cuentas.

Los detractores del gobierno de Chávez critican que se haya invertido cantidades exorbitantes «de forma desordenada» en un proyecto que provocó el éxodo del 50% de los médicos venezolanos del sistema público y creó un sistema paralelo en lugar de mejorar el público ya existente.

«Barrio Adentro nunca llegó a integrarse y articularse al sistema público de salud y, por el contrario, contribuyó durante todos estos años a debilitar lo que existía», denunciaron exministros de Salud en una carta dirigida a Chávez en 2010.

«Nunca antes se gastó tanto dinero en salud, de forma desordenada, incontrolable y poco transparente, y nunca antes los resultados, medidos mediante indicadores de salud, fueron tan pobres (…) Usted y solo usted es el responsable de haber delegado en un gobierno extranjero, el gobierno cubano, mediante la misión médica cubana, la dirección, supervisión y evaluación de este sistema paralelo de salud», dijeron.

En el consultorio de la doctora Leiseca los juguetes para entretener a los niños y los consejos de higiene personal comparten espacio con imágenes de Fidel Castro, Hugo Chávez o el Che Guevara, banderas cubanas y venezolanas y frases revolucionarias. «Llegó la hora de hacer leyes por iniciativa popular», está escrito bajo un sonriente retrato del líder venezolano, un mes después de las elecciones legislativas en el país.

Pero la doctora no quiere hablar de política y evita mi pregunta sobre el recelo que genera la influencia de Fidel Castro en el gobierno de Chávez.

–Venezuela hace su revolución y su socialismo a su manera. Nosotros prestamos ayuda sanitaria y no nos metemos en política.

A los pacientes más delicados, la doctora los visita en sus casas. Me pregunta si quiero acompañarla y comenzamos a subir ladera arriba, manchándonos los zapatos de barro y basura, hasta llegar a la casa de Domingo Rebolledo, cuyas puertas están siempre abiertas. Sentado en una silla, un hombre de 40 años que aparenta muchos más por los terribles dolores que sufre, espera desde hace meses un trasplante de riñón.

–Barrio Adentro hay que defenderlo, aunque estemos enfermos y muriéndonos –afirma.

Chavista convencido, incluso antes de caer enfermo, me describe su pasado militante, su respeto por Chávez y las misiones sociales que llegan a los más pobres entre los pobres como él, que no tendría cómo pagar un hospital privado.

–Yo ya estaría en el otro mundo si no fuera por ellos –me dice señalando a la médica cubana.

La doctora lo deja terminar de hablar y le pregunta si está tomando los medicamentos como ella le explicó. Le toma la tensión. Hace meses que dejó de trabajar y su vida corre peligro si no llega el trasplante, me dice descorazonada al marcharnos.

–Es gente sumamente humilde. El más mínimo cuidado es para ellos algo enorme, pero no puedo hacer mucho más por él, salvo hidratarlo y calmarle el dolor –explica.

Venezuela envía diariamente a Cuba 100.000 barriles de petróleo a cambio de ayuda como la brindada en Barrio Adentro y otros programas sociales. Gerardo Hernández Rodríguez, jefe de la misión médica cubana, accedió a responder por *e-mail* a algunas de mis preguntas sobre Barrio Adentro. Mi solicitud para conversar con él, aunque fuera telefónicamente, quedó sin respuesta hasta hoy. Según el responsable, el programa social vincula «al estudiante de Medicina con la comunidad desde los primeros años de su carrera, lo cual contribuye a su formación humanista, principios solidarios y revolucionarios».

Desde su creación, Barrio Adentro habría disminuido la mortalidad infantil, evitó más de 180.000 casos de ceguera y salvó de cáncer de cuello de útero a 7.000 mujeres, según él. Su correo electrónico finalizaba con una reflexión militante desconcertante: el trabajo de los doctores cubanos estaba inspirado «en el ejemplo que día a día nos brindan los cinco héroes cubanos injustamente prisioneros en los Estados Unidos, por el único hecho de querer que los hombres y mujeres de los pueblos de América vivan dignamente sin temor a ser agredidos por terroristas», refiriéndose a cinco ciudadanos cubanos detenidos en 1998 y condenados por conspiración en Estados Unidos.

A finales de 2010, la Misión Barrio Adentro había graduado en Cuba a casi 400 médicos venezolanos y a 2.370 médicos generales en Venezuela. Con el paso de los años, personal médico venezolano se ha ido incorporando al programa y hoy 25.000 venezolanos trabajan en la misión. Todos estos logros y todos los planes futuros se desmoronarían, según Chávez, si la oposición consigue el poder.

Prometa lo que prometa su adversario Henrique Capriles durante la campaña.

La reconciliación

«Por más que te disfraces, majunche, tienes rabo de cochino, tienes orejas de cochino, roncas como un cochino: eres un cochino».

O se me está empezando a olvidar el léxico venezolano o nunca escuché esa palabra antes. Majunche. Según el diccionario, «adjetivo coloquial venezolano: De calidad inferior, deslucido, mediocre».

Desde el otro lado del mundo escucho los duros intercambios entre Chávez y su nuevo adversario político, el gobernador Henrique Capriles. El desprecio y la falta de reconocimiento hacia el que es diferente sorprenden y asustan más cuando se está lejos.

–Los tres millones de votos los tienen a algunos locos. Digiéranlos. ¿Cuál es el problema? Yo sé que el Gobierno no quería que yo fuera candidato pero el problema es que él no decide. Los venezolanos eligieron –lanza Capriles ante los periodistas, refiriéndose al número de papeletas contabilizadas en las elecciones primarias de la oposición.

Los asistentes aplauden. Aplausos en una rueda de prensa.

«Eres el candidato de los yanquis, del imperialismo y del golpismo burgués. Eres el candidato del pasado y te vamos a pulverizar. Van a recoger a su gallito muerto. Aquí estamos los patriotas, los apátridas váyanse con el majunche», proclama Chávez ese mismo día.

Ni aun con sondeos que prevén su victoria, ni sabiendo que cuenta con enormes medios políticos y financieros para hacer campaña, el presidente venezolano parece resignarse a tener un rival serio por primera vez en 13 años.

En ese acto del Presidente también todos aplauden.

A varios miles de kilómetros de Caracas, da la sensación de que todo va muy deprisa en Venezuela, aunque internacionalmente reine una gran indiferencia ante lo que allí sucede.

Después de vivir casi cuatro años contagiada por el desasosiego del caraqueño, pensando que los vaivenes políticos del país eran observados atentamente por el resto del mundo, caí en la cuenta de que estaba equivocada.

El desconocimiento, aderezado con algún estereotipo despectivo, es la base de la pobre imagen que se tiene de Venezuela en Europa, donde la vida política puede parecer ortodoxa en exceso, previsible y hasta carente de emoción si se compara con las convulsiones y sorpresas políticas de Caracas.

Sin embargo, esas ideas poco fieles de la realidad venezolana se mezclan también con una sana curiosidad sobre lo que está pasando en el país sudamericano. Finalmente Venezuela no es un lugar cualquiera, incluso para quienes lo conocen poco.

¿Todo funciona como en Cuba? ¿Se puede escribir artículos libremente? ¿Chávez es un dictador que se cree Simón Bolívar y hace trampa en las elecciones desde hace años? ¿La oposición está a sueldo de Estados Unidos? ¿Por qué los venezolanos no tienen acceso a divisas libremente? ¿En qué se usa el dinero ganado con el petróleo?

Numerosas veladas se han alargado hasta la madrugada intentando dar respuesta a este tipo de preguntas y haciendo un retrato más justo, afectuoso y colorido de la vida en Venezuela.

Más allá de las pasiones que Chávez pueda despertar nunca pensé que los venezolanos pudieran llegar a matarse por él. Si bien la política ha dividido familias, enfrentado a amigos y provocado una hostilidad que se respira en el día a día, los venezolanos parecen tranquilos, generosos y poco dados a caer en la desesperación.

Por mucho que radicales de un lado y de otro hayan deseado íntimamente que el pueblo salga a la calle a defender sus ideas, cueste lo que cueste, y pese a que numerosas consignas prediquen valores que se deben defender hasta la muerte, a la hora de la verdad, la gente es pragmática y terrenal.

Los dramas desgarrados y la vocación de mártires pertenecen más bien al terreno de las abundantes telenovelas que produce el país.

En la mayoría de las entrevistas que realicé, un mismo mensaje se repetía: los venezolanos están hartos de esa barrera invisible que los separa.

Las declaraciones de los principales actores políticos no muestran que en Venezuela, desde hace meses y por varias razones, entre ellas sin duda la enfermedad de Chávez, se están tendiendo puentes entre los dos extremos que conviven en el país.

No soy venezolana y solo viví cuatro años en Caracas, pero bastaron para que esa división política, que invade la vida de cada día, también me dejara agotada.

¿De qué se hablaba cuándo Chávez no estaba en el poder? Cuesta hacer memoria y responder.

–El Presidente despertó en nosotros sentimientos que no conocíamos. Todavía hay un país bastante dividido pero a mi juicio, son muy pocos los venezolanos que tienen una actitud que impida el reencuentro –me asegura Ramón José Medina, coordinador de política exterior en la MUD.

–El país es otro. La división que sufrimos es menos fuerte. Por ambas partes. Desde el punto de vista electoral, por ejemplo, la pasión que se produjo en torno a las presidenciales del 2006 no se está repitiendo. Paradójicamente y pese a todo lo que ocurre en el país, es un periodo mucho más normal –explica Luis Vicente León, responsable de la encuestadora Datanálisis.

–Yo veo por ejemplo que «apátrida», «pitiyanqui» o «palangrista» son insultos que ya ni ofenden porque dejaron de tener sentido de tanto usarse en estos años de pelea estúpida y de política infantil –dice Luz Mely Reyes, jefa de fin de semana y de investigación del diario *Últimas Noticias*.

Américo Martín, exguerrillero venezolano, militante de izquierda desde hace décadas y acérrimo detractor de Chávez, apuesta por una reconciliación sin dramas y me cita el ejemplo del hijo de Muamar Gadafi, Saif al Islam, que se dijo dispuesto a negociar con la Corte Penal Internacional (CPI).

–Ahora nos parecen imposibles ciertas cosas, pero llegar a un modus vivendi es el deseo de todos los venezolanos. Hay una parte del chavismo que no está tan comprometida con muchas decisiones que se toman. Una cosa está clara, en medio de esta tormenta está Chávez, pero detrás de él no hay nada, y la MUD, que es una cabañita con las puertas abiertas donde la gente se reúne, debate y tiene esperanza.

Para la historiadora Margarita López Maya, los extremos también tienen los días contados en Venezuela, pero no hay que olvidar que los ciudadanos sienten también un miedo terrible de retornar al pasado, avivado por el propio Chávez. Todo ello hace que la voluntad popular en las urnas vuelva a ser impredecible.

—Creo que los venezolanos han madurado y quieren algo muy parecido a una socialdemocracia. Algo intermedio, una especie de socialismo pero con respeto a la propiedad privada. Desean sobre todo algo fresco –apunta.

Y ese hartazgo ante las divisiones no es exclusivo de los detractores del Gobierno.

«No hay reconciliación posible con la burguesía apátrida. No se puede estar bien con Dios y con el diablo», ha dicho el presidente venezolano. Pero pese al discurso de Chávez, radical con el que piensa diferente, en el Gobierno parece latir también la necesidad de terminar con el divorcio de la sociedad.

Actualmente, miembros del ejecutivo estarían transmitiendo a personas y grupos ajenos al chavismo informaciones sobre temas tan importantes como las reservas venezolanas o los homicidios cometidos, preocupados por el rumbo que toma el país, me contará un dirigente de la oposición.

A esa inquietud de algunos ciudadanos se suma el puro interés de otros, «que ven que el Titanic puede hundirse y buscan un bote para no quedar a la deriva y preservar su statu quo», resume esta persona.

Y en el propio Gobierno, donde cada elección se vive como una lección, como me garantiza Temir Porras, viceministro de Relaciones Exteriores, también se piensa que los comicios venideros deben resaltar la necesidad de apostar por una suma de fuerzas para resolver los problemas que minan la moral de los ciudadanos.

—Quiero despertarme en un país diferente, donde las fuerzas que se oponen a nuestro gobierno reconozcan la derrota de su proyecto político y se sumen de alguna manera a la búsqueda de soluciones institucionales a los problemas del país. Eso sería, desde mi punto de vista, el mayor salto cualitativo que este país haya dado en la última década. Es posible vivir en un país con democracia donde haya diferentes visiones pero con un proyecto superior, que es el respeto y la consolidación de las instituciones democráticas y las soluciones en conjunto a ciertos problemas –me dice el viceministro.

Incluso en el propio Presidente, el discurso de la división tiene también sus fisuras. El mismo Chávez que asegura que «los gobiernos de la burguesía nunca volverán a gobernar el país» admitió que si la oposición ganara las elecciones él «sería el primero en reconocerlo».

–Chávez es duro de roer pero aceptará porque él es lo que llamamos en Venezuela un guapetón de barrio, que busca pleito y se cae a golpes, pero no le queda más remedio que aceptar. En el mundo de hoy no se pueden desconocer realidades democráticas. Aunque él lo quisiera, ni interna ni externamente, podrá rechazar los resultados electorales –estima Ramón José Medina, optimista ante las posibilidades de los rivales políticos del Presidente.

Desde hace meses y de forma casi inconsciente en el bloque opositor Mesa de la Unidad Democrática (MUD) ya se habla de Chávez en pasado.

Tal vez por su enfermedad, por su convencimiento de que es necesario que deje el poder o para persuadirse de que sí se puede derrotar al jefe de Estado.

Para el responsable en Caracas de una organización internacional, terriblemente escéptico ante las dos fuerzas políticas que desgarran Venezuela, el chavismo es ya un movimiento muerto, llamado a desmoronarse sin aspavientos.

–Será como el Muro de Berlín. A las pocas semanas, este país se comportará como si nunca hubiera habido chavismo. Yo creo que ya en el 2006 el chavismo había dado todo lo que tenía que dar. Me parece que votar en el 2004 por Chávez tenía un sentido que después de 2006 perdió. Porque la revolución ya se había consumado. Todo lo que viene detrás se puede ver como una muerte lenta, y hablar de logros es muy difícil. Esto es difícil de entender para muchos venezolanos porque les estás hablando de su país, pero dentro de unos años será una obviedad –me asegura.

Sin embargo, al día de hoy, el Presidente está lejos de ser pasado. El líder de la revolución bolivariana sigue fascinando y arrastrando.

Si su popularidad llegó al 72% en 2006, seis años después roza el 52%. Es decir, la mitad de la población venezolana sigue siendo muy cercana al jefe de Estado, pese a que el Gobierno no ha logrado solucionar los grandes problemas de los ciudadanos. El desgaste de Chávez es finalmente mínimo.

–La popularidad, igual que el amor, no es un asunto racional –resume Luis Vicente León, responsable de la encuestadora Datanálisis.

Y además, esta es por encima de todo una revolución sentimental donde la mayoría de sus protagonistas actúan movidos por la pasión y donde se odia o se quiere a su líder por motivos puramente afectivos. Es inútil explicar la devoción inquebrantable y el odio visceral por Chávez de manera fría y racional, porque Venezuela no es un país siempre sensible a ese tipo de argumentos ortodoxos. Si lo fuera, probablemente su presidente no habría podido mantenerse tanto tiempo en el poder.

Ante la enfermedad del mandatario venezolano, por ejemplo, las firmas que realizan sondeos de opinión han introducido en sus preguntas una frase que comienza «si el Presidente no puede presentarse a las elecciones…». Y el rechazo de sus partidarios es inmediato. Mientras una mitad del país cuenta los días para un cambio de gobierno que considera urgente y vital para la salud democrática de Venezuela, la otra mitad se niega a imaginarse un país sin Chávez y le resulta imposible responder a semejante pregunta.

–No visualizan esa situación y no saben contestar. Lo que nos están diciendo es «no quiero ni pensar en eso». Hay una reticencia enorme a buscar un sustituto o a plantearse votar por otra persona que no sea Chávez porque la conexión emocional con él es muy fuerte –explica Luis Vicente León.

El hecho de no saber si el Presidente está grave o su recuperación total es cuestión de tiempo sume a muchos de los seguidores del Gobierno en una mal disimulada angustia.

El propio Chávez, cuando emerge de su palpable negación de la enfermedad, parece también hundirse en una profunda tristeza. La recién descubierta humildad de los mortales. Sin duda no era esta la historia que el líder de la revolución había imaginado para sí mismo ni tampoco la que la mayoría de sus detractores políticos hubiera deseado.

–Si Chávez fallece en breve logrará de alguna manera su sueño: perpetuarse para siempre en el poder –me decía lacónicamente un dirigente de la oposición venezolana.

Mi sentimiento al marcharme de Venezuela fue el de dejar una gran historia inacabada. Sentía que el país retenía la respiración y estaba en un importante compás de espera. Nunca es buen momento para hacer las maletas y siempre hay razones para quedarse, sobre todo cuando se sabe que queda tanto por ver y contar.

En mi última mañana como caraqueña de adopción, el Ávila había amanecido nítido, frondoso e imponente como un lienzo en el que hundir la mirada y recordar. Me acordé de que había aterrizado en Venezuela en medio de una tormenta terrible que provocó varios derrumbes, me retuvo cuatro horas en un atasco y fue primera página de la prensa local al día siguiente.

Caracas me pareció entonces una ciudad fea, gris, caótica y hostil en la que no se me había perdido nada. Casi cuatro años después, el hecho de haber llegado sin esperar gran cosa y haber aprendido tanto me hacía sentir colmada y agradecida. En una de mis maletas viajaba el material bruto para estas crónicas, las historias de personajes anónimos que gravitan de una forma u otra en torno a un presidente fuera de lo común.

Contarlas alargó mi despedida durante varios meses y me sumergió en Venezuela de nuevo, día tras día, estando sin estar.

El resultado del viaje es esta fotografía personal, modesta y sin duda incompleta de un momento muy concreto en la historia de este país que vale la pena, de esta «tierra de horizontes abiertos donde una raza buena ama, sufre y espera».

– FIN –

Bibliografía

Masó, Fausto; España, Fernando. *El enigma militar. Conversaciones con Francisco Usón*. Editorial Libros Marcados.
Gott, Richard. *Hugo Chávez y la revolución bolivariana*. Editorial Foca.
Krauze, Enrique. *El poder y el delirio*. Editorial Alfa.
Lynch, John. *Simon Bolivar. A Life*. Editorial Yale University Press.
Elizalde, Rosa Miriam; Báez, Luis. *Chávez nuestro*. Casa Editora Abril.
Chávez Frías, Hugo. *El inicio del retorno*. Colección Tilde, Ediciones Correo del Orinoco.
Susi Sarfati, Salomón (comp.). *Pensamientos del presidente Chávez*. Colección Tilde, Ediciones Correo del Orinoco.
Marcano, Cristina; Barrera, Alberto. *Chávez sin uniforme. Una historia personal*. Editorial Debate.
Quintero, Inés. *La criolla principal*. Editorial Aguilar.
Salcedo Bastardo, J.L. *Bolívar, un continente, un destino*. Ediciones Presidencia de la República, 1972.
López Maya, Margarita. *Ideas para debatir el socialismo del siglo XXI*. Volúmenes I y II. Editorial Alfa.
Párraga, Marianna. *Oro rojo*. Editorial Puntocero.

Goñi, Fermín. *Los sueños de un Libertador*. Roca Editorial.
Gallegos, Rómulo. *Doña Bárbara*. Fundación Biblioteca Ayacucho.
Quintero, Inés. *Más allá de la guerra*. Fundación Bigott.
Torres, Ana Teresa. *La herencia de la tribu*. Editorial Alfa.
Pino Iturrieta, Elías. *Nada sino un hombre. Los orígenes del personalismo en Venezuela*. Editorial Alfa.
Las más hermosas cartas de amor entre Manuela y Simón. Fundación Editorial El Perro y la Rana.
Quintero, Inés; Acosta, Vladimir. *El Bolívar de Marx*. Editorial Alfa.
Primera, Maye. *La república alucinada. Conversaciones sobre nuestra independencia*. Editorial Alfa.
Chávez Frías, Hugo. *Desde la primera línea*. Ediciones Correo del Orinoco.
Conan Doyle, Arthur. *El mundo perdido*. Ediciones Bexseller.
Caballero, Manuel. *Historia de los venezolanos del siglo XX*. Editorial Alfa.
Rivero, Mirtha. *La rebelión de los náufragos*. Editorial Alfa.
Sir Robert Ker Porter. *Diario de un diplomático británico en Venezuela*. Editorial Polar.
García Márquez, Gabriel. *Cuando era feliz e indocumentado*. Editorial RotaTiva.
García Márquez, Gabriel. *El otoño del patriarca*. Editorial De Bolsillo.
Moreno, Alejandro; Campos, Alexander; Rodríguez, William y Pérez, Mirla. *Y salimos a matar gente. Investigación sobre el delincuente venezolano de origen popular*.
Pino Iturrieta, Elías. *El divino Bolívar*. Editorial Alfa.
Constitución de la República Bolivariana de Venezuela.
Botín, Vicente. *Los funerales de Castro*. Editorial Ariel.

www.ingramcontent.com/pod-product-compliance
Lightning Source LLC
Chambersburg PA
CBHW020730160426
43192CB00006B/176